U0739457

THE IRONY COOLS IN SILENCE

●

嘲讽在静默中冷却

欧洲电影大师访谈与研究续编

肖熹　主编

时代文艺出版社

图书在版编目（CIP）数据

嘲讽在静默中冷却：欧洲电影大师访谈与研究续编 /
肖熹主编. -- 长春：时代文艺出版社，2022.9
ISBN 978-7-5387-6548-9

Ⅰ.①嘲… Ⅱ.①肖… Ⅲ.①电影导演－访问记－世
界 Ⅳ.①K815.78

中国版本图书馆CIP数据核字(2020)第243386号

嘲讽在静默中冷却
——欧洲电影大师访谈与研究续编

CHAOFENG ZAI JINGMO ZHONG LENGQUE
——OUZHOU DIANYING DASHI FANGTAN YU YANJIU XUBIAN

肖熹 / 主编

出品人：陈 琛
责任编辑：杨 迪
装帧设计：周伟伟
排版制作：任 奕

出版发行 时代文艺出版社
地　　址：长春市福祉大路5788号　龙腾国际大厦A座15层（130118）
电　　话：0431-81629751（总编办）　0431-81629758（发行部）
官方微博：weibo.com/tlapress
开　　本：110mm×185mm　1/32
字　　数：226千字
印　　张：12.75
印　　刷：三河市万龙印装有限公司
版　　次：2022年9月第1版
印　　次：2022年9月第1次印刷
定　　价：88.00元

图书如有印装错误　请寄回印厂调换

总序

丛书以"新迷影"为题，缘于"电影之爱"，迎向"电影之死"。

"迷影"（Cinéphilie）即"电影之爱"。从电影诞生时起，就有人对电影产生了超乎寻常的狂热，他们迷影成痴，从观众变成影评人、电影保护者、电影策展人、理论家，甚至成为导演。他们积极的实践构成了西方电影文化史的主要内容：电影批评的诞生、电影杂志的出现、电影术语的厘清、电影资料馆的创立、电影节的兴起与电影学科的确立，都与"电影之爱"密切相关。从某种角度看，电影的历史就是"迷影"的历史。"迷影"建立了一系列发现、评价、言说、保护和修复电影的机制，推动电影从市集杂耍变成最具影响力的大众艺术。

电影史也是一部电影的死亡史。从电影诞生起，就有人不断诅咒电影"败德""渎神"，预言电影会夭折、衰落，甚至死亡。安德烈·戈德罗曾说电影经历过八次"死亡"，而事实上要远超过这个数字。1917年，法国社会评论家爱德华·布兰出版了图书《反对电影》，公开诅咒电影沦为"教唆犯罪的学校"。1927年有声电影出现后，卓别林在《反对白片宣言》（1931）中，宣称声音技术会埋葬电影艺术。1933年，先锋戏剧理论家安托南·阿尔托在《电影83》杂志发表文章，题目就叫"电影未老先衰"，认为电影让"千万双眼睛陷入影像的白痴世界"。而德国包豪斯艺术家拉斯洛·莫霍利-纳吉在1934年的《视与听》杂志上也发表文章，宣布电影工业因为把艺术隔绝在外而必定走向"崩溃"。到了1959年，居伊·德波在《情境主义国际》的创刊号上公开发表了《在电影中反对电影》，认为电影沦为"反动景观力量所使用的原始材料"和艺术的消极替代品……到了21世纪，"电影终结论"更是在技术革新浪潮中不绝于耳，英国导演彼得·格林纳威和美国导演昆汀·塔伦蒂诺分别在2007年和2014年先后宣布"电影已死"。数字电影的诞生杀死了胶片，而胶片——"迷影人"虔诚膜拜的电影物质载体，则正在消亡。

电影史上，两个相隔一百年的事件在描绘"电影之爱"与"电影之死"的关系上最有代表性。1895年12月28日，魔术师乔治·梅里爱看完了卢米埃尔兄弟的电影放映，决心买下这个专利，但卢米埃尔兄弟的父亲安托万·卢米埃尔却对梅里爱说，电影的成本太高、风险很大，是"一个没有前途的技术"。这可看作"电影终结论"在历史中的第一次出场，而这一天却是电影的生日，预言电影会消亡的人恰恰是"电影之父"的父亲。这个悖论在一百年后重演，1995年，美国批评家苏珊·桑塔格应《法兰克福评论报》邀请撰写一篇庆祝电影诞生百年的文章，但在这篇庆祝文章中，桑塔格却认为电影正"不可救药地衰退"，因为"迷影精神"已经衰退，唯一能让电影起死回生的就是"新迷影"，"一种新型的对电影的爱"。所以，电影的历史不仅是民族国家电影工业的竞争与兴衰史，也不仅是导演、类型与风格的兴替史，更是"迷影文化"与"电影终结"互相映照的历史。"电影之爱"与"电影之死"构成了电影史的两面，它们看上去彼此分离、相互矛盾，实则相反相成，相互纠缠。

与亨利·朗格卢瓦、安德烈·巴赞那个"迷影"运动风起云涌的时代不同，今天的电影生存境遇已发生翻天覆地的变化。电影不再是大众艺术的"国王"，数字技术、移动互联网和虚拟现实等新技术缔造了多元的视听景观，电影院被风起云涌的新媒体卸载了神圣的光环，人们可以在大大小小各种屏幕上观看电影，并根据意志而任意地快进、倒退、中止或评论。在视频节目的聚合中，电影与非电影的边界日益模糊，屏幕的裂变，观影文化的变化，内容的混杂与文体的解放，电影的定义和地位，承受着前所未有的挑战。因此，恪守特吕弗与苏珊·桑塔格倡导的"迷影精神"，可能无法让电影在下一次死亡诅咒中幸存下来，相反，保守主义"迷影"或许还会催生加速电影衰亡的文化基因。一方面，"迷影"倡导的"电影中心主义"建构了对电影及其至高无上的艺术身份的近乎专断的独裁式想象，这种精英主义的"圈子文化"缔造了"大电影意识"，或者"电影原教旨主义"，它推崇"电影院崇拜论"，强调清教徒般的观影礼仪，传播对胶片的化学成像美感的迷恋。另一方面，"迷影文化"在公共场域提高电影评论的专业门槛，在学术研究中形成封闭的领地意识，让电影创作和电影批评都拘囿在密不透风的"历史—行话"的系统中。因此，捍卫电影尊严及其神圣性的文化，开始阻碍电影通过主动的进化去抵抗更大、更快的衰退，"电影迷恋"与"电影终结"在今天比在历史上的任何时候都显现出强烈的张力。

电影的本质正在发生变化，"迷影"在流行娱乐中拯救了电影的艺术身份与荣耀，这条历史弧线已越过了峰值而下坠，电影正面临痛苦的重生，它不再是彼岸的艺术，不再是一个对象或者平行的现实，它必须突破藩篱，成为包容所有语言的形式，浩瀚汹涌的视听世界从内到外冲刷我们的生活和认知，电影可以成为一切，或一切都将成为电影。正因如此，"新迷影丛书"力求用主动的寻找回应来自未来的诉求，向外钩沉被电影学所忽视的来自哲学、史学、社会学、艺术史、人类学等人文学科的思想资源，向下在电影史的深处开掘新的边缘文献。只有以激进的姿态迎接外部的思想和历史的声音，吸纳威胁电影本体、仪式和艺术的质素，主动拓宽边界，才能建构一种新的、开放的、可对话的"新迷影"，而不是用悲壮而傲慢的感伤主义在不可预知的未来鱼死网破，这就是本套丛书的立意。我们庆幸在寻找"新迷影"的路上得到了学界前辈的支持，相识了许多志同道合的伙伴，汇聚了一批充满激情的青年学者，向这些参与者致敬，也向热爱电影的读者致敬，并恳请同行专家们批评指正。

李洋

目录

我憎恶一切可预见的事物

——罗伊·安德森访谈①

缴蕊 译

关于《二楼传来的歌声》

雅安·托宾：在您的前两部长片《瑞典爱情故事》（1970）和《羁旅情愫》（1975）之后，您拍了两部短片，《瘟疫降临》（1987）和《光荣的世界》（1991）。您为什么中断了剧情长片的拍摄？而这两部短片又是想回应什么？

① 本访谈分为两部分，其中《二楼传来的歌声》访谈（2000）选自《电影小星球》（*Petite planète cinématopraphique*），巴黎：斯托克出版社（Éditions Stock），2003年版，第249页至256页，访谈人为雅安·托宾（Yann Tobin）；《寒枝雀静》访谈（2014）选自《正片》（*Positif*）杂志2015年5月号，总第651期，第17页至第21页，访谈人为米歇尔·西蒙（Michel Ciment）；《比眼睛更远的空间》（*L'espace en dit plus long que l'œil*）选自《正片》杂志，访谈人为史蒂芬·古德（Stéphane Goudet），2014年第9期，第38页至第39页。全书未标明注者的注释皆为译者注。

罗伊·安德森：我的第一部电影《瑞典爱情故事》是我在瑞典电影学院毕业后不久拍的，无论在评论界还是观众当中都获得了很大的成功。然而当时我已经感到自己在叙事上应该更深入一些，风格上也该精益求精。在《羁旅情愫》中，我尝试了我十分热衷的一种更复杂的形式。不幸的是，只有我自己乐在其中。这部电影票房遭遇惨败，连评论界也毫不欣赏。这使我灰心丧气，因为我认为我的作品是有价值的，连这都看不出来是不公平的。我在缓慢的节奏中尝试一种诗意的方式。后来，《羁旅情愫》得到了重新评价，我对此很满意，一部分原因是几个月后我很喜欢的电影《巴里·林登》（*Barry Lyndon*, 1975）上映了，它的节奏跟我差不多。总而言之，当时我在筹集资金方面遇到了巨大困难，已穷途末路。恰恰因为我最初受到了热情的对待，此时我就更为沮丧。因此，我开始向广告电影方向转型，这是唯一既让我感兴趣又能让我养家糊口的领域。我不想夸大它的价值或重要性，但是它让我能够建立起一个制片团队，为我弄到设备，并使我在构图和景深方面钻研。这也让我很好地锻炼了该如何凝练、如何删繁就简。就是说，我并不认为广告电影对严肃艺术家会产生什么了不起的影响，因为这类电影的厂商到处抄袭他们找来的东西。我不想屈从于这一陋习，因为我的双手永远是自由的。我的广告电影都是颠覆性的，也都大受欢迎。从投资人的角度来说，这为我保留了很大的行动余地。回到您的问题，在拍摄《羁旅情愫》12年以后，我拍摄了《瘟疫降临》这部短片，这是瑞士卫生部请我拍摄的，他们想要引起观众对艾滋病问题的重视。我得到了医生们的帮助，但我很快就意识到，关于这种传染病有许多没弄清楚的东西，所以我花了9个月来研究这种病毒。我确信，这是一种人为的产物，而非自然。但至少在当时，社会并没有做好接受这一现实的准备。可能是出于偶然，也可能是一厢情愿，反正我坚信我的调查结果。在当时，我遭到了所有由这种病引起的讨论的攻击，包括说这种病是上帝对过度性解放的惩罚这类迷信思想，以及关于黑人和同性恋被当作替罪羊的研究。总之，因为我对这些谎言的激进态度，这部影片在中途就停止了拍摄。我已经拍摄的部分现在可以以这部短片的形式被看到。虽然我都没能完成它，它的删减版还是被官方雪藏了7年。最后他们终于同意在乌普萨拉电影节（Festival d'Upsala）进行唯一的一次放映。就是在那里，克莱蒙费朗电影节（Festival de Clémont-Ferrand）的代表发现并选中了它。在克莱蒙费朗，这部短片获得了两项大奖，从此他们再也不可能强行封杀它了。

　　第二部短片《光荣的世界》，是哥德堡电影节（Festival de Göteborg）与瑞典电影学院订制的一部10集电影的第一部分。总共有10位导演参与了拍摄，我的短片讨论的是个人和集体的罪责。这是我与生俱来的感觉。我在摄影棚中完成了拍摄，并打算由此发展出一种风格。事实上，这种风格和《二楼传来的歌声》相当接近，只是没有那么精确和细腻，但我们可以发现它们之间是一脉相承的，《瘟疫降临》也是一样。不同就在于，在长片之中包含了现实和抽象之间的平衡。

雅安·托宾：这些年来，您是如何设计这样一种由叙事段落、固定摄影机和大景深组成的美学风格的？

罗伊·安德森：我认为这与我对绘画的品味有关。绘画是我重要的灵感来源。我有几次尝试回归到摄影机的运动，再把镜头剪辑成蒙太奇，但结果总让我失望。由此我总结出：既然没有明文规定必须要用蒙太奇，那就没有理由必须依赖它。在这一点上，我把卓别林的场面调度奉为典范。它以"画幅"的形式运作，摄影机的运动常常是为了避免直接面对问题。这种避重就轻常常是由于经济原因，因为拍电影太贵了。

雅安·托宾：您似乎受到了两种影响，一种来自"超现实主义"鼻祖的爱德华·霍珀（Edward

Hopper）^①，另一种来自"新客观派"（Neue Sachlichkeit）^②的德国画家。

罗伊·安德森：奥托·迪克斯（Otto Dix）^③其实是我最喜欢的画家。我年轻时曾想成为画家和作家。对我来说，拍电影是这两个愿望的完美结合。我真的很热爱新客观派的那个时代。我会用图画或拼贴照片的方式和我的主摄影师设计分镜头。我会用一台宝丽来照相机，请一名剧组成员坐在场景中，让我能够确定人物之间以及人物离墙面、家具的最佳距离。这样我也能调整好摄影机的角度和位置，让它稍微偏向俯拍。在用35毫米胶片拍摄之前，我会为每个镜头拍20来组样片。在每次试拍之后，我都会询问主摄影师、布景师、服装负责人等，以便作出必要的调整。我们在大屏幕上观看样片，这真的是一项集体工作。我们从《瘟疫降临》开始就一起这样工作，互相之间非常熟悉。也是从那部影片开始，大家共同创造了一种风格和拍摄手法。我们共同寻求的是简洁凝练，这

---

① 爱德华·霍珀（Edward Hopper, 1882—1967），美国画家，主要描绘美国当代社会生活图景，代表作有《夜游者》等。
② 新客观派（Neue Sachlichkeit），也称"新即物主义"。是20世纪20年代在德国兴起的一种绘画、文学与建筑风格，尤其在包豪斯风格或包豪斯建筑成名后之创作。新客观主义结合了表现主义、达达主义与超现实主义等艺术理论，对社会写实主义有着深远的影响。
③ 奥托·迪克斯（Otto Dix, 1891—1969），德国画家，新客观派的代表人物之一。

让我在后来想依赖蒙太奇和摄影机的运动时都无法回头。在我看来，电影史上很少有电影能让我们不断回顾。很多电影都缺少绘画特有的那种精确性。我对大概有20来部影片的评价很高，除了《巴里·林登》，还有《广岛之恋》（*Hiroshima mon amour*, 1959）、《偷自行车的人》（*Ladri di biciclette*, 1948）和《维莉蒂安娜》（*Viridiana*, 1961）……

雅安·托宾：您对邻国丹麦的道格玛原则几乎条条反对，包括拒绝使用非自然光，而使用静止的摄影机和搭制的布景……

罗伊·安德森：您别忘了，我是在1996年的"道格玛95"运动之前开始拍这部电影的，又是在它之后完成拍摄的！其实，"道格玛95"就是新瓶装旧酒。比如说，戈达尔的电影就遵循了它的大部分原则。

雅安·托宾：为了达到您的期待，您必须要自己来做制片人，与您固定的团队在自己的工作室里拍摄。

罗伊·安德森：是的，我很幸运能够建立这个体系，它让我能够用4年时间完成拍摄，即使有一年无疑被我浪费在拉赞助上了。我相信我的下一部电影会更轻松。反正就我的工作方式而言，我只能预期一个漫长的拍摄周期。46组镜头需要差不多35个布景。制作每个布景大约需要一个月时间。为了布置某些场景，我们租了一个巨大的影棚。比如那个在火车站的场景，所有的车厢都是木头制成的，而且完全按照真实尺寸制作。仅为了这一组镜头，我们就准备了两个半月！这也是唯一有摄影机运动的场景，就是在死去的朋友跟着他时那个跟拍。再没有别的方法来拍摄他的脚步了。我曾经尝试着去找一个真实的车站，但我意识到那样是不可能达到这种抽象性的，因为光线和色彩都不可能如此精确地符合我的需求。我用单色化的处理来寻求一种净化效果。同样，很多街道也是在摄影棚里搭建的，比如他遇到乞丐的那条街。堵车的那个场景我们用了微缩模型。总之我们在各种各样的地方拍摄，大量利用视觉错觉。我有一种几乎是动物性的本能，一种让我不断丰富影片层次、完善每一个细节的渴望。我之前谈到了奥托·迪克斯，其实也应该提到另一个影响我的俄国画家：伊利亚·列宾（Ilya Yafimovich Repin）。他是一位现实主义，甚至接近自然主义的画家。他的画作极度丰富，比如叫作《礼拜行列》（Procession）的那幅画，当中有上千个人物，每个人都画出了特征。他花了11年完成这幅画。与这比起来，我拍电影花的时间简直不算什么！

雅安·托宾：核心叙事——这个烧掉了工厂、

有一个疯儿子和一个酒鬼儿子的男人——是因为这个剧本才有的，还是您之前就从电影中的几幅画中设想好了的？

罗伊·安德森： 老实说，我一开始是融合了两个想法。第一个是秘鲁诗人塞萨尔·巴列霍（Cesar Vallejo）① 《失足在两颗星星之间》（*Traspie entre dos estrellas*）的一句诗"安坐的人是可爱的"，我读的是收在一本20世纪70年代末发行的小薄册子里的瑞典语版本。我当时就被这句话深深迷住了，想根据它拍摄一部纪录片，但是没能完成，所以我决定把它作为这部剧情片的基础。另一个想法更激进：就是对我们这个社会价值体系的批判。您在电影中会发现争议的一面。接着，我就让这两个想法融合起来。说实话，首先出现在我脑海里的并不是父亲和两个儿子之间的关系，而是那些单独的段落。献祭小女孩的场景我已经想象了20年。每当我有一些念头，我都想以后把它们插到电影当中去。这样一来我就需要找到一个能让我在这些画面之间建立联系的叙事。我首先设想，两个儿子中那个反对实用主义者父亲的诗人可以引用他的诗，但很快我就感到这个方案太矫情了。相

① 塞萨尔·巴列霍（Cesar Vallejo, 1892—1938），秘鲁现代作家，有印第安血统，被认为是20世纪最伟大的诗歌改革者之一。作品收录于诗集《黑色骑手》《特里尔塞》《骨头的名单》。

反，我又设想这个诗人可以是哑巴，他的诗句将由别人——具体来说就是他的兄弟——来朗读，这就使他们之间产生了一种交流。他们的父亲是我电影中的常驻人物。他永远是那个年纪，那个长相，甚至是性格特征也总是一样：实际上，我觉得那就是我父亲！

雅安·托宾：您对人物的表现方式也非常具有画面感，好像演员都是首先根据外形来选的。

罗伊·安德森：我确实总是被"怪人"吸引，因此我总是找一些非职业演员。在《二楼传来的歌声》中，只有两个职业演员，这是我第一次使用这么多非职业演员。事实上，我跟他们一起工作时并没感到太大的不同。我们大量地排练，随着时间推移，非职业演员就变成了真正的喜剧演员。瑞典是个小国家，歌手常常出演戏剧。去影院，我们在电影里看见的也同样是他们的面孔，以至于我们一下子就能认出他们来。而当你在全体瑞典人里寻找，就比查演员名录有了更多的选择。我的工作方式——相当持久的拍摄，为了这个或那个段落会选择从早到晚的任何时刻——和职业演员的档期不太匹配。他们没法随叫随到，还有严格的合同约束。

雅安·托宾：您引用了巴列霍的诗句"安坐的人是可爱的"，但在您的电影里，那些坐着的人好像都不怎么幸福！

罗伊·安德森：即使是在巴列霍的诗中，人类也是不幸的，但他告诉我们要爱他们，因为他们很脆弱。如他一般，我醉心于对人的描绘：有时候他没戴帽子秃着头，有时候被门夹了手，有时候他忘记了童年。人比动物要好一点。像巴列霍一样，我怀着同情去爱人类。

雅安·托宾：除了斯蒂芬的妻子以外，您电影中的女性也经常都很胖，躺在床上等着男人。

罗伊·安德森：可能是吧。但这种强迫症并不会困扰我！实际上，从父亲到魔术师，那些男人们也都挺胖的。

雅安·托宾：您的电影讨论疯狂和混乱，并且很重视仪式。

罗伊·安德森：是的，这是一部关于静默的绝望的电影。至于仪式，我们就是在仪式中长大的，这是我们教育的一部分。我批判它，但同时它又令我着迷。这时我就身处一种奇特的状态。我知道我要在哥德堡大学接受荣誉博士学位。在仪式上，我要戴一顶像《二楼传来的歌声》里那个在酒吧呕吐的男人一样的帽子。我其实不太知道这个学位是做什么的，但我告诉自己，这能让我在日后的发言中，在我的电影中，或者在与文化权威的交往中更有权威。

雅安·托宾：您的电影中有一种跟超现实主义近似的反叛精神，以及对体制，如军队、教会、政治界的猛烈批判。除了威德伯格（Bo Widerberg）①的几部电影以外，这在瑞典电影中并非主流。

罗伊·安德森：我想这应该源于我的青年时代。我一直厌恶看到人们被羞辱。但凌辱是我电影的一个核心主题：如何在凌辱下存活？如何反击？如何逃脱？即使在学校——不是在家里——我受的是赞美诗和《圣经》之类的教育。在我的电影里，我批判教会，批判它关于基督——我们所说的"好人"——的所作所为，以及它是如何利用基督的。我来自工人阶层，以前常常看见我的祖父母在上级、牧师、牙医、医生和律师面前陷入被羞辱的处境。他们永远都是"失败者"。我从11岁上高中起就开始反抗，当时高中里很少有工人阶级的孩子。我每天都从我住的郊区去学校。得益于我的学业，我才得以进入大学。大概在十三四岁的时候，我开始得到阅读的乐趣和艺术启蒙。随后，在十七八岁时，我开始对电影感兴趣，起初是喜欢俄国电影，比如《带

① 伯·威德伯格（Bo Widerberg, 1930—1997），瑞典电影导演、编剧和演员。其执导的《教室别恋》于1995年获柏林电影节银熊奖。

小狗的女人》（*Дама с собачкой*, 1960）或是《士兵之歌》（*Баллада о солдате*, 1959），此外也喜欢上了安杰依·瓦伊达（Andrzej Wajda）的《灰烬与钻石》（Popiół i diament, 1958）以及新浪潮派夏布罗尔（Claude Chabrol）的《表兄弟》（*Les cousins*, 1959），当然还有《广岛之恋》这部惊人之作。就这样，我再也不想做别的了，唯一的目标就是成为导演。但是我必须要等到24岁才到进入电影学院的规定年龄。在等待期间，我学习了文学、哲学和历史，这都不是无用功……

雅安·托宾：音乐在您的电影中占据了举足轻重的位置，您用它来串联各个段落。教堂的管风琴乐引入下一个段落，就是地铁里的合唱。

罗伊·安德森：地铁里的合唱是一个早已有之的想法。对我来说，这就像是乘客们在为他们的命运悲泣。更多的是一种悲剧感，而非绝望，就像但丁的《神曲·地狱篇》里那样。他们为他们的遭遇哭泣。我想用管风琴歌颂巴列霍所说的那个脆弱的小个子男人坐下的瞬间。我想把这个瞬间升华到更高的层次。这是对于我们在地球上短暂旅程的一种敬意，我们应该珍爱它，而不是使它变得痛苦。我们时代的一个危机是，人们不再能够对他们的未来负责，反而重新转向迷信和宗教。最近，在经济危机之中的韩国人组织了迎神仪式，想要请天上的神灵让股市回升！这和我电影中的游行类似，跟以往的社会斗争没有任何关系。用马路上堵车来表现的这种混乱我很早就感受到了，它表现了那种动弹不得、被恐惧和绝望困住的厄运。毫无疑问，这就是1929年华尔街股市暴跌时美国人的心情，移动的大楼就是从这个事件中得到的灵感。

雅安·托宾： 20世纪20年代末是无声电影，特别是那些伟大的德国电影的巅峰，您的电影会使人想到它们。

罗伊·安德森： 我该给这部电影开一张无限期的账单，有点像《等待戈多》。不管在什么时代什么地点上演，这出戏都在对观众讲话。我期盼着一种电影语言，它也关乎布景和服装。我的调色板上需要的是体制内的颜色，就是我们在医院、邮局、候车室和法庭会看到的灰色、白色、淡绿和米色。

雅安·托宾： 然而，您的电影里有没有一点点希望呢？比如斯蒂芬的妻子？

罗伊·安德森： 可能因为她比别人更焦虑，也有某种天真，尽管天真也可能带来危险。但我认为希望其实就在于电影的创作本身。如果我们完全绝望了，就什么都不会去做了。想要让他人意识到生活的苦难，这就是一种积极的姿态。当我看到奥托·迪克斯的画作，以及他在战争惨痛经历影响下产生的对世界怪诞、悲惨的观感，我反而感到一种希望。相对于仅仅释放一条积极信息而言，一个人尽心竭力去关切他人的苦难，在我看来是更错综复杂也更内涵丰富的举动。还是应该给观众留下一点可能，让他们自己在渺茫中看到希望的微光。

关于《寒枝雀静》

米歇尔·西蒙：《寒枝雀静》是作为接续《二楼传来的歌声》和《你还活着》（2007）的完结篇出现的。您一开始的打算就是要完成这组三部曲吗？

罗伊·安德森：老实说，在开始拍摄《寒枝雀静》之前我就认定它是这套三部曲的最终章了。这三部电影有着一以贯之的美学观念，我把它们看成一个血脉相连的家族。然而最后一部是用数码技术拍摄的，这使得图像更加清楚明晰，同时也影响到了画框和构图。我用的还是同样的镜头，但拍摄时稍稍退后了一些，相当于用35毫米摄像机拍摄时所用的广角镜头。我对生活的视角并没有变化。也许在《二楼传来的歌声》中末世气氛更加浓厚，而在《你还活着》中更想呈现梦境。面对一种梦境般的氛围对我来说是一场奇妙的探索，因为它赋予你的是绝对的自由。
这就是年轻夫妇结婚的那组镜头所表现的东西。我很
喜欢那个时刻。在《寒枝雀静》中，我第一次制造了
时间错位。我在这段当代叙事中引入了一个18世纪的
国王的故事，这对我来说毫不奇怪，反而非常自然。
在输给俄国的波尔塔瓦会战开打之前，他来到了一个
酒吧，在回来的路上又来了一次。在我们国家的历史
上，这是一个微妙的时刻。因为卡尔十二世这位国王
不仅代表权力，也象征着某种大男子主义。他代表了
那个时代的伟大瑞典，芬兰和德国北部的波罗的海城
邦都曾归他所有。而他败给沙皇彼得大帝的波尔塔瓦
会战正是国家衰落的起点。他是个相当有天赋的军事
家，但在这场战争中却愚蠢地以少敌多。这场惨败被
认为是一场灾难。

米歇尔·西蒙：为什么您特别强调他是个同性
恋？

罗伊·安德森：因为他曾经是阳刚气质的象
征，而我想展现他性格中的另一面。长期以来，历史
学家们对此心照不宣。众人闭口不提此事。直到3年
前，斯德哥尔摩举办的一个展览才第一次透露了他是
个同性恋，或者说双性恋者。伏尔泰还就他的生活写
过一本书呢！

米歇尔·西蒙： 在这些场景中我们会发现一种庸常小事（他想去小便，还要了一杯水喝）和严肃背景的杂糅，这是您特有的一种观察角度。

罗伊·安德森： 我很喜欢这样。有时候人们让我描述我的风格特点，我就喜欢用这个新生词汇："庸常主义"（trivialisme）。对我来说，这既有人情味，同时又通向了荒诞。

米歇尔·西蒙： 还有一个与年代不符的场景，就是发生在1943年的那场。

罗伊·安德森： 这是欧洲的战争年代……也是我出生的那年！我是哥德堡长大的，我们在影片中听到的这首歌当时脍炙人口，在别处也一直很流行。我小时候常跟一个外号叫"跛子洛塔"的女伴一起唱这首歌，她以前在哥德堡有个酒吧，那种气氛一直在我脑海中挥之不去。那时候喝一杯酒只要花一角钱，我们没有钱的时候，就亲她一下当作酒钱。我想到这个美妙的灵感，就把它加到电影中去了。为此我构思了许多年，这个场景似乎是用上这个点子的好时机。

米歇尔·西蒙： 《寒枝雀静》和前两部电影无疑有一个区别：在叙事中定期出现的那对旅行推销员——萨姆和乔纳森。您以前的作品中并不存在这类重复主题，到此为止，您电影中一直是一系列各不相同的场景。而这部当中似乎有了一个故事的雏形，这两个贩卖吸血鬼牙齿、面具和逗人发笑的"笑盒"的男人，是不是您的某种自画像？

罗伊·安德森：事实上，我电影中的所有人物都是我，包括那个国王！这两个代表人物是我以对史坦·劳瑞尔（Stan Laurel）和奥利弗·哈迪（Oliver Hardy）的回忆为基础想象出来的。他们既忧伤又滑稽，我年轻时很喜欢。我拍的所有电影里几乎都有卖东西的人。在《二楼传来的歌声》中有个卖十字架的人，这回则是两个想通过使人快乐来赚钱的盗贼（某种意义上的堂吉诃德和桑丘·潘沙）。但这可不容易！他们住在某个收留失业者和流浪汉的夜间收容所里。我很了解这种地方，因为我有个有些问题的兄弟以前就住在那里。他两年前去世了。萨姆和乔纳森迷失了生活的方向。一个人透过锁孔对另一个说："你是我唯一的朋友，如果我们不在一起，我会非常孤独，所以请你原谅我。"然而他们又各不相同，就像《等待戈多》中的流浪汉一样。一个总是像劳瑞尔那样怨声载道，另一个更坚强一些。我崇拜贝克特，崇尚这种庸常小事和形而上学的融合。整整3个小时，艾斯特拉冈和弗拉基米尔都在胡说八道，同时又道尽了一切。

我坚信，只要你懂得精益求精地去钻研，艺术、文学、电影都是十分有趣的。我曾两次出席克莱蒙费朗电影节，去介绍我的短片。在那里工作的一位评论家弗朗索瓦·奥德（François Ode）曾以类似的方式访问过我。我对他说："要保持简单是很难的，因为它要求一种精确。如果你达不到，那一切都完蛋了。"我在文学史上最喜欢的小说是塞利纳（Céline）①的《茫茫黑夜漫游》（*Voyage au bout de la nuit*, 1932）。曾经有人请我改编这部小说，伽利马出版社也得到了版权方的许可。但我没能为这个大制作筹到资金，而且还要解决语言的问题。对我来说，这部作品只能用法语拍摄，而这样一来就更难拉到赞助了。这已经是20年前的事情了，现在我彻底放弃了。

米歇尔·西蒙：还是回到那两个小贩身上，您对他们有认同感吗？

罗伊·安德森：是的。电影也是一门生意。要花时间去自我推销。我们要试图给人留下良好印象并以此获利。我们总是要为生存和拍电影去筹钱，当然也要为了能够继续工作而完成项目。

---

① 塞利纳（Louis-Ferdinand Céline, 1894—1961），法国作家，原名路易-费迪南·德图什（Louis-Ferdinand Destouches），"塞利纳"这个笔名来自他祖母和母亲的名字。他以创新的写作手法开启了法国文学的现代化。

米歇尔·西蒙： 这部电影的另一个主旋律是那个反复出于不同人物之口的句子："听说您过得不错，我很高兴。"

罗伊·安德森： 这是为了表示他们属于同一社群，他们都有父母、朋友，他们关心这些人过得是安逸还是坎坷。此外，在我的父母还活着的时候，我也曾对他们说过这话。这也关乎责任，关乎我们对他人的关心。而当别人对我说这话，我感受到的不仅是亲近的问候，而是普遍意义上的人性。

米歇尔·西蒙： 这句话中也包含了您的幽默，因为这部电影表现出您的人物对他们周围的人并不是那么关心。这当中似乎有一种矛盾。好像这些词语不再具有真实的意义，人们只是重复现成的套话。

罗伊·安德森： 我同意您的看法。然而，我认为，这句话中还是包含了一部分对他人的关心。它的作用有些像一句咒语，一种庇护，就像我们日常所说的"早安""晚安"一样。但我的电影中确实越来越多地引入了幽默的成分，下一部将在这个方向上更进一步。它将比我们在一部电影中期待看到的多一些疯狂，少一些敬意。

米歇尔·西蒙： 您和超现实主义者很接近，比如像马格里特（René Magritte）那样风格鲜明、充满荒谬感、标题带有幽默感的画家。

罗伊·安德森： 其实我很喜欢马格里特，因为他很接近梦境。保罗·德尔沃（Paul Delvaux）①稍弱一些，但也有一种梦幻的氛围。杜米埃（Honoré Daumier）②也是我的偶像之一。

米歇尔·西蒙： 您的风格是由喜剧和悲剧、庸常和本质以及夸张和现实之间的张力共同构建起来的。

罗伊·安德森： 我是1965年从电影学院毕业的，随后开始拍摄短片和广告作品。在我的第二部电影《羁旅情愫》经历了评论和票房的双重失败后，我有些迷茫。直到1985年，我一直继续现实主义风格的创作，但我已经对此感到厌倦了，我不知道该怎么在这个方向上走下去。一天，我突然意识到我应该向某种抽象风格靠近。我是在哥德堡的工人阶层当中长大的，在那里，抽象艺术被认为是精英主义和附庸风雅。在我周围，社会现实主义备受推崇。所以我以前对抽象主义有些成见。直到我鼓足勇气准备改弦更张

① 保罗·德尔沃（Paul Delvaux, 1897—1994），比利时画家，以其超现实主义风格的裸女画著名。
② 奥诺雷·杜米埃（Honoré Daumier, 1808—1879），法国著名画家、雕塑家，创作了大量讽刺漫画和版画，是当时最多产的艺术家。

之前，它对我来说都很不自然。自从我走上这条道路，我就有种如鱼得水的感觉。用"抽象"这个词可能不太合适，因为我所做的还是再现，但我追求的是浓缩、提纯和清除。我赞同马蒂斯（Henri Matisse）的提议：要去除一幅画中所有不必要的东西。

米歇尔·西蒙：您决定用一位参观者在博物馆里仔细研究玻璃橱窗里的动物标本来作为影片的开场，这是您自己独有的一种目光吗？

罗伊·安德森：并不是。这个场景背后的理念是要告诉观众，这部电影包含了幽默的成分。这个仔细观察鸽子标本的男人的行为带有某种荒谬感。观众应该能够预计出其他荒诞的事，并采取一个正确的视角。我很欣赏他百无聊赖的妻子表现不耐烦时候的肢体语言，虽然没有作声，但说出了很多东西。此外，观众还要做到保持对自己的怀疑，要对电影的调性提出疑问。我憎恶一切可预见的事物，那是艺术的敌人。

米歇尔·西蒙：您是怎么想到这个题目的？

罗伊·安德森：方法相当平淡无奇。我写剧本时身在瑞典南部的一套公寓里，透过窗子看到树上落着一只鸽子。我感到这只鸟就像我一样，正在思考人生。我就是这样找到我的标题的。

米歇尔·西蒙： 老彼得·勃鲁盖尔（Peter Bruegel the Elder）①有一幅画叫作《雪中猎人》（*The Hunters in the Snow*, 1565），画中有两只乌鸦在两个猎人和他们的猎犬上方飞过。

罗伊·安德森： 这幅画给了我灵感。鸟儿观察着人类，也许它们在自问：这些人在下面干什么呢？我把乌鸦换成了鸽子，因为鸽子没有攻击性，更单纯。它在生活中扮演的是猎物的角色。勃鲁盖尔也是一位表现庸常事物的画家，他对现实精准的描绘带有一种哲学思考。我很喜欢他描摹农村节日的方式。

米歇尔·西蒙： 类似之前的时间错位，接近影片结尾的一个场景制造了空间的错位：就是英国士兵在非洲焚烧黑人的那个场景。这组镜头的其他部分看起来实际上很像某个类似瑞典的国家。

罗伊·安德森： 这个场景之前还有一场，就是对猴子进行残酷实验的那场。它说明人类可以对其他生物任意妄为，但还是不如焚烧奴隶的那个场景残忍。对殖民主义的这种呈现已经在我头脑中构思了40年。我上大学时靠给年轻学生教课谋生。在图书馆做研究时读到了亚述国王对俘虏的暴行。他创造了一个

---

① 老彼得·勃鲁盖尔（Pieter Bruegel the Elder, 1525—1569），文艺复兴时期布拉班特公国画家，以农村题材绘画著称，代表作《尼德兰箴言》。

折磨人的机器，可以把受刑者的悲号转化成音乐。后来，我得知西西里有一个施虐狂贵族发明了一个铜制的笼子。他把一名受害者关进笼子去焚烧，再把他的呻吟声制成音乐。我对英国殖民主义的呈现正是受了这两桩逸事的启发。英国总是以高贵和光明磊落的形象示人，但我们心知肚明，它很可能比任何殖民主义者更残酷和贪婪。

米歇尔·西蒙： 这部电影没有原创配乐，您使用的都是传统音乐。

罗伊·安德森： 拿卡尔十二世的士兵来说，他们唱的旋律是美国的一首黑人圣歌《哈利路亚》（*Glory, Glory, Hallelujah!*）。第一组镜头中的重复的配乐是瑞典20世纪30年代的流行乐。作者扎马尔·古贝格（Hjalmar Gullberg）对国王和贵族忠心耿耿。演唱者爱德华·皮尔森（Edvard Persson）也很有名，但我没有保留他的声音。在国王征战归来的场景中，我想用20世纪50年代美国吉他手、歌手阿什利·保蒙（Ashley Beaumont）的乡村摇滚《摇摆娃娃》（*Shimmy Doll*）。布努埃尔在《维莉迪安娜》也用了同一首曲子，这是我最爱的电影之一。当然这也是为了向他致敬。

米歇尔·西蒙： 地点在您的电影中举足轻重。

您用全景深和长镜头去表现每个场景，也就是说，总共39个场景。

罗伊·安德森：我无法想象不用景深镜头去拍摄。这当然跟我对德国的"新客观主义"绘画运动，特别是对奥托·迪克斯和乔治·格罗兹（George Grosz）的迷恋有关。我们可以看到街对面的房子。我在别处写过一篇文章《人及其空间》（*L'Homme et son espace*）。一个人生活的房间能够很好地反映他和他的个性。现在的很多电影人都忘记了这一点，摄影机的连续运动削弱了人物和空间的关系。当我用35毫米摄影机拍摄时，我总是试图把散射滤镜和低反差滤镜叠加起来，事实上为的是得到绘画中的光线质感。我也想在用数码摄像机拍摄时建立这种组合。我把我追求的光线称作"毫不留情的光线"，就是说，要消除一切可供躲藏的阴影。每个人都必须被照亮，随时随地保持赤裸。

米歇尔·西蒙：您的主摄影师伊凡·博巴斯（Istvan Borbas）和乔吉利·帕罗斯（Gergely Palos）都是匈牙利人。

罗伊·安德森：对，但是他们生活在瑞典：博巴斯在这里生活了30年，帕罗斯是2013年来的。博巴斯向我推荐了帕罗斯。博巴斯主要负责取景，帕罗斯负责布光。

米歇尔·西蒙：您在开始拍摄的时候其实还没有完成剧本。

罗伊·安德森：首先，我不用故事板，但我会为每个场景绘制彩图来帮助我设计构图。我没有为序幕和前3组关于死人的镜头绘制彩图。尽管这样，总共也有35幅图。别忘了，我年轻时可是想当画家的！然而，在拍摄时，我会留一些即兴创作的空间。有些对话是拍摄前几小时才写好的，甚至到最后一刻还会修改。当然也没有多少对话！但我会排练：在真正进入摄影棚和布景之前会在我的工作室排练两次。应该说我每个镜头要拍三四十条，但为了一部广告片我曾经拍过180条。虽然大家都对我说这不可能，但我记得查理·卓别林在拍《淘金记》（*The Gold Rush*，1925）时对一个镜头不满，就拍了234条！我排练这么多次，就是为了在房间里找到放置摄影机的正确距离。这一切必须以很高的精确度去完成，才能给予观众一种高度精准的感觉。

米歇尔·西蒙：您是怎么想到以3场死亡开始这部电影的，从哪里得到的灵感？

罗伊·安德森：我只知道，对我来说这是一个很好的切入点，想到这个点子的时候我很高兴。至于灵感，就很难说了。这关系到我观察生活的方式以及我的黑色幽默。我想我是从我父亲那里继承了这一点。一个男人试图打开一瓶酒，结果晕倒了。就是这种生活的荒谬、这种无力的感觉打动了我。当这个男人的尸体僵硬地躺在渡轮上，周围的人都不知所措，怅然若失。归根结底，我们人类对自己的命运都无能为力。我们的生活中永远不会有圆满结局。正是因为这种无力感以及这种绝望，我热爱人类。在《二楼传来的歌声》中，我引用了秘鲁诗人塞萨尔·巴列霍的诗句："爱那无法入睡的人，爱那被门夹了手的人，爱那坐着的人。"他的诗集叫作《失足于两颗星星之间》（*Traspie entre dos estrellas*）①。

米歇尔·西蒙： 您拍了将近300部广告片，其中一些使您得以完成三部曲中的前两部，每部都占用了您4年时间。然而这次，您却全心全意地扑在了这部新的长片上。

罗伊·安德森： 由于三部曲的前两部广受好评，我拉赞助就变得容易了一些，特别是欧影基金（Eurimages）的资助。但我还是在广告片中获益匪浅。它让我能在斯德哥尔摩市中心买下这栋楼，我在里面建了两个摄影棚，一个放映厅，还有几间办公室。要不是曾经在广告业工作过，我今天就不会在这

---

① 根据赵振江翻译的中文版，《失足于两颗星星之间》收录于《人类的诗篇》中，原诗中并没有这句话，但原诗试图表达的意味与他的转述是一致的。

儿了。我记得1975年刚拍完备受冷遇的《羁旅情愫》时，我向制片人请求再多用一天摄影机来补拍一个镜头。他拒绝了我，因为我们已经用完了拍摄的拨款。从那天起，我就决心要买自己的摄影机，自己做制片人，成立自己的工作室。此外，拍广告片也使我对节奏更加敏感，更加准确。它也是一种对凝练能力的训练，因为时长就是30秒到1分钟之间。我的广告片都是用与故事片同等的专心和兴趣拍成的。

米歇尔·西蒙：您是如何选择演员的？

罗伊·安德森：他们的外形至关重要，肢体语言也很关键，总的来说，我要求的是他们的真实性。比如说那个弗拉门戈教练洛蒂·托恩洛斯（Lotti Törnros）就是一名职业演员，但她会跳舞，虽然她还是得学弗拉门戈。演国王卡尔十二世的维克多·吉伦伯格（Viktor Gyllenberg）是马戏团的杂技演员。另外，那两个销售代表，霍尔格·安德森（Holger Andersson）和尼尔斯·维斯布隆（Nils Westblom）是业余演员。夏洛塔·拉尔森（Charlotta Larsson）（跛子洛塔）是歌剧演员。我在这方面的理论是，如果你把一名职业演员放在他无法预料的环境之中，他会让你大吃一惊。我再说一次，必须优先考虑那些不可预见的事物。

比眼睛更远的空间

史蒂芬·古德： 从2000年拍完您的第3部长片《二楼传来的歌声》到拍摄《你还活着》之间，您都在做些什么？

罗伊·安德森：《二楼传来的歌声》之后的一年……我必须要去参加欧洲和世界各地的大量电影节。这部电影在34个国家上映，我到访了其中半数。在这种情况下很难去着手进行一个新计划。我也遇到了一些财政困难，为了解决困境，不得不又拍了一些广告。直到2003年，我才开始考虑这个项目。然后我就要寻找资金，构思如何拍摄，在斯德哥尔摩我自己的工作室里拍一些实验性的片断——我只有一个场景不是在这里拍的。人们酝酿艺术构想时总想出人意料，不想让别人预见得到，而要做到这点非常困难。所以，不应该把出人意料当成创作的本来目的。在这些不可预见的事件背后应该自有深意。7年，我并不觉得漫长。每当人们问我，如何能一连4年只拍同一部电影，我就会回答说："伊利亚·列宾用了11年才画成《给土耳其素丹写信的扎布罗什人》。而这部电影里一共有56个用广角拍摄的长镜头，我比伊利亚·列宾完成得可早多了。"

史蒂芬·古德： 对您来说，《二楼传来的歌声》与这部电影的联系和区别是什么？

罗伊·安德森：拍《二楼传来的歌声》时，我已经有20多年没拍电影了，在面对实际拍摄时仍会感到有些不安，可以说处境艰难。拍这部电影时我则相对更放松，更得心应手。我请了一位新的摄影指导，以期不再自我重复。这部电影更像是一部关于人类境况的喜剧。这两部电影可能还是比较相近。我认为新的这部更疯狂，更大胆，也更奇幻一些。我导演生涯起步的时候，受意大利新现实主义和捷克新浪潮的启发很深。然而，15年前，我远离了中规中矩、现实主义的拍摄方法。突然之间，我敢于变得更抽象、更凝练、更纯粹了。我认识到费里尼也同样优秀，也很喜欢他的《船续前行》（*E la nave va*, 1983）。

史蒂芬·古德：这部电影的镜头长度更短，因此比上一部电影的镜头数量更多。为什么需要缩短镜头时长呢？

罗伊·安德森：在《二楼传来的歌声》中……我试图指向十分深奥的哲学问题和论点。例如个体和集体的罪责，还有耶稣——因为那是2000年，他的两千周年诞辰！对话中都充斥着这份抱负，因此也更艰涩。这部电影提出的则是关于我们在社会中种种行为的实际问题，对白更加日常，更加通俗，而我很喜欢写这种日常对话。它们毫不荒诞，因为没有什么可荒诞的。我是贝克特对白的忠实爱好者。但我也不会像塔伦蒂诺在他的电影中那样登峰造极，对着汉堡包来一通长篇大论。

史蒂芬·古德：这部电影比《二楼传来的歌声》叙事性更弱，更像灵光闪现。它是如何构建起来的？是依靠剧本还是依靠蒙太奇？

罗伊·安德森：我曾希望拍一部没有主要人物的电影，只有不同的命运，不同的单个人物，我们无法重复追踪任何一个男人或女人。我得以成为"破坏分子"的方式，就是颠覆传统叙事结构。但在拍摄过程中，我的想法变化了：也许这个或那个人物可以重新出现一两次吧。我没有做到我所设想的那么极致，但并不后悔。我知道我想要拍摄所有这些镜头，但除了结尾和中间的几个场景外，我还不确定它们的顺序。我是在剪辑过程中理清顺序的。在我的剧本上，我都把它们分别写在可以互换的页面上。在中世纪，地图上还有一些处女地。我在我的剧本里也需要这样的空间，以便填入新的、更好的想法。我从没写过一整部剧本，只写50%，剩下都是空白页。

史蒂芬·古德：在这部电影里，您把相当大的篇幅留给了梦境，其中有两个梦被极其形象地表现：死刑和婚礼。为什么您选择了这两个梦？您把它们插入电影结构中是有什么来由吗？

罗伊·安德森： 我之所以敢于谈论梦境，当然是受了超现实主义的启发，正如路易斯·布努埃尔在《资产阶级的审慎魅力》（*Le charme discret de la bourgeoisie*, 1972）中那样，用梦境来讲述现实。我想要拍摄两个梦境，一个非常阴暗，另一个则明亮美好。若能借助梦境，我们就能大大扩展表现力，跨越约定俗成的边界，达到自由自在。我想要批判当代审判的专制，可以看到，它的独断专行随着对恐怖分子的追捕在全世界蔓延。从法庭那个场景的气氛中可以看出，我是受了杜米埃的启发。在另一个梦中，我想要表现人可以有多么慷慨善良。那个女孩说："我不认识他们，但他们仍然很善良，而且希望我们幸福。"这种行为在我们的年代如此罕见：对人慷慨大方而不求回报。我还想说明的是，在现实中我无法找到这种慷慨的例子，而不得不用一个梦来呈现。

史蒂芬·古德： 那个精彩绝伦的诉讼场景让我们想到巴斯特·基顿的一部短片《13号囚犯》（*Convict 13*, 1920），其中也出现了死刑以及像电影院里一样卖点心的引座员。您知道这部片子吗？对它怎么看？

罗伊·安德森： 不知道，我没有看过这部片子，但我看过一些人坐在有色玻璃后面看人坐美式电椅的，他们没拿爆米花，但坐得还是很舒服。这是一项美国发明，揭露了他们文化中怪诞的一面。当死刑犯将要被行刑时，一名守卫会向公众宣告："犯人临终步伐。"这有些传奇性质，但又如此粗鄙和原始。我最厌恶的莫过于此。

史蒂芬·古德：在教堂祈祷的场景中，一份清单或许可以反映出您创作剧本的方法。您是否在那个跪着历数人类弱点的女人和您盘点清算式的"探寻我们的缺陷、我们的懦弱、我们的卑劣、我们的劣势或我们的伟大"的方式之间预设了某种对照关系？

罗伊·安德森：这个场景是我在拍摄之中构思出来的。我脑子里有那个跪地祈祷的女人的形象，但我并不知道她要说些什么。我很高兴看到我能以这个为我们向上帝祈祷宽恕的女人为媒介，列举人类所有的缺点。这比直接斥责他们更有力。这是冒了风险的，我担心显得太过教条，太过直白。但我认为今天我们应该坦率清晰地说出我们想说的东西。当她说"原谅我们的电视频道，既引人入胜，又闭口不谈真正重要的事情"，还有对公众隐瞒真相的政府，这或许是有点过头了。但说出这些很重要。也许不一定用这些词语，但用这些词语又何尝不可呢？这就是现实：新闻媒体欺骗人民，摧毁他们的防线。哲学家马丁·布伯曾这样谈到罪行："不知不觉地，你将被无法逃脱的宿命所俘获，因为你毫无招架之力。"媒体歪曲人们的认知，使他们成为毫不留情的命运的猎物。我认为我的想法恰如其分。

史蒂芬·古德： 在人物的问题上，您和您的同辈人背道而驰。您为了表现一个更普遍的人类本身的形象，从而较少处理每个个体。

罗伊·安德森： 我觉得只表现一个人物比较容易，而真正要通过多个人物表述一些东西则更加困难。我对给一个单独人物拍摄特写并没有兴趣。对我来说，最能说明个体情况的，是他所居住的房间，这个空间比他的面孔更关键。大家都说我们能从眼睛里看到一个人灵魂的反射，布努埃尔也在《一条安达卢狗》（*Un chien andalou*, 1929）里拍了一只眼睛的大特写，但那是一只牛的眼睛……我认为我们离被摄对象越近，失去的他的信息就越多。一个空间，一个房间有时候能比眼睛能展示得更远！

史蒂芬·古德： 这种与普遍性、与人类的关联，在造型和绘画的意义上和漫画是否有关？

罗伊·安德森： 当我们想要提纯和凝练时，就出现了漫画。但我不想那么恶毒，也不想用他人去创造恶毒的人物……也许除了那个法庭上的法官。当我们简化事物时，就接近漫画了，在连环画中常常是这样。这样的风险是，漫画会变成一幅邪恶的肖像。我只会让罪有应得的人得到这样的报应，从不会用在普通人身上。

史蒂芬·古德：另一个风险是漫画会成为老生常谈。我们如何能既葆有漫画的普遍性，又不至于沦为陈词滥调——也包括愤世嫉俗式的陈词滥调——呢？

罗伊·安德森：不要忘记，我们的行为常常就是司空见惯的。比如，那个婚礼的场景就是一种陈规模式，但它如此广泛和普遍，以至于也不能算是陈词滥调了。

史蒂芬·古德：这部电影毋庸置疑地具有批判，乃至政治意图。在性交进行中，人们谈论的是养老基金的崩溃，对金钱和物质的过度依赖，高级餐厅里的仇富态度，以及将我们完全俘获的"人人为己"的逻辑。在您的设想中，这同样也是一部介入现实的电影吗？如果是，那您支持或反对的是什么呢？

罗伊·安德森：我希望做到高度介入现实而又不沦为说教。我希望有些政治元素能点醒观众，使他们更好地理解当下的政治时局。这样看来，德·西卡的《偷自行车的人》和布努埃尔的《维莉迪安娜》是电影史上最有政治意义的电影。但它们并不传递暴力的言语，只是呈现事实。我用56个场景和几乎每个场景中都各不相同的人物阐明了自己的政治观。这就是我的挑战。此外，我想直截了当地指出，电影是一种视觉表达手段。在我们这个时代，人们拍电影时不再记得这一点。所以这是一部捍卫电影视觉表达功能的电影。

史蒂芬·古德：为什么音乐在《你还活着》中也很重要？

罗伊·安德森：在《二楼传来的歌声》之前，我很讨厌在电影里插入音乐。那时候我感觉音乐应该源自某种自然声源，比如收音机或交响乐团……但我的想法发生了变化。现在，我认为如果音乐可以丰富电影的内涵，那就应该加入。在这部电影里，我们只采用了一些旧乐曲的新版本。这些乐曲的灵感来源多种多样，从莫扎特到新奥尔良爵士，还有俄国颂歌。我15岁时曾想当个作家，写出像加缪《局外人》那样杰出的小说。我还想当像梵高和米勒一样优秀的画家，还吹过爵士长号。这就是3种不同的表达方式。我想，拍电影这种方式可以将这3种元素完美结合——至少我希望是这样的。

复合影像[①]

罗伊·安德森 文　马故渊 译

　　我对雅克·卡洛（Jacques Callot）350年前的蚀刻版画《绞刑》（*Le Pendaison*, 1633）着迷了一辈子。当我以《瑞典爱情故事》（1970）开启我的电影制作生涯时，我仍在使用一种特写镜头的美学。这些年来，我不断地靠近一种处理"复合影像"的美学。我敢说，当我刚开始做电影时，我尚未成熟到能够驾驭这些美学。它们要求你呈现一种完整和相当统一的

<hr/>

① 《复合影像》（*The Complex Image*），选自《瑞典电影——导读和读本》（*Swedish Film: An Introduction and a Reader*），隆德：北欧学术出版社（Nordic Academic Press），2010年版，第274页至第278页。该英译有删节，译者为安德斯·马克隆德（Anders Marklund）。原文见罗伊·安德森所著《我们这个时代对严肃的恐惧》（*Vår tids rädsla för allvar*），发表于1995年哥德堡电影节场刊杂志《电影艺术》（*Filmkonst*）。英文标题 *The Complex Image* 译自瑞典文 *Den Komplexa Bilden*，根据罗伊·安德森在本文中所表达的含义，将其译作"复合影像"。这里的"复"并非指"再次"，而是指（内部构成的）复杂性、复合性。

对于世界的认识观念。这涉及更多的因素，它是另一种要求更高的艺术挑战。一个人必须（在电影中）传达出他对于生命的态度，这是困难得多的。从技术上来说，我已不再使用75~50毫米镜头（我这里指的是35毫米电影），而且我如今发现用比16毫米镜头还短的镜头工作几乎是一件不可能的事。卡洛的版画就可以被描述成一种典型的16毫米或者可能是24毫米镜头拍摄的影像。

电影理论中有一些理念跟我说的"复合影像"有关。尤其是这种电影语言有一个非常知名的支持者，安德烈·巴赞。直到15年以前我才了解到他电影理论的文章。当我读到巴赞，我明白他是跟我一样想问题的。

当两幅图像并置，一种上层建筑被建立起来，给这种并置增添了艺术价值、信息和洞见。我想举的最清晰有效的例子是关于埃塞俄比亚的塞拉西皇帝的一组蒙太奇照片。里面有一幅图像是他在用银盘装着猪排之类的东西喂狗。他皇宫里一定有四五只这样的银盘。在另一幅图像里我们可以看到人们在挨饿。这组蒙太奇流传开来后，不出几个月，埃塞俄比亚就发生了革命。这就是一个关于蒙太奇是多么有效的例子。

但巴赞说的是一幅图像就可以达到同样的效果。卡洛的版画《绞刑》里实际上也包含着蒙太奇。

这幅图里的元素相互作用并创造出了一种上层建筑。但在某种程度上这幅图更加开放地做到了这点，因为艺术家允许观赏者自己决定图像里什么是重要的。巴赞认为这更有效地激发了观赏者的情感和理解力，我完全同意他的看法。

我不仅在故事片，也在商业广告里用过复合影像。我想说，正是在制作商业广告期间，我意识到了复合影像的好处，甚至是优势。如果一幅图像就能够传达出某种信息，我找不出非要用几幅图像的理由。我喜爱在一个"空间"①里观看和描绘某个人——"空间"这个词，我采用的是其最为广泛的含义。很多人都支持这样一种观点——特写最适合表达一个人的心理状态，甚至有人会说灵魂是通过眼睛反映出来的。恰恰相反，我认为特写是相当不足的。对我来说，你越靠近一个人，你所得到的关于他／她的信息就会越少，最后甚至无法区分是人眼还是牛眼，甚至是死牛眼。这在路易斯·布努埃尔的经典短片《一条安达鲁狗》（*Un chien andalou*, 1929）中就被表现得很清楚了：在一个场景里，一把剃刀在女人面前举起来，之后的大特写中，剃刀切开"她"的眼睛，而此

---

① 空间（room）即瑞典语rum，既有房间，亦有空间等义。罗伊·安德森在后文中称在最广泛意义上使用这个词，即指他所说的rum不局限为房间（虽然室内空间是安德森最为倚重的空间）。

时的"她"其实是一只被屠宰的牛。相较于此，我相信空间会传达出更多的有关身处其中的人们的信息。因此，这个重要的元素应该最好不要被切成一块一块，否则会造成空间及空间中内容与人之间的关系变得不清晰或者难以理解的后果。当然，一种特定的风格或美学不应当以其自身为目的，变成一种风格主义。创造复合影像和复合场景的难度要远远大于用剪辑讲同样的事。但当一个人成功创造出复合影像时，其结果也会丰富得多。他／她会节省时间，最重要的是，获得一种清晰性——思维的清晰——这种清晰性的密度，有时对观众而言，是极其大的。

今天的电影和电视工业，其作品毫无例外地具有共同的特点，即一种特定的美学风格和叙事方法。这种美学风格和叙事方法很少是深思熟虑的，几乎没有要把思想讲清楚的迹象。这种风格首先建立在姑且权宜的解决方案、无暇、懒惰、无能和贪婪之上，跟我们社会——好吧，甚至跟整个世界——被分析和被治理的方式有很多相似之处。

我会使用《九十年代的九十分钟》（*90 minuter 90-tal*, 2000）①的第一部分，也就是我做的那个部分中的一个场景，来进一步阐明我对复合影像的想法和

———————————

① 1990年至1999年间，每年由一位瑞典导演拍摄一个电影片段，于2000年统一发行，这种制作方式被称作接力式的电影（Stafettfilm）。

我用复合影像做的事。我那部分叫作《光荣的世界》（1991），它的第一个场景是对我所说的内容的一个很清晰的例证。这个场景是关于在真实生活中发生的事的。它是对二战中的事件和"种族清洗"的特征——绝对暴虐行为的一种复原。"种族清洗"这个表达在那时还不存在：它被叫作"最终解决方案"，但它意味着对犹太人、吉普赛人、同性恋者和不同政见者的屠杀。各种各样的方式被用来杀人，包括在柴油货车内施放毒气。发动机的尾气被导入到货舱。这些箱式货车是毒气室的前身。

这些事件，这些举动，这些被理性地设计出来的屠杀，这种对他人痛苦的冷酷无情，对我来说是恶的终极化身。我们应该如何处理这种有关人类所能行使的恶的认知？有可能从这种认识中逃脱吗？有可能防止它再次发生吗？它是怎么可能会发生的？我们能够明白为什么吗？为什么历史在重复自身？这是一些在今天来看最重要的问题。

五年前，当我有机会来制作《九十年代的九十分钟》的第一部分时，这是我当时觉得我必须以我的角度来面对和总结的一个话题。我是在犹太人大屠杀达到其最激烈的阶段时出生的。在我生命的前两年里，数百万的人被以最兽行的方式毒死。而这就发生在一个人们会阅读且其传统与我们具有极大相似性的邻国。这长久以来一直困扰着我，现在依然如此。我想说我作为人类为这些罪行感到羞耻。哪怕我并不曾在那儿（犯下这些罪行），我还是感到某种罪责。

我想要在电影里总结这个话题的另一个重要原因是，我那时候刚读到了一个叫作马丁·布伯（Martin Buber）的伦理学家的著作。我在这之前从来不知道有谁能够如此清晰、如此有力地表达出我提到的那种罪责感。在他的《罪与罪责感》（*Schuld und Schuldgefühle*, 1958）里，他写道："当一个人违反了人类的规范，而他在天性里又认可和承认这一规范是他自己和任何一个其他人存在的基石时，一种存在主义的罪责就会涌现出来。"

"存在主义的罪责"这一表述，指涉了某种无可撤销的意味。但如果布伯没有同时指出一条对我们来说可能找到自由与和解的道路的话，他不会是如此重要的哲学家。那么，我们可以做什么呢？

布伯谈到了个体的罪责感，但我认为这些思考同样是跟群体相关的。

我还读了另一个哲学家格奥尔格·卢卡奇（György Lukács）的书。他在他的《理性的毁灭》（*Zerstörung der Vernunft*, 1962）中极为清晰地分析了纳粹的意识形态。他的思想也启发了我在《九十年代的九十分钟》的我那一部分中采用那样主题。卢卡奇主张，我们不能认为希特勒时代已然终结，除非我们的社会"根本地克服了那个时期所特有的思维和道德态度。这一进程应该开展起来，而我们应当赋予它一个方向和形式"。难道有人可以说，我们已经开始这个进程了吗？希特勒死了，但造就了他的整体环境呢？希特勒该为他获得的掌声受到责备吗？

在慕尼黑城外的达蒙集中营，人们可以读到介绍说它的毒气室从来没有被使用过。然而，介绍应该写，纳粹始终没有时间使用这里的毒气室，因为他们没有时间去执行他们的工程计划——将一整列一整列火车的人投进巨大的地下毒气室从而清空车厢。就我的理解，这些工程师之后过着正常的布尔乔亚式的生活，忙于其他的任务。这应该被视为一个巨大的人性问题。

一旦这些问题被提出，人们就必须自问我们可以做什么和应该做什么。我们如何有尊严地、负责任地呈现这些事件呢？对我来说，使用特写或用苦难来实现效果是不可想象的。看看斯皮尔伯格在《辛德勒名单》（*Schindler's List*, 1993）里做了什么就知道了！我觉得在表现大屠杀、集中营等情境时使用复合影像的语言，是最为理所当然的。观众必须自己分析影像，没有任何先入为主的阐释。很多人说《光荣的世界》的开头是他们见过最黑暗的东西，这种黑暗是人们不再讨论这个话题的原因。复合影像总是对观众要求很高并富有挑衅意味。现代人害怕的正是这种复杂性：经验徘徊不去，人们没法将它忘在身后。我相信对人们来说，观看《辛德勒名单》比观看我的电影里的这个场景更容易。因此，弄明白我如何制作它可能会比较有趣。创造复合影像需要准确性和许多工作。

相对于站在那儿看向镜头的主角，那个把软管连接到货车里的男人所处的位置对我来说多少是清晰的。摄像机正是时间和历史的目光。它是记忆和知识。这就是主角看向镜头的原因：他在看着历史，看着记忆，看着时间，看着我们。这个场景的设计开始于这些人的位置，开始于旁观者和连接毒气的那个人之间的位置。我一开始对场景布置不那么确定。我坚持认为那些身着制服的人始终是平民。这就是为什么这个场景里的人们不穿制服，而是穿着普通的日常服装。

第一次尝试是在一片绿色的户外空地，第二次是在一个碎石铺就的宽阔的停车场，接下来是在机场的一个混凝土平台上。我想要找到一个光秃秃的、没有时间标志的场景。要确定摄像机的高度和位置、摄像机离场景的距离和场景内部的各种距离总是要花很大的工夫。我还想要观众感受到与这个城市的市民生活的关系，感觉到这个场景在文明社会的边陲发生。我们试了阿尔斯塔飞机场，但最后决定用松德比贝里的一片大型运动场，那里的两个碎石坑已经完全看不出任何运动场所的痕迹了。货车看上去不应该很现代。货舱空间的高度和设计、货车装卸货的斜梯板的宽度和放置，每一个细节都是重要的。在拍摄期间，在我们使用真正的孩子之前，场景里的那个女人臂弯里抱着的，是一个玩偶。

我们尝试了大量的构图方式。我们请那个站在画面右下角的女人在某个时间点笑一下。事实上，历史告诉我们，有时候旁观者会觉得这些可怖的流程很滑稽。但成片中没有采用这一部分，是因为考虑到画面很残忍，它会给观众造成过于无情的印象。我们试了不同尺寸的软管。当我们最后找到那片运动场地时，我们用现代的公交车试着行驶了路线。我们做了颜色和烟雾测试。在这样的表演中，我们还在伦理上关怀参与者。片中那个被拖向死亡的年轻女孩，我们一开始是让她在感觉更为安详平静的布景中，穿着整齐地回应这一场景。孩子们在拍摄现场是裸体的。

这一切都为最终的视觉呈现作出了贡献。而这种视觉呈现，我们觉得，是对我们想法的精确表达。它看上去是如此地准确，以至于无法想象还能有其他的呈现方式。

嘲讽在静默中冷却

——罗伊·安德森的荒诞美学

肖熹 文

　　当《寒枝雀静》在威尼斯获得金狮奖时，瑞典导演罗伊·安德森已年过七十岁。从1967年拍摄第一部学生作品到获得金狮奖，他的电影生涯已有四十七年。但是在近半个世纪的时间里，他仅仅拍摄了五部电影长片，堪称世界上最低产的导演。这位在国际影坛突然失踪并深居简出的人，凭借五部电影就成为当代北欧电影的代表性人物。在电影风格的探索方面，北欧的罗伊·安德森与拉斯·冯·提尔（Lars von Trier）恰好构成了一对"反命题"，冯·提尔用语言实验和激进话题拉伸电影的边界，罗伊·安德森则用回归绘画性和摄影性的反潮流方式，赢得了影评人的赞誉。在运动镜头、快速剪辑和视觉特效大行其道的今天，罗伊·安德森的电影似乎在语言上回到电影史前的美学：固定机位、长镜头、广角摄影、多人镜头和深焦摄影，这种与潮流格格不入的视听风格形成了独一无二的质感，折射出罗伊·安德森奇特的电影本体论。他用电影去探索人在社会、政治和情感上遭遇的困境，描绘生存的尴尬、荒诞和衰老，聚焦于个体的脆弱与无知，展现那些突然袭来的难以摆脱的存在主义困惑。

罗伊·安德森的两极创作

罗伊·安德森的创作生涯是高度矛盾而且极其独特的，在世界电影史上独一无二。与许多同龄欧洲导演要经过助理导演的历练或电视台工作来积累经验完全不同，他毕业后走上了一条"电影小路"。

罗伊·安德森是伴随着战后欧洲电影的黄金时代而成长的，从默片时代的巴斯特·基顿（Buster Keaton）和卓别林到战后的德莱叶、伯格曼和布努埃尔，以及法国的新浪潮，这些电影对他产生了潜移默化的影响。在斯德哥尔摩电影学院毕业之后，罗伊·安德森的创作经历了泾渭分明的两个时期。在二十五岁时，他接连拍摄三部短片，这些短片明显受到以"法国新浪潮"为代表的欧洲新电影运动的影响。《取回单车》（1968）讲述两个少年以取单车为借口的约会，《十月五日星期六》（1969）则讲述一对普通青年情侣共同度过的周末时光。这些短片都采用自然光、室内实景拍摄，讲述带有弑父倾向的反叛青年追求自由爱情的故事，与新浪潮的美学一脉相承。1970年的《瑞典爱情故事》让罗伊·安德森把这种风格发挥到淋漓尽致，这部长片处女作入围了柏林电影节，获得瑞典国家电影奖，而且成为当年票房最高的瑞典电影。这种成功对于一个二十七岁的电影青年来说来得太早了。罗伊·安德森尝试摆脱新现实主义和新浪潮的影响，寻找个人电影风格，结果1975年的《羁旅情愫》遭遇了失败。影片带有很强的实验色彩，故事比较离奇，令人费解，不仅遭到影评人的指责，也不受观众的欢迎。罗伊·安德森从此一蹶不振，电影生涯因此中断，直到2000年《二楼传来的歌声》才东山再起。

在二十五年的断档期里，罗伊·安德森展开了一种特殊形式的电影创作。瑞典在1963年推行了一系列电影改革，建立了新的电影管理体制，取消了25%的娱乐税，创立瑞典电影学院，基金会收入的65%用于支持瑞典国产电影创作。新制度让瑞典电影完成了新老电影的更新换代[1]。同时，伴随战后婴儿潮一代的成长，瑞典电影观众也在20世纪70年代达到了高峰，许多青年热衷于在电影院度过夜晚和周末时光，除了艺术电影，喜剧片、侦探片、伦理片和儿童片的

---

① 哈·施恩、伯·列文：《瑞典的电影政策》，鲍玉珩译，《世界电影》，1986年1月，第242页至第243页。

创作也非常活跃①，影院的映前广告因此而兴起。罗伊·安德森在断档期就进入到这个特殊的行业。影院映前广告与电视广告的制作理念有所区别，它的制作方式和材料与电影是相同的，而且要比电视广告需要更有创意的剧本策划。从1969年到2005年，罗伊·安德森共接拍了四百多部广告短片②，成为瑞典电影界首屈一指的广告电影导演。恰恰是这些广告片，让安德森不断摸索和奠定了个人风格。

这些广告短片的拍摄方式非常接近，往往用一分钟或三十秒的时间，展现普通人在日常生活中突然遭遇的荒诞情节，辅之以一句广告词。比如在为TRYGG&HANSA保险公司拍摄的系列广告中，安德森展现了许多突然发生的意外，有交通意外，也有失足落水，在结尾时给出字幕："意外难以避免，但我们能预防一些，迟早，您需要保险！"

由于广告具有时间短的特性，安德森摸索出一种单镜头拍摄法：所有的创意和情节都用一个固定镜头拍完。与此同时，他发现和培养了一批形态特殊的喜剧演员，这些演员也成为他后来电影中的人物。1987年《瘟疫降临》标志罗伊·安德森把这种冷调的

① 何振淦：《瑞典电影的今和昔》，《世界电影》，1986年12月，第70页。
② Michel Ciment: *Petite planète cinématographique: 50 réalisateurs, 40 ans de cinéma, 30 pays*, Paris: Éditions Stock, 2003, p.249.

荒诞风格发展成熟，这是应政府邀请拍摄的反映艾滋病的公益短片，影片用一种冰冷的讽刺展现了艾滋病人的处境，以及人们对艾滋病患者的偏见和歧视，影片拍摄完成后被禁止放映。1991年，他又拍摄了短片《光荣的世界》，影片灵感来自于纳粹对犹太人的大屠杀，用固定机位的一个镜头讲述人们用发动机尾气处死一卡车手无寸铁的妇女和孩子的故事。这两部短片与普通的商业广告片不同，表达出电影对当代社会的强烈介入功能，向观众发起了道德挑战。

从2000年起，罗伊·安德森进入电影生涯的第二阶段：《二楼传来的歌声》（2000）、《你还活着》（2007）和《寒枝雀静》（2014）并称为"生存三部曲"，三部长片连续入围国际电影节并获奖，宣告他重回电影舞台。这三部长片的风格非常统一，都没有核心人物和完整的故事，而是由松散的彼此独立的段落组成，人物之间的关系也是若有若无。笔者认为，罗伊·安德森运用诗与影像的视觉质感这两种手段把这些看上去杂乱零散的段落、离散的人物和情绪连缀成整体。

嘲讽：可笑之人的可怜与可爱

罗伊·安德森是电影世界伟大的讽刺家，他的电影充满了嘲讽。在《二楼传来的歌声》中，一个男人在火车站意外地把手指夹在火车门上，人们听到他的惨叫而聚集过来，却没有人愿意帮他打开车门。在《你还活着》中，女子把因在树后偷听她与情人吵架而爱上她的男子拒之门外，并把他送的鲜花夹在门上。《寒枝雀静》中失去知觉而垂死的老太太，死也不肯放开手中装满名贵首饰的皮包。这些讽刺桥段仿佛把人生中的尴尬、窘迫、失意的时刻收集起来，无处不在的嘲讽建构了观众与剧中人物之间的基本关系：观众在电影面前突然发现，那些本来是日常生活中随时可能遭遇的难堪时刻，居然让自己产生了居高临下的优越感。

罗伊·安德森的嘲讽一方面以贬低他人和世界的方式获得瞬间的快乐，另一方面以抵制严肃探讨生活的姿态消解深邃思想的紧张感。他在1995年曾出版一本书，名字就叫《我们这个时代对严肃的恐惧》。"对严肃的恐惧"是一语双关：历史中许多严肃的观念给人类带来了灾难，令人对严肃性充满恐惧；与此同时，在后现代情境中的人们又沉醉于反抗严肃的生活方式。罗伊·安德森在电影中嘲讽没落的中产阶级、僵化的国家机器、金融机构和宗教团体，但他嘲讽得最多的是普通人。

在"生存三部曲"第一部《二楼传来的歌声》的开场，罗伊·安德森引用了秘鲁诗人塞萨尔·巴列霍（César Vallejo）的一句诗："安坐的人是可爱的

（Älskade vare de som sätter sig）"。这句诗在影片中多次出现——为了还债而烧掉公司的老板在去精神病院探视因写诗而发疯的儿子时，以及他在去教堂忏悔时，都说过这句话。这句诗的意思是：那些失败的普通人跌坐在那里，固然可笑，可也有可怜和可爱的地方。罗伊·安德森说这句诗选自《失足于两颗星星之间》，但可能是不同语言之间的转译的原因，在中译本中找不到这句话，与这句诗含义最接近的是这句："要去爱跌倒并还在哭泣的孩子／和跌倒了而又不再哭的大人。"①而用这句诗来概括《二楼传来的歌声》是再贴切不过了，影片几乎可以概括为"失意者的末日故事集"。

塞萨尔·巴列霍是一个人生经历和诗歌创作都非常特殊的人物，他被誉为西班牙语诗坛上最伟大也是最复杂的诗人之一②。他生在秘鲁，用西班牙语写诗，后移居法国。他是先锋派诗人，但他的诗歌描写的是普通人。他描写他人，尤其是小人物的痛苦，细腻地描绘普通人的欢乐和愤怒。他对无产阶级充满了关切和同情，散发着人道主义光辉。罗伊·安德森深受他的诗歌的启发。《失足于两颗星星之间》这首

---

① 中译采取了赵振江译本：《人类的诗篇：塞萨尔·巴略霍诗选》，北京：作家出版社，2014年。
② 关于塞萨尔·巴列霍的生平和创作，参见赵振江：《塞萨尔·巴列霍：写尽人间都是苦的先锋派诗人》，《艺术评论》，2010年4月，第60页至65页。

诗，就是在劝告人们要去关爱那些生活中的失败者，这其实就是《二楼传来的歌声》破碎的无关联段落之间的隐形主线。影片中那个因写诗而发疯的青年诗人，最后也背诵了巴列霍的这首诗。巴列霍在这首诗中列举了许多人物意象：在火灾中失去影子的人、被门夹了指头的人、每时每日工作的人、睡觉时担惊受怕的人、不记得童年的人、光荣而不朽的人①。这些人物意象在《二楼传来的歌声》中一一出场：工作了三十年后被辞退的职员、表演失败的魔术师、肚子不慎被割开的老头、偷情多年而无法结婚的医生、因找不到地址而无故被打的邮差、被情人抛弃的流浪汉等看上去彼此之间没有关系的人。这些在生命中遭遇尴尬的片段，最后统一在巴列霍这句寓意嘲讽但也充满同情的诗句中。

罗伊·安德森的嘲讽，其实是在说：可笑之人也有可怜、可爱之处。在《你还活着》的开场，安德森引用了歌德的一句诗："知足吧，活着的人／在你那温暖舒适的床上／勒特河冰冷的寒风／就要鞭打你奔逃的脚。"这句诗与巴列霍的诗一样，具有劝世意味。影片讲述的不再是失败者，而是因梦想破碎而遭遇琐碎烦恼的人：相互吵架抱怨的情侣、不受欢迎的乐队鼓号手、因为被老公叫巫婆而失声痛哭的教师、

----

① 中译采取了赵振江译本：《人类的诗篇：塞萨尔·巴略霍诗选》，北京：作家出版社，2014年。

堵车时讲述噩梦的司机、忘记童年的老妇人、被儿子不停要钱的父亲。在《寒枝雀静》中，不同的人也在说着相同一句诗"听说您过得不错，我很高兴"，这看上去像是日常生活中最常见的客套，却在荒诞中传递了人与人之间温暖与善意：他人的安逸可以抚慰我们的悲伤和无奈。

诗歌深深启发了罗伊·安德森，从某种角度来说，他的每一部电影都是一组荒诞而感伤的长诗，段落之间的断裂和跳跃，仿佛诗的语言在想象中飞升。在《你还活着》中，养老院里忘记过去的老人无法回答人们的问题，无法想起往事，人们在召唤中陷入了沉默。罗伊·安德森的每一场戏总是通过嘲讽转向沉默：人物由可笑转为可爱，最终变成可怜。安德森对电影拍摄本身具有一种批判性的观点，他不认为电影可以复制生活，而是认为电影是我们与他人发生关系的方式，看电影既是一场社会性的消费，也是处理与他人关系的伦理实践。因此，他的电影中充满存在主义哲学的关怀，我们深深感受到一种关于人类存在的人道主义，一种对人的脆弱价值的深深的感慨与尊重。当然，这种人道主义必然有着伦理和政治的牵连，如"生存三部曲"就隐含着对战争、政治、权力系统和资本主义的批评。罗伊·安德森的电影所考察的主体，往往是那些不会就人类行为所产生的社会、历史等方面的问题进行反思的人，那些不会从人性的角度思考人的完整性和灾难的人，在这个意义上，安德森反对那些把人道主义理解为"意识形态的障眼法"（ideological smokescreen）的观点。

在这个意义上，嘲讽跃升为一种叙事策略和文化策略，让电影以匿名的形式成为展现现代社会压迫的神话，嘲讽成为一种残酷的"启蒙辩证法"（dialectic of enlightenment），把对社会价值系统的批判和对人的边缘化以及人所受到的压迫的再现融为一体。

静默：绘画式场面调度

伟大的嘲讽是不够的，它还需要精致的容器。罗伊·安德森在美学上是一个"退化者"，"我憎恶一切可预见的事物，那是艺术的敌人"。①他克服可预见性的方式不是锐意进取，而是回归与回溯。他认为电影作为艺术最难实现的不是顺服电影媒介的材料特性、无休止地展现繁复华丽的视听内容，恰恰相反，导演需要驾驭和征服电影语言的滥情与无度，压制、捆绑和削弱视听材料带来的挥霍式的解放。"要保持简单是很难的，因为它要求一种精确。如果

---

① Michel Ciment: *Petite planète cinématographique : 50 réalisateurs, 40 ans de cinéma, 30 pays*, Paris: Éditions Stock, 2003, p.253.

你达不到，那一切都完蛋了。"[1]在这个意义上，罗伊·安德森走向了电影史的反面，让电影返回到电影史前的绘画，甚至是摄影[2]和戏剧。

这种美学的返祖倾向和绘画风格表现得非常明显。"生存三部曲"几乎每一场戏都是由一个固定机位的长镜头拍完，《寒枝雀静》总共就用了三十九个固定镜头，摄影机始终是静止的，画框成为一种无法动摇的绝对边界，一个固定的观测窗，电影仿佛是人物能够说话和移动的绘画。笔者把罗伊·安德森这种独特的美学称之为"绘画式场面调度"，即导演在场面调度中所能使用的全部素材，包括布景、光线、色彩、人物造型，乃至画框、景深和视点，都围绕着一种静态的绘画性视觉力量的建构而展开工作。

绘画艺术的滋养在他的电影中随处可见。绘画以精确的视觉形式传递一个丰富的、静止的瞬间，我们甚至可以把他的电影理解为"电影化的绘画"。罗伊·安德森偏爱的画家都是20世纪初期的现代派绘画，尤其是德国"新客观派"的奥托·迪克斯、乔治·格罗兹（George Grosz），以及比利时超现实主义画家勒内·马格里特（René Magritte）、神秘主义

---

[1] Michel Ciment: *Entretien avec Roy Andersson*, Positif, mai 2015, p.19.

[2] Ignatiy Vishnevetsky: *Figurative and Abstract: An Interview with Roy Andersson*, Aug 2009, https://mubi.com/notebook/posts/figurative-and-abstract-an-interview-with-roy-andersson

画家保罗·德尔沃等。这些画家的共同之处就是既有对人性卑微的嘲讽，也有对人性处境的怜悯。乔治·格罗兹的人物造型影响了安德森在视觉上处理人物形象的方法：干净的笨拙、整洁的狼狈与愚蠢中的可怜。《寒枝雀静》的原名 *En duva satt på en gren och funderade på tillvaron* 可直译为"鸽子在树梢上反思存在的意义"，而这个题目是直接受到老彼得·勃鲁盖尔的名画《雪中猎人》的启发。在这幅画中，猎人们在雪野上狩猎，但近景处有几只乌鸦停落在树梢上，仿佛对人类的行为展开了带有嘲讽的观察。从某种角度来看，《寒枝雀静》甚至整个"生存三部曲"都是对这幅绘画作品之现代意义的电影阐释。法国19世纪的艺术家奥诺雷·杜米埃也影响了安德森的创作，杜米埃以政治讽刺漫画而闻名，他的《巨人传》（*Gargantua*, 1830）以一种超现实的讽刺性，启发罗伊·安德森去构想出《寒枝雀静》中那个庞大的令人恐怖的杀人机器：殖民者把黑人送进带有化工军火公司Boliden标识的灭绝机器中，这个机器本质上是一个巨大的铜管乐器，当烈火熊熊燃烧时，人们在其中被活活烧死，但他们的尖叫与哀号则变成了供贵族和中产阶级娱乐的音乐。

现代绘画的平面构图与色彩构成、摄影的时间观和戏剧的舞台深度与间离效果，共同形成了罗伊·安德森电影的美学特质：画面仿佛橱窗，人物在静态空间中向着观众的目光收缩与汇聚，摄影机始终是静止的，人物以缓慢的方式移动，悬置的动机和有节制的台词。这一切与他的嘲讽共同形成了一种"风格化的意识形态"（stylistic ideology），展现有关人的感受的现代结构，这表现在他对绘画的借鉴上。

首先是固定镜头。除了《二楼传来的歌声》和《你还活着》中有三场戏用了移动镜头，罗伊·安德森的电影几乎每场戏都是用一个固定镜头完成的。静止的摄影机把银幕边框变成了永恒的画框，这是对电影影像运动性的抑制。由于每个镜头都从静止开始，画面在影像中呈现的瞬间就完成了构图寓意，观众的视线从对运动的期待转向对内容的关注，前景的人物及其处境在时间中被目光充分探索，观众从左到右地探求着取景框中的每一个细节。罗伊·安德森尽可能压制运动，他从不使用蒙太奇，每个场景都用一个长镜头完成。由于是固定镜头，罗伊·安德森必须研究不同人物数量给构图带来的区别，因此他经常使用十六毫米的电影广角镜头，给多人镜头的构图提供可能性。同样，深焦镜头的前景和后景所能带来的广阔纵深空间，把镜头前的空间变成戏剧舞台，安德森充分把有限的景深空间用作可见的表演区，摄影机总是静止的，他必须依靠纵深空间的不同层次来安排人物有限的活动。但是静止的画框压制了人物活动的运动感。广角与景深还原了绘画透视效果，安德森的构图经常出现文艺复兴之后的透视法，或是带有拱顶的地下餐厅形成的单点透视，或是街道和酒吧吧台向两侧延伸构成的两点透视。透视在静态画框中把人物与空间的反差拉大，强化了荒诞和无助。

绘画式场面调度还体现在摄影机的水平角度上，安德森习惯使用一种"小俯视"，让摄影机的水平高度稍稍高出剧中人的视平线，这种小俯视来自于德国的"新客观派"绘画或保罗·德尔沃的神秘主义绘画，视点仿佛悬浮在房间一角，人物在广角镜头的小俯视中变得更加被动和可怜。同时，所有场景的色调都是统一的，在近乎偏执狂一般的布景中，所有的墙壁、窗外楼房、街道都呈现在一种散射光均匀分布的浅绿色和灰色中，安德森为了创造这种色调不得不在每一场戏都进行人造置景和非常规的布光。

如果运动是一种浮躁和喧哗，那么静止就是一种沉默。罗伊·安德森所营造的绘画式视觉质感就是追求一种静默。

反思：从对视到对话

这种静默的风格与嘲讽的主题形成了一种强烈的反差。在空荡荡的街道、房间或橱窗的后面，静静地站着一个人，这就是安德森电影给人的第一印象，让人联想到美国画家埃德华·霍珀的主题：人在现代世界里遭遇的无尽孤独，却对现实和未来并不那么悲观。罗伊·安德森的人物像不断推着巨石上山的西西弗斯，但他们都有着合法而合适的生活理由。

罗伊·安德森在每部电影中都会插入一段超现实段落。在《二楼传来的歌声》里，二战期间被德国纳粹绞死的少年，他的鬼魂突然出现在皮勒的生活中；在《你还活着》中，安娜梦想着与吉他手米可的房间可以像火车一样行驶；在《寒枝雀静》里，瑞典国王卡尔十二世骑着高头大马闯进现代酒吧，向酒保要了一杯苏打水。跨越生死和时间的超现实主义把罗伊·安德森的嘲讽推向了极致，也消解了嘲讽的力量。与福柯一样，罗伊·安德森试图把启蒙与人道主义区分开，他的目标不是嘲讽，而是在静默的形式中把嘲讽转化为一种批判性冥想（critical contemplation）。这种冥想不仅把可笑的人生转化为积极的力量，更让观众在"生存三部曲"中成为被唤醒的主体，在某个瞬间突然反省到自身的存在。罗伊·安德森小心翼翼、悄无声息地设定了消解嘲讽的程序，这种程序就是对视和对话，是剧中人与观众的对视与对话。尽管这样的时刻不多，但对于安德森的电影来说却至关重要。

在《光荣的世界》中，那些可怜的小人物在心酸或失意时，会看着摄影机，与摄影机静静地对视。这些投向摄影机的目光击穿了电影作为隐蔽的窥视媒介的特性，可以说，这些目光在剧中人与观众之间形成一个透明的、可供交流的空间。对视本身就是寂静的，观众与人物在寂静中通过目光彼此探寻和回答。《二楼传来的歌声》的第一场戏是皮勒提着公文包在日光浴房与老板谈话，他的目光在藏身于日光浴室的老板和观众之间游移闪烁。那些仿佛从超现实主义绘画中走出来的呆立的人，似乎突然发现了观众或陌生情境，用神秘而惊异的眼神迎向我们的目光。我们看着他们，他们也看着我们，他们的目光充满了生存的无助、无奈和无知，似乎向我们求助。安德森电影中人物与观众的对视，与伦勃朗肖像画中人物看向前方的目光不同。伦勃朗绘画中人物的目光，投向一个无所指的世界，一个空洞无限的抽象时空，伦勃朗的人物坦然而优雅，仿佛是隔着画框看着我们这个世界的上帝。而罗伊·安德森的电影则建构了一种真正的对视：观众像上帝一样隔着银幕看着那些不幸的、失败的人，而剧中人则意识到观众的存在，把某种祈求以对视这种平等的形式传递给我们。

不仅对视，还有对话。安德森的人物不时地对观众说话，这些对话多数是倾诉。在《你还活着》中，在堵车的马路上，卡车司机突然对着摄影机讲起他昨晚做过的奇怪的梦，观众由此成为某个他认识的路人，进入他的梦境世界，成为他梦境的目击者。这场梦是一场典型的"穷人噩梦"，一个工人因无法忍受中产阶级那些带有歧视性的提醒，把一桌子至少有二百年历史的昂贵餐具全部打碎，他因此被判处死刑，被强行绑上电椅。讲述梦境之后，卡车司机对着镜头说："电椅，多么恐怖的东西，我怎么会遇到这种东西。"这表达出典型的无产阶级式的恐慌：无权无势的普通人随时可能因为无力赔偿昂贵的私有财产而不得不面对这个社会最严厉的惩罚机器，而裁判权则掌握在昏庸的司法体制手中。影片中的庭审正在进行时，服务员推开法庭大门，为三位法官每人送上一大杯啤酒。同理心或者共情力（empathy）在对视和对话中，抹平了我们与剧中人之间的关系。在《你还活着》中有这样一个场景：精神科医生穿好衣服，对着镜头开始讲述他因多年来倾听病人主诉所产生的困惑和所遭遇的困境；在酒吧里，女孩也对着观众讲述自己做梦嫁给了摇滚歌手米克·拉尔森。在《寒枝雀静》中，一个男人站在理发店里，对着摄影机讲述自己的故事，而坐在一边的客人发现他是疯子后赶紧起身离开。

倾诉强化了对视的反省、反观效果，让观众猛然意识到观看荒诞电影的行为本身也成为荒诞的一部分。这是罗伊·安德森电影总是那么好笑，也让人陷入回味与沉思的原因。观众发现了自己的荒诞并在电影结束时征服了它，即便只是短暂的笑声与感慨。荒诞的艺术让人看穿了生活最无意义的本质，令人垂头丧气，毫无希望，因此那些格外犀利的带有批判性的荒诞电影是难以让人喜欢的。可是罗伊·安德森的电影具有谜一样的魅力，它让人直面残酷而无奈的荒诞性，最后还能对生活充满了希望，这个谜或许也解释了所有荒诞艺术可以具有的超越性：当荒诞的嘲讽在静默中冷却下来，我们在艺术中感受到一种善意和温暖，一种海德格尔所说的只有诗和艺术才能给人的灵魂提供的安稳的栖居。

罗伊·安德森生平创作年表

肖熹 编译整理

1943年3月31日生于瑞典哥德堡（Göteborg），青少年时期经常去电影院看电影，受到战后黄金时代电影的影响。

1962年，考入位于斯德哥尔摩的瑞典电影学院（Svenska Filminstitutet），学习文学、绘画和电影等课程。

1965年，从电影学校毕业，拍摄短片《造访儿子》（*Besöka sin son*），影片以一场发生在两代人之间不欢而散的午餐为题材。

1968年，参与拍摄由十三位瑞典导演联合拍摄的纪录片《白色运动》（*Den vita sporten*）。

1968年，拍摄短片《取回单车》（*Hämta en cykel*），讲述一对十六七岁的青年情侣在做爱之后的一段时光。

1969年，拍摄短片《十月五日星期六》（*Lörd-agen den* 5.10），讲述一对青年情侣在一天里的约会。

1969年，罗伊·安德森进入广告业，为各种产品拍摄广告短片，前期主要是保险、银行和食品，后期也为汽车公司做广告，如雪铁龙、沃尔沃等，到2005年总计拍摄了广告短片四百多部，前后八次在戛纳广告电影节获奖。

1970年，拍摄长片《瑞典爱情故事》（*En kärleks historia*），影片大获成功，入围柏林国际电影节，并获得了当年瑞典电影最高奖。

1975年，拍摄长片《羁旅情愫》（*Giliap*）。影片讲述一个青年流浪到小城宾馆打工，结识了漂亮的女服务员安娜，但却卷入有犯罪前科的古斯塔夫的计划。1976年，《羁旅情愫》入选戛纳电影节"导演双周"单元。

1981年，罗伊·安德森在斯德哥尔摩创立Studio 24电影公司，公司有独立的摄影棚、混音和剪辑室，以及独立的放映厅，这个独立工作室使得安德森可以用自己的方式、按照自己的工作节奏对电影风格进行探索和实验。

1987年，应政府之约拍摄《瘟疫降临》（*Någonting har hänt*）。这是他个人风格的转型之作：弱化虚实界限、固定镜头、僵化表演、长镜头等，影片用荒诞的手法描写了人与艾滋病的关系。

1991年，拍摄《光荣的世界》（*Härlig är jorden*），并凭借该片获得克莱蒙费朗国际短片电影节（Festival international du court-métrage de Clermont-Ferrand）传媒奖。

1995年，哥德堡电影节的场刊杂志《电影艺术》

（*Fillm konst*）出版了《我们这个时代对严肃的恐惧》
（*Var tids ra dsla för allvar*）。

1997年，《我们这个时代对严肃的恐惧》的第二部
分出版，其核心内容是罗伊·安德森在建筑学杂志《论
坛》（*Forum*）上发表的一篇文章，这是应瑞典国家电视
台文化新闻栏目邀请撰写的公开信，此外，参与"瑞典与
大屠杀"（Sweden and Holocaust）展览的策划，选择一百
多幅展品。

2000年，以《二楼传来的歌声》（*Sånger från andra
våningen*）入围戛纳国际电影节竞赛单元并获得评委会
奖。

2006年，《光荣的世界》入选"欧洲名导短片系
列"（Cinema16: European Short Films），入选这个系
列的导演还有基耶斯洛夫斯基、让-吕克·戈达尔、汤
姆·提克威、拉斯·冯·提尔等。

2007年，拍摄《你还活着》（*Du levande*），入围戛
纳国际电影节"一种关注"单元。

2009年，《我们这个时代对严肃的恐惧》再版。
《你还活着》获得克卢日-纳波卡（Cluj-Napoca）国际喜剧
电影节大奖。

2014年，《寒枝雀静》（*En duva satt på en gren och
funderade på tillvaron*）入围第七十一届威尼斯电影节并获
得金狮奖。

2015年，瑞典加尔福艺术中心（Gälve Art Centre）举办

罗伊·安德森的电影艺术回顾展，题目来自《寒枝雀静》中的台词："听说您过得不错，我很高兴。"

2017年，在纪念瑞典导演、编剧Harry Schein的纪录片*Citizen Schein*中以访谈方式出镜。

2019年，《关于无尽》（*Om det oändliga*）入围第七十六届威尼斯国际电影节主竞赛单元，并获得金狮奖最佳导演奖。

修复记忆的象征

——卡洛斯·绍拉访谈[①]

王佳怡 译

安东尼奥·卡斯特罗（以下简称"卡斯特罗"）：趁着西班牙电影诞生一百周年之际做这次访谈。您认为这类纪念活动是有意义的，还只是完全无用的仪式？

卡洛斯·绍拉（以下简称"绍拉"）：你必须原谅我这么说，我认为这完全没意义。但同时我认为这很有意思，而且也是必须要做的。它实际的作用是让一些官员能开办本国电影的回顾展之类的活动，也让我们能够在他们之前先看看这些电影。对于这一点，它是有意义的。但是，如果它只是"炒"电影"冷饭"，我认为就没有意义。我认为我们现在正处于一个非常有意思的时刻，因为现在一片混乱。没有

---

① 《修复记忆的象征——卡洛斯·绍拉访谈》，选自《卡洛斯·绍拉访谈录》（*Carlos Saura: Interviews*），杰克逊：密西西比大学出版社（University Press of Mississippi），2003年版。

人试图去规范秩序。秩序像以往一样混乱着。

卡斯特罗：当您拍摄《小流氓》（1959）的时候，您曾经有想到过自己会身处电影代际更替的最前沿吗？

绍拉：当拍摄《小流氓》的时候，我没有考虑过任何事情。我们唯一要做的就是拍摄电影，而且每件事都尽我们所能，这有助于改变西班牙政府的体制。在这个巨大的实体内，我们似乎无法讲述我们想要的故事，它使我们不能自由地表达我们自己。请记住，我在拍电影的同时，也在学习。对我来说，每一部电影都是一次新的冒险，也许正是由于这个原因，我所进行的冒险在一些人看来很愚蠢，但无论如何，我希望继续做下去。

另一方面，我不喜欢有风格，也从没想过要有风格。我的作风只限于一直继续做我最喜欢的事情。然而从这个意义上讲，我随着时间改变了。大约四十年前的时候，我独自一人带着摄影机走遍了整个昆卡省。而现在，他们给我提供了一些东西，我很幸运能够从各种各样我感兴趣的东西中挑选出我喜欢的。与以前相比，现在拍电影更容易了。

卡斯特罗：您的第一部电影是由 Films 59 电影公司制作的，这个公司属于佩雷·波尔塔贝利亚

（Pedro Portabella）[1]。

绍拉：这是出于我个人原因。波尔塔贝利亚是我兄弟的朋友，他来自一个富裕家庭。他是一个聪明人，对文化和艺术很感兴趣。当时，有人提议他制作一部低成本电影。他接受了这个提议，而从这部电影中，我们几乎没有得到任何报酬。作为导演，我赚了25000比塞塔（西班牙货币单位），当然这个收入是其他人的几倍。与此同时，为了拍摄了影片《轮椅》[2]（1960），他与马尔科·费雷里（Marco Ferreri）[3]建立了联系。这部影片也是波尔塔贝利亚和巴斯克地区的一些独立电影制片人制作的。《小流氓》是一部非常简单的影片，只拍了几周，一半都是即兴而作。马里奥·卡穆斯（Mario Camus）[4]和我在现场写的对白。

卡斯特罗：形式上，尽管这是一部小制作的电影，但是它有一些很有趣的创新。尤其是在结构

---

[1] 佩雷·波尔塔贝利亚（Pedro Portabella, 1929—），西班牙编剧、导演、演员、制片。
[2] 《轮椅》（El cochecito, 1960）由意大利电影导演马尔科·费雷里执导，是导演早期的剧情长片之一，以讽刺地展现生活的怪异、死亡和阴暗面而出名。
[3] 马尔科·费雷里（Marco Ferreri, 1928—1997），意大利导演、编剧、演员、制片，代表作有《轮椅》《爱情魔术师》《大盗悲歌》等。
[4] 马里奥·卡穆斯（Mario Camus, 1935—），西班牙电影导演、编剧。

上，它参考了法国新浪潮，但是当时法国新浪潮刚刚出现，因此人们还无法谈论新浪潮的影响。

绍拉：我努力去做一部非常简洁、直接、迅疾的电影，带有纪录片的调子。我最早是拍纪录片的，对剧情片的感受没有那么强烈，因为我的文学功底比较浅。当然，也许没有那么浅，因为我还是读过不少书，但我几乎没写出过什么东西。随着时间推移，这件事已发生变化：我已成为一名作家，不仅是一名作家，在某种程度上说，现在写作对我来说已成为一件轻松的事情。但那个时候，写作是极其困难的，是一件几乎不可能的事情。这就是为什么我经常让写作比我好的朋友或者合作者围绕在我身边，比如马里奥·卡穆斯和丹尼尔·苏埃罗（Daniel Sueiro）。然而，制作电影的过程中所能发生的最棒的事，莫过于为了适应演员以及拍摄过程中出现的情境而对我们原有的想法作出调整。在现场，我们注意着一切。我们排练一个场景，根据现场发生的事重写对话。制作节奏是紧凑、快速的，和心理惊悚片甚至是时兴的那些表现民俗风情的电影都恰恰相反。

卡斯特罗：我不是指这些。内战之后，纪录片传统在西班牙电影里消失了，但在其他欧洲国家，这种纪录片传统依然存在。我指的是那种由电影剪辑方式所造成的断裂。那种剪辑方式是在一个镜头还未终结时，其进展还未交代完全时，中途停止这个镜头。这和纪录片没有任何关系，因为纪录片出现这样的情境，可能是由于拍摄遇到困难。

绍拉：我从一开始就是故意（这么拍）的。我从一开始就打算制作一部断断续续的（choppy）电影。我这么说的证据就在于这样一个事实：这部电影是精确地按照我的构思拍摄的。从一开始，我就把场景拍成半成品，而不是拍摄整个场景然后再剪掉一半。因此，任何内容的删剪都是审查者做的，与我们无关。

卡斯特罗：我这样说是因为，很显然，《筋疲力尽》（*À bout de souffle*, 1960）的风格之所以会产生，是因为没有办法去剪辑这部电影。

绍拉：我一直确信，你的拍摄方案与你在实际拍摄电影中遇到的问题是有关系的，最清楚的例子就是俄罗斯电影。有特写镜头是必然的，因为摄影机是有线的，移动起来不方便，因此需要拍特写镜头。《小流氓》和《筋疲力尽》这两部电影也一样。

卡斯特罗：但您刚才说，在您的电影中，这种情况绝对是有意安排的。

绍拉：有一件非常奇妙的事。当时，我们去巴黎做后期混合。那是《筋疲力尽》首次公演，我觉得拍摄得非常好，但是我记得其他与我同行的人并不喜欢这部影片。当我回到马德里，马尔科·费雷里已经开始拍摄影片《轮椅》，但是那时他遇到重大的技术问题。没有人知道怎么布景。他缺乏技术才能，我移动摄像机的时候他总是感到眼花缭乱。我对他说："看，我刚刚看了戈达尔的电影，他就很好地解决了这个问题。他把库塔（Coutard）放在轮椅上，那就是他拍摄整部电影的方式。"对他来说这似乎是一个好主意，整部《轮椅》的拍摄都采用这个方法。我自己呢，如果是在进入电影学院之前，一旦我遇到类似的问题，我就会躺在一张小毯子上，让其他人拉着我，而我则举着我的小摄像机进行跟踪拍摄。

卡斯特罗：《大盗悲歌》（1964）在风格上有很大不同。

绍拉：你看，那是因为拍了《小流氓》之后，我应该去拍《年轻的桑切斯》（*Young Sánchez*, 1964）。这部电影是以伊格纳西奥·阿尔德科亚（Ignacio Aldecoa）的短篇小说为基础。我们已经开始拍这部电影了，但我想做一点别的事情。如果可能的话，我想用较长的镜头把这部电影拍摄成彩色……我尝试拍《婚礼》（*La boda*），但是失败了。我与迪维尔多斯（Dibildos）达成一致去拍摄《大盗悲歌》，这部电影在各个方面都完全不同。这是一部西尼玛斯柯普宽银幕电影（宽银幕及立体声电影）。它更加严肃深沉。但是这部影片在意大利的剪辑有点失败了，其意义在于让它成为一部更慢、更引人深思的电影。

卡斯特罗：从《小流氓》可以看出，您的电影受到沟口健二的影响。

绍拉：是的，有的来源于沟口健二，也有一些来自于黑泽明，尽管当时黑泽明不是很有名。在我所有的电影中，这部电影是一次不同的探索。剪辑与影片的想法是完全不一致的。制片人不喜欢我的剪辑，因此改了影片。这是一部让人很不愉快的电影，因为他们忽视我的存在。他们承诺过很多东西，却什么也没有给我。他们抛弃了我，只留下一些优秀的演员和极少的工作人员和设备，这不可能做成任何事情。我当时处境艰难，因为没有什么资源。这是我拍的唯一一部没有足够资源的电影。除此之外，我记得那部电影中有我最喜欢的东西。有些东西被破坏了，但有些东西仍然留在里面。

卡斯特罗：《小流氓》明显有来自绘画方面的灵感来源。

绍拉：这是重建戈雅①美学世界的尝试。我们在服装上做了细致的工作，用极少的资金和资源，但是我觉得做得很好。

卡斯特罗：当时跟您社交的人有伊格纳西奥·阿尔德科亚、卡门·马丁·盖特（Carmen Martín Gaite），比起电影人，他们更是作家，马里奥·卡穆斯除外。

绍拉：这经常发生在我身上。我身边很少有电影人，我更喜欢与他们一起工作而不是日常生活中的陪伴。从另一角度看，经常与那些能提供不同视角的人交谈是非常好的。我最好的朋友是作家、医生或者科学家，那些不属于电影世界的人。在很长一段时间里，马里奥和我都参加了在希洪（Gijón）举办的文学聚会，尤其是在商业区。很长一段时间内，我们每天晚上在那儿会面，有伊格纳西奥·阿尔德科亚、费洛西奥（Ferlosio）、赫苏斯·费尔南德斯·桑托斯（Jesús Fernández Santos）、约瑟菲娜·阿尔德科亚（Josefina Aldecoa）、卡门·马丁·盖特，等等。他们都是很有智慧、学识很渊博的人，而我所能做的就是倾听。我一直有一些文学障碍，即使我那时开始大量地阅读书籍，写作对我来说似乎也非常困难，几

---

① 弗朗西斯科·德·戈雅（Francisco de Goya, 1746—1828），西班牙著名画家。

乎是不可能的。

卡斯特罗：是那个时候您开始想写作的吗？

绍拉：不，不是的。在我的印象中，我所做的一切都是为了能够拍出好电影。如果我对音乐感兴趣，就像我现在这样，那是为了能从中发现可以在我的电影中使用的主题和旋律。当我阅读的时候，我必然会在头脑中将其转换为电影，哪怕我还没有将其改编成电影的想法。同样的事情发生在戏剧上。我是一个非常糟糕的戏剧观众。我坐下来看戏剧，虽然戏剧很精彩，但我不能完全融入其中。我置身事外去思考自己的想法，比如"如果摄影机就放置在那儿，那么女演员的脸就可以被看到，这样就更好了"。我几乎把所有的东西都转换成我最喜欢和最感兴趣的事物，那就是电影。

我记得伊格纳西奥·阿尔德科亚刚从美国回来时，"垮掉的一代"文学给他留下深刻的印象，他带回来的东西是之前尚未引进西班牙的。这是青春的一种新的类型，一种新的看待世界的方式，与毒品紧密相连，与许多酗酒的作家有关，像伊格纳西奥自己一样。他们都是很有智慧的人。

卡斯特罗：接下来新的变化是：您与瓜雷赫

塔（Querejeta）①不期而遇，随后您离开卡穆斯开始与安赫利诺·丰斯（Angelino Fons）②一起写剧本。

绍拉：当然，因为卡穆斯变得独立，他决定去制作《年轻的桑切斯》，这部影片是我们刚刚开始创作的，但我不太确信……

卡斯特罗：在此之前，你们已经共同完成了《一个女人的死亡》（*Muere una mujer*, 1964）的剧本。

绍拉：事实上，我们没有合作。剧本的想法是我的，卡穆斯跟我说，既然我不想做，就让他来做。我把所有的资料都给他了，然后作为联合编剧出现在演职员表中，但是我的参与，就像我刚说的，很有限。

我们制作《狩猎》（1966）的方式是军事作战式的。这两者的问题都在于如何把各种东西重新放在一起，以一种合乎逻辑的方式组织起来。我作出了果断的决定，首先，如果我没有足够可供我支配的资源，我绝不拍摄电影，无论花费多或少。第二，按照

---

① 伊利亚斯·瓜雷赫塔（Elías Querejeta，1930—2013），西班牙制片人。
② 安赫利诺·丰斯（Angelino Fons，1936—2011）西班牙导演、编剧，与卡洛斯·绍拉合作过三部作品《狩猎》《薄荷刨冰》《圣力三重奏》。

电影剧本的顺序，尝试任何一种可能的拍摄方式。我一向是这么做的，而且，最重要的是，这么做能够使得电影的最后一部分保持开放，能让我到最后一刻再决定电影的结局。第三，保证我身边的同事素质是最高的，即便他们很让人讨厌，我也不在乎，但我需要确信他们都是最好的。如果除此之外他们都很好，就更好不过了。把任何事情都做到最好，这可能是技术上的问题。比如在拍摄《狩猎》时，我就再也不允许任何人干涉我的工作。《小流氓》是一部自由的、年轻的、充满激情的电影，而且正因为它是这样一部电影，它才取得了杰出的成果。而《狩猎》是一部深思熟虑的影片。与其被告知你拥有世界上的一切，但这都不是真的，还不如让你知道你只有一个五米的移动摄影车，你可以在需要的时候使用它。从这个意义上说，这是一个全新阶段的开始，开始有一定的活动自由，以及绝对的自主权。

卡斯特罗：此外，《狩猎》这部影片是那个时期您创作的最明显的政治电影。

绍拉：这是表象。《大盗悲歌》就颇具政治性，甚至可以说《小流氓》也是这样的。但你说得对，这部电影里有更多的元素：战争发生；造就了一代人，包括成为蓝色师团①的军人；战争胜利。那些军人是我们非常熟悉的角色。之后是他们与一名更为年轻的男子之间的某种对抗。

卡斯特罗： 这个年轻人是由埃米里奥·古铁雷斯·卡巴（Emilio Gutiérrez Caba）出演的。

绍拉： 对于这位青年而言，与那几位军人的冲突使得他发现了"恐怖"（the horror）。他发觉事情并不像他想象的那样。他对于生活还持有一定程度的天真，而电影稍稍向我们展示出了这一点。

卡斯特罗： 由帕蒂诺（Basilio Martín Patino）导演的《给贝尔塔的九封信》（*Nueve cartas a Berta*，1966）中的洛伦佐（Lorenzo），似乎是这个角色和祖里尼（Valerio Zurlini）电影中雅克·贝汉（Jacques Perrin）扮演的角色的混合体。

绍拉： 你知道，我的电影一直受到指责，有时是善意的，但大多是恶意的。他们指责我是"象征主义"的。我不在乎。在我看来，制作这些具有象征意义的电影或是隐喻性的电影是非常有意义的。我更喜欢隐喻性的影片，因为它对我来说更丰富。例如，在《狩猎》中，我试图将一系列的元素、因果关系或是

---

① 蓝色师团（Blue Division），第二次世界大战时西班牙佛朗哥政府派遣支援德国的师团。

象征性符号呈现在影片里，但它们不应该直接被视作
符号。

卡斯特罗：它们没有直接的对应关系。

绍拉：是的。它们出现在影片里。有些是相对
偶然的，但只是相对地。

卡斯特罗：我想说的是，埃米里奥有参演您的
和帕蒂诺的电影，您的想法是因为他是新一代的代
表人物。我不确定这是否是您设计好的，但这确实
是个巧合。

绍拉：我想我还记得我喜欢他的天真无邪，喜
欢他在年长于他的人的自信面前的迷惘，然后展现一
切是如何开始瓦解的。

卡斯特罗：还有对性的发现？

绍拉：当然。但对我来说，最重要的是他与年
长者的关系，他对他们的某种迷恋。他没有一个明确
的意识形态。这是一部我个人非常喜爱的电影，它使
我受益匪浅。

卡斯特罗：很奇怪，这部电影在全世界的反响
都很好，而在西班牙却很糟糕。

绍拉：是的，这种事常发生在我的电影上。比

如《卡门》（1983），在世界范围内，这部电影大获成功，但在西班牙却只是很一般。或如《饲养乌鸦》（1976）。你永远不知道原因是什么。

卡斯特罗： 在考虑未来可能拍摄的电影时，已获得的成功会影响您吗？或是您的海外销售已经提供了一个缓冲，使得您不太会为成功所影响？

绍拉： 我认为如果我的电影没有在国外销售，我就不可能继续拍电影。但请记住《狩猎》是一部在一个糟糕的、炎热的夏天只用四周时间就拍出来的电影，荒唐的预算，没有主题。如果我们获得了一些利润，无论多么少，这都是很好的事情，因为它几乎不需任何成本。也就是说，成功不在于赚得多少钱，而在于成本和收益之间的关系。

卡斯特罗： 当然，这个话题一直被讨论。但埃塞萨（Antonio Eceiza）经常被视作一个奇怪的例子而被援引。他与伊利亚斯·瓜雷赫塔合作拍摄了四部电影，都没有赚到钱，但这似乎并没有引发任何问题。

绍拉： 我的意思是，如果你制作了一部难懂的、实验性的电影，它卖不出去，你无法制作下一部影片，或你需要做大量工作才能继续拍电影。伊利亚斯非常清楚我们这观点。如果一部电影失败了，我们的部分创造力就会被质疑。也许我们可以挨过一次失败，但绝不可能挨过第二次。就埃塞萨来说，那是另外一回事。他和伊利亚斯有一个协议。他们是长久以来的朋友和伙伴，我想这完全是另一回事。

当我尝试拍摄《狩猎》时，我把它带到了一些制片人面前，尽管很便宜，可是没有人想拍摄它。我把它带给六个人看，只有伊利亚斯告诉我："看！我们将拍摄这部影片。"我一直倡导在自己的国家用我们自己的文化制作电影，总是尝试打开突破口，并且努力想弄清拍电影能否每次一点点地进步。也有很多帮助我们的人。他们伪装自己，他们站在左翼这边，当他们有能力时他们会给予我们帮助。他们是了不起的人物，甚至因帮助我们而遭殃。巴尔登（Bardem）①就是这样幸存下来的。我们能够制作电影要感谢他们，而不是贝尔兰加（Luis García Berlanga）。贝尔兰加周围总有右翼的媒体。他有加西亚·埃斯库德罗（García Escudero）和全部右翼媒体做靠山。

卡斯特罗：那是事实，除了影片《刽子

———————————

① 巴尔登·胡安·安东尼奥（Juan Antonio Bardem，1922—2002），西班牙导演、编剧。

手》①。那部电影有许多问题。

    绍拉：但当时的情形已经不同了。因为有阿兹科纳（Azcona）②在。我对那个时代的回忆是不美好的。审查制度对我们造成了很大的伤害，现在他们有胆说，这是不危险的，是没关系的。另一个想法是，我的电影之所以是复杂的、难以理解的，是因为这样一来，它就不需要和审查者对阵。这是一个半真半假的陈述，而这类陈述几乎永远是最坏的谎言。一方面，你的确不能直接处理某些题材；但另一方面，我一直很喜欢用间接的方式处理事情，把诠释当作游戏，等等。但最主要的还是我喜欢这种叙述方式，这也是为什么在审查结束之后我继续使用它。因为对我来说，它似乎是西班牙文学黄金年代的人们使用的手法——告诉你一件事的同时，也正在告知你另一件事。这似乎会更加丰富，更加有趣，更加富有创造力，会让你思考更多。间接靠近某物对我来说不仅不是一个缺陷，相反，这是一种非凡的美德。它使事情变得更加复杂，而不是直接和简单。如果我不常使用它，那是因为制片人不喜欢。但是我已经这么做了并将继续做下去。但同时我也意识到这不是唯一的一种

---

① 《刽子手》（*El Verdugo*, 1963），是由西班牙导演路易斯·加西亚·贝尔兰加指导的影片。

② 拉斐尔·阿兹科纳（Rafael Azcona, 1926—2008），西班牙导演、编剧，与卡洛斯·绍拉合作过七部作品。

可能。

卡斯特罗：《薄荷刨冰》（1967）这部影片真是打算用英语拍摄的吗？

绍拉：这确实是真的。这是伊利亚斯的想法。他告诉我说："看，这部电影必须用英语拍摄，因为它很昂贵，而这是我们唯一能把影片出售出去的方式。"我们所有人顿时脸色苍白。他告诉我他身边会有一个能翻译的顾问，他们将剧本翻译成英语。我记得第一场戏我们是在影棚拍摄的，这是在何塞·路易斯·洛佩兹·瓦奎兹（José Luis López Vázquez）和阿尔弗雷多·马约（Alfredo Mayo）之间的一场戏。我们都非常认真，尽管在幕后开玩笑。当我下令开拍的时候，阿尔弗雷多·马约一张口说"Pretty Roses"，我们就都发出了大笑。大家就此开了如此多玩笑，以至于伊利亚斯最终宣布停止使用英语拍摄。我们继续用西班牙语拍摄。我记得路易斯·夸德拉多（Luis Cuadrado）笑得从他的摄影机那里跌了下来。

卡斯特罗：《圣力三重奏》（1968）是您最奇怪的电影之一，也是我所记得的您最不成功的影片之一。

绍拉：事实上，我不太记得那部电影了。那是一部即兴而作的电影。

卡斯特罗：《圣力三重奏》被拍成黑白的，尽管此前的《薄荷刨冰》已经是彩色片。

绍拉：我不记得这部影片为什么拍摄成黑白片。这肯定不是我的原因，因为我不像那些喜欢黑白片的人，我更想拍摄彩色影片。问题就是这部电影很复杂，没有被处理好，呈现出来的效果非常糟糕。这是一群人乘车前往阿尔梅里亚（Almería）的故事。我们拍摄得有一点快，影片讲的是发生在旅途中的故事和到达后发生的事情，是一部非常简单的小电影。

卡斯特罗：《蜂巢》（1969）开创性地将您之前的一些电影中偶然出现的手法系统化了。刚才我们已经讨论过，这些手法就是对演出的使用，对戏剧的使用，或用一件事来表现另一件事。

绍拉：这部电影就是一场游戏。它是闭合环形的——两个人共处一处。这是针对一对夫妇的精心安排。我对拍摄这部电影很感兴趣。

卡斯特罗：在我看来，就其提出的问题而言，这是最有趣的电影之一，但也受到了最坏的对待。

绍拉：我在马德里的一次经历让我吃惊。当我停车的时候，一个女人问我是不是绍拉，我说是的。

她告诉我她看过《蜂巢》，并认为这是一部非常了不起的电影。她不明白我是怎么能如此精准地描绘她的生活的。我说她应该原谅我，几分钟之前我还未能有此等的荣幸来结识她。我当时完全目瞪口呆。也许有些夫妇确实应该把自己锁起来，直到毁灭。我当时的想法就是一对夫妇把他们自己和其他人分离开来，可能目的就在于让双方能更好地认识彼此，但这种更好的了解意味着关系的解体，这在生活里经常发生。

卡斯特罗： 那是很悲观的。

绍拉： 是的，但它经常发生。有时候太了解一个人并不好，留下一片模糊的地带反而更好，如果一切都是已知的，那就危险了。

卡斯特罗： 您认为导致西班牙观众反响平平的原因是这对夫妻对西班牙观众来说是很陌生的吗？

绍拉： 不只是陌生，是极其陌生。我非常喜欢这部电影，因为我一直很喜欢伯格曼的电影。不只是伯格曼的电影，还有北欧人的电影，像德莱叶等的。但是引入瑞典演员是伊利亚斯的想法，而不是我的。

卡斯特罗： 这次是为了用英语拍摄电影。

绍拉： 佩尔·奥斯卡松（Per Oscarsson）是一个非凡的演员，是德莱叶电影中最棒的演员。他有几分像谨小慎微的加尔文教徒，再加上盎格鲁-撒克逊人种的杰拉丁（Geraldine Chaplin），两人配成了一对有趣的夫妇，但都不是西班牙人。这对我从来都不重要。事实上从一开始这就是一部有难度的电影。这部电影绝对是极简主义，甚至超越我们在《狩猎》中看到的。

卡斯特罗：您与拉斐尔·阿兹科纳的合作是怎样随着时间发展起来的？

绍拉：关于这个有一个很大的误会。因为当拉斐尔加入我们的时候，剧本已经写完了，因此他在《薄荷刨冰》中的工作很少，虽然很重要。问题是影片太长而且结构不合理，而我们没办法修正它。我之前尝试过与拉斐尔合作，因为我当时很愿意与伊利亚斯合作拍摄弗洛西奥的《哈拉玛河》（*El Jarama*,1965）。我不知道怎么回事，我们最后没能拍摄它。

卡斯特罗：我记得《小流氓》里有一场戏明显是从《哈拉玛河》借鉴来的。

绍拉：有可能，因为我非常喜欢那部影片。我喜欢的东西，我就会拿来用，不太会因此而纠结。从这个意义上讲，我就像博尔赫斯[①]。你知道，就是那

[①] 豪尔赫·路易斯·博尔赫斯（Jorge Luis Borges, 1899—1986），阿根廷著名作家、诗人、散文家兼翻译家。

个说出"每个引用莎士比亚的人都是莎士比亚"的人。我们的责任就是榨干所有的一切，使得它们成为我们自己的。这么做我一点也不感到羞耻。让我们继续谈论拉斐尔。在《蜂巢》中，他和杰拉丁一起贡献了很多。杰拉丁加入的元素都带有自传体性质或是来自她的朋友。从那时起，我与拉斐尔在一系列电影上的合作都是非常和谐的。后来有点小破裂，但《极乐花园》（1970）是第一次真正和谐创作的成果。

卡斯特罗：《薄荷刨冰》大致是对《亚伯·桑切斯》（*Abel Sánchez*, 1947）进行改头换面的改编。这种说法在多大程度上是对的？

绍拉：它当然是对的。《薄荷刨冰》确实有很多《婚礼》中的元素。《婚礼》是直接改编自乌纳穆诺（Unamuno）①的《亚伯·桑切斯》，但是这部影片没有拍成。我非常喜欢乌纳穆诺的这部小说，尽管他的小说有一点像理论的假设。

卡斯特罗：像定理一样？

绍拉：的确，几乎就是定理。不过那部小说的主题比较有趣，是关于两个朋友互相猜忌的故事。

———————

① 米格尔·德·乌纳穆诺（Miguel de Unamuno, 1864—1936），西班牙著名作家、诗人、哲学家，代表作有《迷雾》《亚伯·桑切斯》《生命的悲剧意识》等。

《薄荷刨冰》的灵感很大程度上都源自乌纳穆诺。

卡斯特罗：《极乐花园》尽管有很多问题，但在公众面前获得了巨大的成功。

绍拉：我总是说这部电影的灵感来源自一个真实故事。我有一个朋友是神经学家，他有一天告诉我说他有一个病人和影片中的主角有类似的情况。那个人的心脏病发作影响了大脑，结果失忆了。他曾经是一个不信任别人的人，他把关于他银行账户的所有事情都记在自己脑子里，除了他自己别人都不知道。他是个掌控着数百万财产的人，因此，让他回想起必要的信息就成了问题。为了弄清他的钱在哪儿，他的家人从瑞典或别的地方找来人，此外，也通过搬演，尝试刺激他的记忆恢复。这就是我所了解到的事情。

卡斯特罗：我们已经有一些关于您作品的关键词：记忆、回忆和作为刺激形式的表演。我们刚说过，这些在《蜂巢》中都有所体现。另一方面，关于这部影片还有很多愚蠢的评论，比如它是否是对佛朗哥①的描述。我认为这些言论驴唇不对马嘴。

绍拉：我可以向你保证，我从来没有想过这个

---

① 弗朗西斯科·佛朗哥（Francisco Franco, 1892—1975），西班牙内战期间推翻民主共和国的民族主义军队领袖，西班牙国家元首，西班牙法西斯独裁者。

人可能是佛朗哥。事实上，当他打猎的时候，他说"是，是的"。那是对佛朗哥的一个指涉，但他并不是佛朗哥。

卡斯特罗： 在特定的时刻会有特定的指涉或是特定的讽刺点。但还远不能说那主角就是佛朗哥。

绍拉： 电影中会有一些讽刺，但那只是因为好玩。这个角色的很多方面，我都喜欢，但我最喜欢的还是这个人——当健康的时候，他是一头勇猛的"鲨鱼"，当他身体不好时，他是一个有魅力、敏感而温柔的人，而这恰恰是经常出现的一面。我还采用了胡安·马奇（Juan March）的故事。如你所知，胡安·马奇在拉科鲁尼亚（La Coruña）高速公路上发生了严重的车祸，并死于这次事故。所有的报纸上都刊登了当他被送到医院时所说的一句话——"用我的身体去做什么都行，但不要碰我的头。"这件事和我刚才说的，是制作这部电影的基础。起初，这部电影是一个灾难，原因是它整整被禁了五六个月，我已记不太清了。伊利亚斯很勇敢，冒了很大的风险。当他们邀请他到纽约电影节时，他带着影片去了那里并取得很大的成功，他们才意识到它并不是那么危险。

卡斯特罗： 《安娜与狼》（1973）表面上看是一个道德故事。

090 嘲讽在静默中冷却——欧洲电影大师访谈与研究续编

绍拉：它是故事，是一个道德故事。其中的三个角色都是原型，符合西班牙黄金时代戏剧，也和现代派戏剧一致，因为荒诞派戏剧——贝克特[①]、尤奈斯库（Eugene Ionesco），甚至还有阿拉巴尔（Arrabal）的一些作品——与之一脉相承。每个人物都有特定的象征含义，这就是他们说我的电影具有象征性的原因。《安娜与狼》是一个故事，而所有的故事都是象征性的。每个角色都是某种代表。母亲是母亲；女家庭教师是一个远道而来的外国人，她是一个天真单纯的角色，因她在这个家庭中所看到的事物而感到困惑；士兵是士兵；神秘人是神秘人；色情狂是色情狂。这是一部我喜欢的电影，因为它来源于风俗主义（costumbrismo）的文学传统。

卡斯特罗：《安洁丽卡表妹》（1974）之所以很出名是因为电影以外的事情而非因为电影本身。

绍拉：是的，事实上，我从来没有想过它会成为这样一个让西班牙长枪党党员高高举起手臂的严肃的事，但作为一个搞笑场面这显然是有意而为。更重要的是，我们相信它会被审查人员剪掉，但我们把它放在里面是以防万一。这部电影在全世界都取得了巨

[①] 塞缪尔·贝克特（Samuel Beckett, 1906—1989），爱尔兰编剧、导演，荒诞派戏剧代表人物，代表作有《等待戈多》（*Waiting for Godot*, 1953）等。

大的成功。我刚从阿根廷回来，它在那里十分风靡，这令人感到十分欣慰。事实上，这部电影不是为全体观众制作的。首先，它不能，其次，它也不应该那样。

卡斯特罗：观众确实众口难调。

绍拉：当然，我一直这样说。你唯一能确定的就是做你想做的事。因此，从《小流氓》开始，无论发生什么我都坚持这个道路。尽管如此，我还是喜欢很多东西。另外，我几乎能肯定，如果我喜欢某样东西，一定会有别人也喜欢它。但是我好像错了，因为有时这行得通，有时候行不通。我想说真正让我印象深刻的是，当你去了一个国家——任何地方，美国或加拿大或与我们文化更相近的拉丁美洲——一个女人站在街上突然拦住你［就像我在制作改编自博尔赫斯小说的《南方》（*El sur*, 1991）时所遇到的］，她对你说："真是太棒了！你拍出了我这辈子见过的最美和最细腻的电影，那就是《艾丽莎，我的爱》。"对于我而言，制作这部电影的合理性，在她认为我赋予她生命一些重要东西时，才得以被证实。现在我知道这种话你不可能对制片人说，但是在我的内心深处，这就是我相信的。

卡斯特罗：这很奇怪，但是电影有很大的魅力，给人带来深刻的影响。较之绘画或文学作品，电影更容易触碰到一个人的内心。也许在这方面只有音乐能超越它了。

绍拉：我不知道。我们的话题开始变得太高深了，这让我感到害怕！也许电影是人类生命中某些时刻更为准确的反映，但我很难再去超越这一点。在我年轻的时候，20世纪30年代的电影让我感觉可怕。但是我现在在阿根廷经常看丽贝塔·拉玛克（Libertad Lamarque）、雨果·德里·卡里尔（Hugo del Carril）和探戈舞电影，我认为这些并未完全过时——也许我有点信口开河——有一些演员要么自命不凡，要么不引人注目；但另一方面，其他人所具有的现代感让人惊喜。我认为，就电影而言，一切都尚未有定论。虽然人们常常接受或拒绝某个电影或电影的制作者，而且态度鲜明而决绝，但我认为这种局面完全是暂时的，而且，关于多数电影和电影人的评判在未来仍会经历许多次高峰低谷式的循环。雨果·德里·卡里尔已经成为我的新发现，他身边都是过气的演员，但他对我来说是现代的、英俊的和神奇的，他已经成为一个大大的惊喜。

卡斯特罗：在影片《安洁丽卡表妹》中，您第一次用年纪大的人来扮演年轻人。

绍拉：经常有人告诉我，这在伯格曼的《野草莓》（*Smultronstället*, 1957）中已经有了先例。我不这样认为，伯格曼所做的事情和我做的并不一样。

卡斯特罗：这与维克托·斯约斯特洛姆（Viktor Sjöström）①所扮演的角色有非常相似之处，但并不是相同的。

绍拉：没错，这是不一样的。我相信这是电影史上的首次——一个成年人采用孩子的表现形式并且表演得像一个孩子。伯格曼的作品与之迥异。里面的人看起来像一个孩子，但他不是一个孩子。他进入了一个幼年的世界，但他表现得并不像个孩子一样。另一方面，洛佩兹·瓦奎兹在《安洁丽卡表妹》中又确实表现得像个孩子。他和女孩玩耍，突然之间，他成为一个男孩，但他认为自己是一个成年人，对于我来说，这相当符合逻辑。

这个设定来自于我关于镜子的思考。当你照镜子的时候，你可以看到自己所有年龄的样子。这面镜子可以让你的形象恢复原状。在最好的情况下，你在镜子中看到的形象将是你记忆中的自己在年轻时的镜中影像。在最坏的情况下，你在看目前的自己。在这个游戏中，你可以想象你自己是幼时的你，因为你记

---

① 维克托·斯约斯特洛姆（Viktor Sjöström, 1879—1960），瑞典导演、演员。七十八岁的斯约斯特洛姆出演了英格玛·伯格曼（Ingmar Bergman）的《野草莓》（*Smultronstället*, 1957）。

得自己那时的模样，或者因为你看到了一些照片，那些照片是你内心中自我形象的源头所在之地。也就是说，这个设定来自于这样一种想法：人是他在所有年龄段的自我的综合。这是一个非常文学化的想象，我甚至敢说有一点博尔赫斯风格。我不仅仅是1906年的卡洛斯·绍拉，而且也是1959年的和1968年的，当然，也有1936年的。

在文学作品中，这种想象被频繁使用。你写道："我和我的母亲在一起的时候，我八岁。"但这是一个成年人写的。洛佩兹·瓦奎兹并没有把自己看作是一个孩子，而是看作是一个成年人。但我觉得他的这种看法正是那部电影一个有趣的维度。那部电影中有很多直觉性的东西。

卡斯特罗：之后，在《饲养乌鸦》和《艾丽莎，我的爱》（1977）中，您发展了这种直觉性。

绍拉：没错。而《甜蜜时光》（1982）则更多地运用这种游戏手法，以至于很是谵妄。我想说它是我最大胆的一部电影，然而它在那个时期并没有被很好地解读。

卡斯特罗：在我看来，《饲养乌鸦》是您最好的电影之一。

绍拉：这是一部给予我很大满足感的电影。他们在戛纳电影节授予它评审团特别大奖；它卖得很好，赚了很多的钱；而且我认为，这部电影已经被解读得比较彻底了。

卡斯特罗：我认为在您这类电影里，有时候瞄准的东西要比实际赢得的东西更有意思，就好比没有冒险就不算赌博。《饲养乌鸦》是一部更完整的电影，在这部作品中，故事情节被清晰地勾画出来，仿佛这是一幕戏剧的结尾。

绍拉：这一点我不否认。事实上，它确实可能是一种结束。奇怪的是，它起初很糟糕。在西班牙，这部电影有一些负面的评论，有一些可怕的评论是毁灭性的。像费尔南多·拉腊（Fernando Lara）在《特里温福》（Triunfo）上质疑我为什么要制作《饲养乌鸦》，而不去马德里的地铁发现生活的真实面目。这个人说这是一部理想化的电影，这根本不让他感兴趣，而且电影中所表现的那种人根本不存在。我从来不能理解他为什么这么说。可是后来，他们突然为戛纳选了这部电影，在电影节第一天展映。你知道首日和闭幕当天一样，都是最糟糕的。然后，他们给了它评审团特别大奖。他们没有给它金棕榈奖的原因是科波拉的《窃听大阴谋》（The Conversation, 1974），他们承受了很大的压力。

卡斯特罗： 您认为让内特（Jeannette）的歌为这部电影的成功作出了多少贡献呢？

绍拉： 我认为作了很大贡献，因为它是一首能深深嵌入你脑海的歌曲。我很喜欢它，这就是我为什么用它。奇怪的是，这是一首未列入目录的歌，可是它在世界范围内获得了认可。后来，当我要乘坐法国航空的飞机时，他们就会在我登机时为我播放这首歌。有时我会忍不住想逃跑。

卡斯特罗：《饲养乌鸦》的成功使您得以拍摄《艾丽莎，我的爱》。

绍拉： 是的。伊利亚斯那时告诉我，我可以做任何我想做的事情。因为我一直想拍一部更具个人色彩的、更有实验性的、更有挑战的电影，所以我决定拍摄《艾丽莎，我的爱》。而且当时的确是最合适的时机。我十分喜欢这部电影，我认为它有一些非常奇怪和令人不安的地方。也许从那一刻开始，我就一直在做另一种类型的电影。

糟糕的是，我拍摄《艾丽莎，我的爱》和后来的《被蒙上的双眼》（1978）所开辟的道路越走越窄，我不能够继续走下去，因为制片人完全拒绝这类电影。我想走得更远，但我不能。我承认有一个绊脚石，特别是现在，不仅是在西班牙，也在世界各地。这也许是因为某些特定类型的艺术片出现了审美疲劳，这类艺术片非常失败，特别迂腐，是彻彻底底的失败者。制片人倾向于安全可靠的翻拍电影或文学改编作品，以将风险降到最低。《艾丽莎，我的爱》这部电影对我来说很优秀，它在各地获得了大奖，得到了很多认可，这几乎是不可想象的，因为这是一部非常难懂的电影。

卡斯特罗： 我认为，《被蒙上的双眼》和它是一种类型的，但艺术探索程度稍低些，所获得的称赞也相对较少。

绍拉： 少得多。我估计观众也是厌倦了，《甜蜜时光》甚至更不成功。或许有一天我应该检查一下这些电影，看看它们是否没有我想的那样有意思；或者寻找一下公众对这一种类的电影感到疲劳的原因。也许是因为一批新电影的出现，像过去那样，这些电影具有很强的破坏力，尤其是在它们刚出现的时候，它们时刻准备着，要摧毁一切出现在它们前面的事物。我现在想到的是楚巴（Trueba）①和博耶罗（Boyero）。这很奇怪，因为当时他们挑衅我和其他像我一样制作特定种类电影的导演，他们的攻击全然是为了替另一种类的电影辩护，但那种电影完全不需要辩护。我记得关于伯格曼电影有些糟糕的评论，说

---

① 费尔南多·楚巴（Fernando Trueba, 1955—），西班牙导演、编剧、制片。

他是一个低能的、形而上学的、白痴的人。然后，楚巴拍了一个小电影，叫《公共奏鸣曲》（*Coñan Sonatem*）。我认为他们后来是后悔的，但是那个时候他们让我很是伤心。他们带给我很大的创伤，让我远离这种大胆探索电影的方法。

然而，我也是幸运的，因为那个时期我拍摄的《快，快》（1981）在全世界都是成功的。这是一种我总想去拍并且总想反复拍的电影，是面向城市生活的电影。它更有现代感，更像《小流氓》，与《飘向死亡线》（1996）或者《上帝的愤怒》（1993）更相似。我喜欢看到马德里如何变化，尤其是贫民窟。在柏林，他们把金熊奖颁给了《上帝的愤怒》，这部电影受到包括西班牙在内的世界各国的欢迎。另一件对我来说做得不错的事是音乐电影。

我一直想拍一部音乐电影，但是我不知道该怎么做。我觉得这种想法应该源于在格拉纳达举办的狂欢节，那时我是一个摄影师。我妈妈是一个钢琴家，从小时候起，我就开始接受音乐教育。我一直热爱舞蹈，弗拉门戈舞是我一生所爱。我年轻时曾想当一个弗拉门戈舞舞蹈演员，我甚至还教过课。我曾是一个摩托车司机。我认为音乐电影可以和故事片相匹敌，尽管这两者有时是混合在一起的，就像在《卡门》或者《爱情魔术师》（1986）中一样。我一向没有能力同时处理两个项目。我就是没办法做到。偏执狂只能关注一项工作。但音乐电影和故事片这两者间的混合程度是如此之高，以至于当我做音乐电影的时候，我发现我可以同时关注两项工作。

卡斯特罗： 我们还是继续按照时间顺序聊吧！《妈妈一百岁》（1979）是《安娜与狼》的一种回归。

绍拉： 是的，我想十年过去了，佛朗哥已死，我想使用同样的安娜的隐喻，但将其适用于当前的时期：这个国家是如何改变的，年轻人是如何变得更自由的。

卡斯特罗： 我还是很好奇，这两部电影在概念和理论上极其相似，但是他们所得到的反响却不同。您认为是什么使得《妈妈一百岁》更加成功呢？

绍拉： 我也不知道。或许是因为这部电影更为突出了拉斐尔·阿帕里西奥（Rafaela Aparisio）。电影获得如此大的成功，使得它又被改编成戏剧。

卡斯特罗： 音乐的使用在您的电影中也越来越多样了。

绍拉： 对我来说，音乐在电影中非常重要。我曾与路易斯·布努埃尔讨论过音乐问题，但那是徒劳的，因为他是个聋子，而且对于这件事完全不懂。当我创作或拍摄时，我看到的场景是有音乐的。音乐几乎总比画面先来，是前奏。从《小流氓》开始就一直是这样。其中有一首佩特内拉调（petenera），是由吉他手佩里科·埃尔·德尔·卢纳西（Perico el del Lunar）演奏，由那个时代最伟大的歌唱家之一——拉斐尔·罗梅罗（Rafael Romero）演唱的。他在《大盗悲歌》中既唱歌，也出演了角色，他是我的良友。换言之，我几乎总是将所有的电影都拍得如同音乐剧一般，但和美国的音乐剧不一样。

卡斯特罗：您的意思是音乐有时是一种催化剂。

绍拉：它是催化剂，但它可以转化成主角。它不是美国那种用于伴奏的音乐，而是极为特别的。

卡斯特罗：这要求您使用更多的已有的音乐而非原创音乐。

绍拉：是的。我和路易斯·德帕布罗（Luis de Pablo）合作，在《狩猎》或《薄荷刨冰》中使用原创音乐，他是个杰出的音乐家，我和他说"这里我想要维瓦尔第，这里我想要莫扎特，这里要个贝多芬的四重奏"等等时，我感到很不安。路易斯伟大的才能和作曲风格为我所用，但这对我来说似乎不是一个好的解决方案。我决定从音乐的所有珍宝中选择出一些我感兴趣的音乐片段用在我的电影里。在《南方》中有时有勃拉姆斯协奏曲中的一个片段，像主题音乐一样重复。这个片段是大提琴演奏的旋律，它只持续十秒，然后再没有在协奏曲中出现过。而我把它转换成电影的主旋律，是对古典旋律的"篡改"。

卡斯特罗：但这就存在一个问题，这些音乐中的节奏是已经设定好了的。

绍拉：不会，因为我可以进行变奏处理和"篡改"，就像我刚刚讲的那个例子。此外，在电影《飘向死亡线》中，音乐的旋律并没有结束，节奏变得短促，或是前一个电影段落的音乐不随之结束，而是继续用于下一段落，并没有发生什么。

音乐电影的问题之一——现在我们将谈及一些更为复杂的问题——就是如果你想要把安东尼奥·加德斯（Antonio Gades）的《血婚》（1981）改编成电影，你无法呈现其在舞台上所展示的一切，因为在舞台上动作是同时展现的。在剧院里这没什么关系，因为你可以从一个平面上看到所有的事情。但是在电影院里必须选择且只能选择一部分去好好讲述。有时我们甚至和编剧帕布力图·德尔·阿莫（Pablito del Amo）、加德斯以及音乐家们一起把音乐拆开来剖析，我们一小节一小节地反复，变换顺序，复制音

乐的结构，修改编舞，等等。在《卡门》中，所有的
编舞都是按照摄影机的需求做的，因为我们都从之前
的经历中获得了经验。音乐是一个"暴君"。它可以
为你毁掉一些事，却也可以给你极大的力量。《甜蜜
时光》对我来说是一部音乐电影，尽管它看上去并不
是。在《甜蜜时光》中，音乐阐明了整部电影，拉威
尔（Ravel）的音乐阐明了所有场景。

卡斯特罗：下面就该谈一下《快，快》了。您
刚说过，您时不时感觉到制作一部更加现代的电影
的需求。您是怎样做这一类电影的？

绍拉：并没有什么事先的构想。就是突然间，
一个主题就出现了，我喜欢它，有时是他们为我提供
了一个主题，然后我去做。我从来不知道自己为什么
做这些事情，但我也丝毫不用去担心什么。在这种情
况下，它是一种需求。

卡斯特罗：您是怎样遇见埃米利亚诺·彼德拉
（Emiliano Piedra）并随后与其开展合作的？

绍拉：我此前知道他是因为他曾经发行过我的
一些电影。有一天，他给我打电话说他想要和我合作
一部电影。刚开始他说得很模糊。他想要拍摄一部松
散的片段式的电影，合作者之一是加德斯。我找了些
托词，但他告诉我至少去看一下《血婚》。我之前并

没看过。美国人曾经向我提过这部电影，并提供了很多钱和资源，我当时拒绝了，因为我不喜欢那些白色的墙和跳舞的吉普赛人。后来我去了国立舞蹈学校，在那儿他们为我做了次表演，我就同意了。但是作品只能持续二十到二十五分钟，我当时想，加上序幕片头之类的可能会稍微长一些，但我连这都不能确定。然而我们还是决定做下去。他在电影艺术（Cineart）租了工作室，按照我的想法改造并留出一个区域用来化妆。这个电影没有剧本，我们彩排了一次并且每处都做了记录。电影最终变成了一个小时十分钟的正片，并在全球取得了极大的成功。埃米利亚诺是一个非常热心的人，他当时有一些经济上的问题，在这部电影之后，他也得以从困境中摆脱出来。如果他没有去世，我们还会继续一起拍电影。

我有一个执念，那就是要能够让摄像机可以配合音乐。带着这样的执念，我进入音乐电影的世界。我想让摄影机成为一个舞者。

卡斯特罗：这一类电影对精确性的要求极高。

绍拉：当然，但精确性是你和真正的专业人士共事时所能发生的最棒的事情之一。然而我们只是在讨论音乐电影中的一个种类，因为还有另外一个种类，比如《塞维利亚》（1992）和《弗拉门戈》（1995），它们有着完全不同的趋向，是建立在即兴创作的基础上的。

我始终主张音乐电影和剧情电影不是一回事，尽管两者有时可以极为相似。在音乐电影中，你成为一个彻底的窥视者；而在虚构的故事电影中，即使在最低限度上，你也会创造一些角色，去发展一个故事。而音乐电影并非如此，因为如果你对编舞艺术一无所知，那么你便成了一个完美的窥视者。你必须去设置机位，去寻找可能存在的最佳观赏方式。而且重大的责任都在他们身上，而不是在你身上。这是一种解脱，因为你在看着杰出的艺术家只为你而跳。你成了唯一的观众。

还有舞台。同《卡门》比起来，《血婚》中的舞台发挥了更大的功用。这是因为，不管是在《卡门》还是在《爱情魔术师》中，都有更多我自己的创造力——不是因为我想要去参与，而是因为这两部电影有故事，一旦内容不足，就需要我更多地参与进去。

卡斯特罗：我们再来谈谈《安东妮塔》（1982）。

绍拉：它是我在伊比利亚美洲体验的一部分。

卡斯特罗：这样的影片并不多，有《黄金国》（1988），如果我们算上电视片，还有《南方》。

绍拉： 我们用三十五毫米摄影机拍了一小时，它就像一部电影。对我来说，它能算得上是一部电影。

我热爱拉丁美洲，它一定是我热爱冒险的那一面。而我现在要去阿根廷拍摄《探戈》（1998）。我喜欢那儿的人们，我非常享受在那里工作。

不过，我们还是回到《安东妮塔》。直到《血婚》为止，我从未接受过任何一个完全与我无关的拍摄计划。我认为，如果一位电影导演想要成为一名"作者"，他就应该尽可能多地负起责任。《安东妮塔》的剧本是卡里埃（Carrière）[①]写的，他是布努埃尔的电影编剧，也是我的好朋友。这是法国高蒙公司给我的一个项目，他们让我从三个项目中选一个：一个是《卡门》，后来由弗朗西斯科·罗西（Francesco Rosi）[②]做了；另外一个我记不起来是什么了；还有一个就是《安东妮塔》。它看起来最有趣，因为我想到西班牙之外，去一些拉美国家拍摄，而且我喜欢这个剧本。如果说整部电影中有一个错误，那就是伊莎贝尔·阿佳妮（Isabelle Adjani），我想要尝试墨西哥演

① 让-克劳德·卡里埃（Jean-Claude Carrière, 1931—），法国编剧、导演，代表作有《布拉格之恋》（*The Unbearable Lightness of Being*, 1988）、《朦胧的欲望》（*Cet obscur objet du désir*, 1977）、《资产阶级的审慎魅力》（*Le charme discret de la bourgeoisie*, 1972）。
② 弗朗西斯科·罗西（Francesco Rosi, 1922—2015），意大利导演、编剧、演员。

员，但制作条件要求女主角是法国人并且要有名气。在他们提供的所有人选中，阿佳妮看起来最为合适。当然，她是个了不起的演员。但很快我就认识到这个女孩对这个国家一无所知，在墨西哥她几乎与外界隔绝，不会出去到街上转转，也从来没有很好地理解她的角色。尽管如此，这部电影对我来说是有积极意义的经验。

卡斯特罗： 当谈及《高跷》（1984）时，我脑海中最常想到的是，这是一部奇怪的影片。

绍拉： 是的，关于它我想不起太多了。我认为它有一个根本的缺陷，因为我最初的设想并没有实现。我想要在费尔南·戈麦斯（Fernán-Gómez）和劳拉·德尔·索尔（Laura del Sol）之间建立一种吸引力，但却没有办法实现。不是因为他们不想，而是因为他们太不同了。如果他们之间能存在一些更为细腻、微妙的东西就好了。我想要让这成为一个已经七十多岁的知识分子和一个年轻女孩之间的最后的爱情，但却被认为是不正当的恋情。然而在电影里，这份激情并没有被传达出来。它很优美，但却没有那种张力，那种来自年长男人的有些野蛮的爱，为了女孩而处于发疯的边缘，一直到达毁灭的那个点。那就是这部电影的戏剧性所在，但我并不认为这些方面的重要性在电影中有被表现到位。

卡斯特罗：我们继续来谈谈您的第二次拉丁美洲"试验"——《黄金国》。

绍拉：这是一部我很喜欢的影片，它完全就是我想要拍摄的，《高跷》可能可以被改变、被取代，但这部电影绝不会。

卡斯特罗：您认为它为什么会遭到如此糟糕的对待？

绍拉：我也不是很清楚原因。我认为宣传很糟糕。宣传说这是西语电影中最昂贵的一部电影。我认为还有一个因素是那时安德烈斯·维桑特·戈麦斯（Andrés Vicente Gómez）有很强大的报业敌人，比如ABC。如果它是在那些有关哥伦布（Columbus）的影片之后拍摄的，也许那时才会是更合适的时机。但是，还是像我一直说的，事实上我也不知道为什么。

一些知识分子试图干预这部电影，甚至卡洛斯·塞科（Carlos Seco）都给我写了一封信。我很尖锐地回复了他。他在信中说这部电影对于西班牙是一种侮辱，说它诋毁了西班牙的征服者，还谈及众多有名的英雄事迹。我回复他说，他的历史是洛佩·德·阿基尔（Lope de Aguirre）的历史，他应该自己回去重新读一读历史，因为一切都有记载。

也许看上去并非如此，但我非常忠实于历史。

这部电影很少有虚构，结尾部分可能有一些。

我非常喜欢这部影片，尽管我意识到它可能在组织结构上有些非典型。但那也是因为我想要让它如此。阿基尔的角色是渐渐地浮现出来的，因为在影片开始，主要的角色不是阿基尔，而在二十分钟过去后，阿基尔才渐渐地凸显出来。我相信这很好地回答了我心目中这次远征的意义。

卡斯特罗： 那么为什么是一部电影和一部系列剧集呢？

绍拉： 我并没有做系列剧。我做的是一部三个半小时的电影。但由于商业原因，一部电影只能一百二十分钟。尽管很心痛，我自己做了剪辑，这样他们就不会胡乱砍去更多。但是我会一直认定，长的版本要比短的好很多。之后从这三个半小时时长的电影中，他们拿出了四个章节在电视上播放，每一章都重播上一章的结尾或加以概括以便观众能跟得上，但并没有改动电影本身。我还没有去回看它，不过我确信这部影片不错。

卡斯特罗：《那光》（1998）是您一直想要拍摄的关于南北战争的影片，但一直没能拍成。《万岁，卡美拉》（1990）是《那光》的一种替代吗？

绍拉： 不，完全不是。它们两个是不同的。

《万岁，卡美拉》来自安德烈斯的提议，他带我去看了一场戏剧演出。我相当不情愿地去了，之后我却对这个戏狂热不已，我告诉他我会做这个的。我说了一些很愚蠢的话，但我后来还是支持自己的这些言论。每个人都以为我喜欢《万岁，卡美拉》恰是因为它对于时间的游戏式的处理。而这种处理方式又是通过设置一个已经死亡的叙述者来实现的。但这其实是整个戏中我最不喜欢的地方。我告诉安德烈斯我可以做这个，但前提条件是它的叙事将会是线性的。因为，如果按照原有的叙事方法，我就没办法将其电影化。对于戏剧而言，卡美拉从来世归来并讲述整个故事是很好的手法，但我认为电影应该用更开放性的方式去做，用一些新的角色。我对拉斐尔·阿兹科纳提出了这点，当时我们已经有一阵没有一起工作了，两天的争论后，一切都顺利进行，我们写了剧本，改了很多东西。比如说，古斯塔夫斯（Gustavete）在戏剧里几乎没有被提及，而在影片里却被提升到了几乎是主角的位置上。还有意大利人。这是一次非常棒的拍摄，影片也取得了很大的成功。

卡斯特罗：因此，您得以拍摄您的下一部电影《黑夜》（1989）。

绍拉：我对那部几乎没有人喜欢的电影有着特别的好感。这似乎有点自命不凡，但我时不时地就会想以某位不寻常的人物为主题，作一种电影的"文章"。比如说，洛佩·德·阿基尔、圣·胡安·德·拉·克鲁斯（San Juan de la Cruz）、博尔赫斯和戈雅，这些人都是我想要去拍摄，并且将来某天会拍摄的。我现在有一个关于菲利普二世的剧本，期待某天能将其实现。对我来说，比起关于他一生的文章，我更需要的是他生命中的一个片段。这个片段不仅以某种方式阐释了他的一生，并且能让我充分利用那个时代的意象，以及最重要的，利用想象力，以探究主人公的真正面目，而影片的规模则无所谓。

《黑夜》这部电影我就尝试着这样来做。圣·胡安的悲惨遭遇经常使我感到惊叹不已：他被监禁在托莱多（Toledo）一个令人苦不堪言的监狱里九个月，他的同伴因为他光脚走路而折磨他。他的伙伴们同样道德败坏。这很像布努埃尔的风格。圣·胡安的一生并没有引起我的兴趣，但是我对他度过的被孤立的那九个月非常感兴趣：吃不上饭，无论是在寒冬还是酷暑中都几乎赤裸着身体，每个星期五都被带到楼下毒打，为了看他是否对自己的所作所为感到懊悔，但是他从来没有忏悔过。

我对这一主题渐渐有了深入的了解，并且我得出了一个明确的结论，那就是，在那里生存的唯一途径是因为那个人找到了一种与上天交流的方式。因此，诗歌不是由他写的，而是由神写的。我希望电影能产生出他受神的指示而写作的效果，这似乎是一个好主意。但结果是一场灾难。它好像只在圣·胡安集会上受欢迎。所有的加尔默罗会（Carmelites）则都把这当作是一个非常深刻和有趣的圣·胡安的近似物，但很世俗。

另一方面，有人因为圣·胡安的缘故试图攻击我。他们说应该遵照他原本的样子，而且他不能被触碰，他与人相比更接近神。我从来没有弄明白这个观点。如果他是一个男人，他就一定会更接近人类，这就是我会回应的……我认为这是我人生中最糟糕的一次灾难。

卡斯特罗： 这是一部相对小成本的电影。

绍拉： 也没有那么小。本来还可以，但建造电影布景的开销太大。这是一场让我非常非常自豪的灾难。有人说，灾难是有用的，因为你从它们当中吸取教训。这是一个谎言，你学习不到任何东西。事实上，让你感到困惑的原因是你并不知道是什么引起这样一场灾难。我拍摄完《卡门》之后在日记里写道"现在我们要怎么处理这部电影呢"，然后它走遍了整个世界。

即便如此，我必须承认，这对我来说是一个很大的绊脚石，因为我本可以继续和安德烈斯一起拍摄电影，但在那之后，事情变得更复杂了。安德烈斯有点害怕。我却宁愿继续沿着这条线走下去。我的《波尔多的欲望天堂》（1999）某种程度上是在这条路线上的：一个被孤立的人，在他生命的最后时刻，在波尔多（Bordeaux）地区，他的心智迷失了，不知道自己的名字，有时还记得事情，但只是一部分。那条路已经被切断了一部分，但我希望我能修复它。

卡斯特罗：您第三次在拉丁美洲拍片的契机是对《南方》的改编。

绍拉：是的，正如你所知，剧本不是我的，而是维克多·艾里斯（Víctor Erice）①的。我和安德烈斯预先进行了改编。我将这部电影归在我怀有特殊感情的电影类别之中。《南方》《黑夜》《被蒙上的双眼》《艾丽莎，我的爱》都是非常细腻和具有个人色彩的电影。

卡斯特罗：您几乎从来没有谈到过《马拉松》（1992）。

绍拉：这依然只是一次尝试。他们给我留的时间很少。大约两年前，我们已经就此谈过很多了，我说可以，因为我一直很喜欢竞技运动。看到人们付出着努力是令人着迷的。然后我把这件事情忘了，因为

---

① 维克多·艾里斯（Víctor Erice, 1940—），西班牙导演。

休·托马斯（Hugh Thomas）要来拍。显然，后来又
出现了一些问题，在最后一刻他们又把这件事交给了
我，并且给我发了一个长达八个小时的剧本。剧本很
好，但它与我最后的成片没有任何关系。它囊括了奥
运会的所有方面：经济方面、药物使用，等等。考虑
到时代的局限性，我所做的是把自己与奥运会本身紧
密结合在一起。也就是说，我寻找到最好的摄像机，
聚集到了一帮了不起的工作人员。我收集了大量的电
影素材。第一次剪辑出来的电影时长四个小时。但是
因为签约定的是两个小时的影片，所以我们不得不将
很多内容剪掉了。保留下来的部分是音乐剧类型的。
我不明白的是，它没有被放映，它甚至没有通过录像
渠道发行。这是荒谬的，我认为发生了一些奇怪的事
情。亚特兰大奥运会开始之际，正是推出它的恰当时
机。

卡斯特罗：《塞维利亚》呢？

绍拉：这是一部不同的作品，把音乐剧推到了
一个很难企及的境界，后来的《弗拉门戈》就像是一
个高潮。它寻找终极的纯粹：最大限度地给予音乐和
舞蹈以权力，在那里没有什么可以干扰它们。与此同
时，场景空间——因为没有布景，我不知道怎么称呼
它，尽管它也不能被称之为场"景"，我还是只能用
这个词——与光以及幻灯片一起在这一奇观中交相辉

映。为了凸显舞蹈，空间既参与其中，又置身事外。

马诺洛·桑卢卡尔（Manolo Sanlúcar）在这方面知道得比我多，他帮我挑选团队。正如你看到的，我们正在处理的，又是一个极简抽象派风格的提案，我非常喜欢这个。它是一个长方形的发光的火炬，别的什么都没有。它是最纯净的音乐剧。给这一景象赋予韵律的是多种多样元素的联结。没有别的东西。与塞维利亚舞的历史编纂学之类的没有关系。这是一个巨大的成功。

卡斯特罗：《弗拉门戈》也是在同样的设想下完成的吗？

绍拉：是的，但只限于某一特定的点。《弗拉门戈》是一个更复杂的问题，因为塞维利亚舞是一个小的概念，但弗拉门戈舞是微妙和难以处理的。我总是惶恐地、小心翼翼地接近它，尽管事实上我从很小的时候就开始喜欢弗拉门戈舞了。我努力工作，学习了很多东西，而且得到了很好的建议。我认为这是一个前进的过程，但正如我之前告诉过你的，我觉得在这个方向上继续下去是很难的，因为我们已经接近极限了。

卡斯特罗：维托里奥·斯托拉罗（Vittorio

Storaro）^①是如何参与其中的？

绍拉：说来奇怪，这并不是我的想法，是制片人胡安·莱夫龙（Juan Lebrón）的想法，他有一天十分气恼，因为我们想要的摄影指导没有一个有空闲的。他说："好吧，带斯托拉罗来。"他与斯托拉罗联系，斯托拉罗说："好，和绍拉一起，因为他认识我。"

他曾是电视节目奖评审团中的一员，而且《南方》当时被提名了。它拿走了所有的奖项，但在西班牙，没有人知道这件事。简而言之，在那之后我要去日本，因为他们购进了《上帝的愤怒》，它将在东京电影节接受审评，电影节在京都举行，我们约定在京都碰面。我给他带去了我所有的草图梗概，他给了我肯定的回答。我们已经制作了两部电影。我们准备制作《探戈》，因为我想让他从一开始就参与到这个项目中来，他也跟我一起来到了阿根廷。我们有可能会在一起制作《小鸟》（1997），但这一切都取决于他在美国制作的电影的完成进度。他是一个非常好的人，我们之间已经产生了伟大的友谊。

---

① 维托里奥·斯托拉罗（Vittorio Storaro, 1940—），意大利著名电影摄影师。从1968年开始，一直与意大利著名导演贝托鲁奇合作，为他近一半的影片掌镜。20世纪70年代后期，斯托拉罗进军好莱坞，拍摄《现代启示录》（*Apocalypse Now*, 1979）、《烽火赤焰万里情》（*Reds*, 1981）、《末代皇帝》（*The Last Emperor*, 1987）等片。

卡斯特罗：和西班牙摄影指导相比，与斯托拉罗一起工作有什么不同之处？

绍拉：我和他们合作得都非常融洽。斯托拉罗的优势在于他是个人文主义者，他涉猎广泛、文化素养高。他是一个痴迷于摄影和色彩的人，但他对于事物有一个整体的概念。找到一个有如此高悟性且没有被其行业的专业术语所局限住的技术合作伙伴，是非比寻常的。此外，他完全不是一个恃才傲物的人，他布光的速度很快，他有着与众不同的光感。我非常喜欢他的一点就是斯托拉罗在场景中能够戏剧性地运用灯光。这点我可以来解释一下。通常来说，他不是只给场景打光，而是根据场景进程调整布光。这非常有趣。他有一套照明的系统，使他能够在自己感兴趣的时候提高和降低光的强度。他能把梦幻的想法转变成现实。

卡斯特罗：这就像把剧院里使用的照明系统用在电影中。

绍拉：是的，我之前还没意识到。这种做法取得非常棒的效果。和我一样，他对不符合常规的做法感兴趣。那是使我们团结在一起的东西。现在我已经拍摄完《飘向死亡线》，它看起来就有些平常了，因为我能做到的，已经变得更多。我料想，在《探戈》里面我们将能做得愈发多，但对于《小鸟》，我不敢这么说。《波尔多的欲望天堂》将继续走得更远。我认为我和他一样，不会渴望要去拍一个常规的、风俗主义的电影或普通的西班牙喜剧。

卡斯特罗：您在《飙向死亡线》中取得了什么样的进步？

绍拉：你得自己去看，然后由你自己来告诉我。

卡斯特罗：我正计划去看，但在我能谈论它之前，只能由您来讲讲。

绍拉：在某种程度上，这部电影的结构中有音乐，有特定的戏剧性的鲜明。这是一部近似于《小流氓》《上帝的愤怒》《快，快》的电影。我也不是十分清楚。这是一部有节奏的电影，与思辨性的电影完全相反。在这部电影中，事情一件接一件地发生，而年轻的角色们并不会沉思。他们没有时间去反思。

卡斯特罗：我们之前有两次谈论到《南方》，但是都在中途停止了。

绍拉：可能是适当的时机还没有到来。这是一个非常有趣的故事。当我在制作《黄金国》的时候，安德烈斯告诉我说，他希望我给一部电视系列片拍摄一些他拿到授权的博尔赫斯的小说。当时的想法是，要么我全部都做，要么选择一个我最喜欢的。我告诉他我痴迷于博尔赫斯，但我不知道怎样将博尔赫斯的故事拍成电影。我读了这些故事，并告诉他，我无法将它们视觉化。一段时间后，他问我想不想拍其中的一个故事——《南方》，用维克多·艾里克斯的剧本。我非常好奇，因为艾里克斯之前已经做过一次《南方》，我让他把剧本发给我，我发现他将一个两页纸的故事制作成了一个非常棒的剧本。我接受了安德烈斯的提议，但保留了对剧本作出轻微改动的权力，并提出了去布宜诺斯艾利斯熟悉周围环境的条件。维克多告诉我，他很高兴我想采用这个剧本。我开始静下心来工作。但三天后，安德烈斯给我打电话说维克多想要拍摄《南方》。我告诉他没有问题，但他补充说，维克多正在写另一个剧本——《死亡与指南针》（*La muerte y la brújula*），我可以执导这个剧本。他把剧本寄给我。这是一个未完成的剧本，但是很精彩。我告诉他，他必须开始考虑制作一部电影，因为这个剧本已经差不多一个半小时了。安德烈斯说他会考虑。三四天之后，他把我叫回来告诉我，维克多又不想拍《南方》了，他想拍《死亡与指南针》……当时我很恼火，我让安德烈斯下决心让我来拍《南方》。

我去了布宜诺斯艾利斯，在那里待了十天。我写了一个完全不同的剧本。主人公身处当代，他在某些方面上是博尔赫斯，但他不是博尔赫斯。我所用的一切都是博尔赫斯的素材。而且，在我拍摄期间，倒塌的图书馆和被破坏的建筑物使得阿根廷依然像是战后的西班牙。那里无疑相当贫穷，但对我而言则是完美的氛围。在这样的氛围中，我能做我想做的事情：制作一篇关于博尔赫斯的"文章"。通过在博尔赫斯的故事中插入一个角色，我完成了《南方》，我真的很喜欢它最终呈现的结果。我喜欢这种游戏，以及其中所蕴含的模糊感。

卡斯特罗：您不久前开始执导歌剧。这些经验对您有何帮助？

绍拉：一些优秀的指挥家曾把歌剧交给我执导，比如阿巴多①。主要是因为《卡门》。我总是拒绝，因为这吓到我了。但是当他们提议让我执导歌剧《卡门》时，我认为这确实是我可以做的事情，因为我已经准备好了。第一次是在巴黎歌剧院，钢琴家巴伦布瓦姆（Barenboim）找的我，但一切都搞砸了，因为他们把他撵走了。然后，他们从斯图加特打电话给我，让我与我的兄弟安东尼奥一起制作《卡门》。我同意了。后来，大概是去年6月，几乎就在同一天，我们在斯布雷多（Spoletto）开始制作《卡

---

① 克劳迪奥·阿巴多（Claudio Abbado, 1933—2014），当代著名的意大利指挥家。

门》。它与电影艺术无关。另一方面，我真的想拍摄一个人如何制作《卡门》，但我已经完成了我的《卡门》。

卡斯特罗：《探戈》会走音乐电影的路线吗？

绍拉： 会，也不会。我想再回归《卡门》《爱情魔术师》这样的剧情片，而不是和《弗拉门戈》一个脉络的影片。

卡洛斯·绍拉生平创作年表

王佳怡 编译整理

1932年，出生于西班牙阿拉贡自治区韦斯卡市的一个中产家庭，父亲在政府工作，母亲是钢琴家。

1942年，展露出在摄影领域的才华。

1950年，成为一名专业摄影师，经常受邀参加马德里等地的摄影展。

1951年，考入马德里大学学习数学，随后在哥哥的劝说下退学。

1952年，考入西班牙国家电影学院。

1953年，参加萨拉曼卡会议，受到巴尔登、贝尔兰加等电影人的鼓舞与激励。

1957年，执导毕业短片《周日午后》（*La tarde del domingo*），并留校任教至1963年，讲授剧本写作与导演相关课程。

1958年，执导纪录片《昆卡》（*Cuenca*），荣获第六届圣塞巴蒂安电影节特别关注奖。同年，在法国蒙彼利埃举办的关于西班牙电影的国际会议上，结识了他日后的良师益友——路易斯·布努埃尔。

1959年，执导《小流氓》（*Los golfos*），入围第十三届戛纳电影节。

1964年，执导《大盗悲歌》（*Llanto por un bandido*），入围第十四届柏林电影节。同年，结识制片人伊利亚斯·瓜雷赫塔（Elías Querejeta），展开了长达十五年的合作关系。

1966年，执导《狩猎》（*La caza*），荣获第十六届柏林电影节最佳导演奖。

1967年，执导《薄荷刨冰》（*Peppermint Frappé*），荣获第十七届柏林电影节最佳导演奖。同年，结识演员杰拉丁·卓别林（Geraldine Chaplin），两人成为工作与生活中的伴侣。

1968年，执导《圣力三重奏》（*Stress-es tres-tres*），入围第三十三届威尼斯电影节。

1969年，执导《蜂巢》（*La madriguera*），入围第十九届柏林电影节。

1970年，执导《极乐花园》（*El jardín de las delicias*），政府因该片包含的政治隐喻而禁止其参加国际电影节。

1973年，执导的《安娜与狼》（*Ana y los lobos*），入围第二十六届戛纳电影节。

1974年，执导《安洁丽卡表妹》（*La prima Angél-*

ica），荣获第二十七届戛纳电影节评审团奖。

1976年，执导《饲养乌鸦》（*Cría cuervos*），荣获第二十九届戛纳电影节评审团大奖。该片登上年度西班牙电影票房排行榜第六名，成为绍拉在商业上最为成功的影片。

1977年，执导《艾丽莎，我的爱》（*Elisa, vida mía*），入围第三十届戛纳电影节。

1978年，长子安东尼奥被马德里右翼分子袭击，促使他拍摄影片《被蒙上的双眼》（*Los ojos vendados*），入围第三十一届戛纳电影节。

1979年，执导《妈妈一百岁》（*Mamá cumple 100 años*），提名第五十二届奥斯卡金像奖最佳外语片。同年，绍拉与杰拉丁·卓别林分道扬镳，终结了两人十二年的恋情与八部影片的合作关系。

1981年，执导第一部弗拉门戈舞蹈电影《血婚》（*Bodas de sangre*）。同年，执导《快，快》（*Deprisa, deprisa*），荣获第三十一届柏林电影节金熊奖。

1982年，执导《甜蜜时光》（*Dulces horas*）与《安东妮塔》（*Antonieta*）。

1983年，执导第二部弗拉门戈舞蹈电影《卡门》（*Carmen*），荣获第三十六届戛纳电影节艺术贡献奖与技术大奖，并提名第五十六届奥斯卡金像奖最佳外语片。

1984年，执导《高跷》（*Los zancos*），入围第四十一届威尼斯电影节。

1986年，执导"弗拉门戈三部曲"第三部影片《爱情魔术师》（*El amor brujo*）。

1988年，执导《黄金国》（*El Dorado*），入围第四十一届戛纳电影节。

1989年，执导《黑夜》（*La noche oscura*），入围第三十九届柏林电影节。

1990年，执导《万岁，卡美拉》（*¡Ay, Carmela!*），荣获第五届戈雅奖最佳导演奖。

1992年，执导1992年巴塞罗那奥运会官方电影《马拉松》（*Marathon*）。同年执导电视电影《博尔赫斯故事集：南方》（*Cuentos de Borges-El sur ...*）与影片《塞维利亚》（*Sevillanas*）。

1993年，执导《上帝的愤怒》（*¡Dispara!*），入围第五十届威尼斯电影节。

1995年，执导《弗拉门戈》（*Flamenco*）。

1996年，执导《飘向死亡线》（*Taxi*）。

1997年，执导《小鸟》（*Pajarico*），荣获第二十一届蒙特利尔电影节最佳导演奖。

1998年，执导《探戈》（*Tango*），提名第七十一届奥斯卡金像奖最佳外语片。

1999年，执导《波尔多的欲望天堂》（*Goya en Burdeos*），影片艺术化地表现了西班牙著名画家戈雅生命最后的时光，他自称这是其最优秀的电影作品，该片荣获第二十三届蒙特利尔电影节艺术贡献奖。

2002年，执导《莎乐美》（*Salomé*），荣获第二十六届蒙特利尔电影节艺术贡献奖。

2004年，执导《第七日》（*El 7º día*），荣获第二十八届蒙特利尔电影节最佳导演奖，并荣获第十七届欧洲电影奖终身成就奖。

2005年，执导《向舞》（*Iberia*）。

2008年，执导《花渡》（*Fados*），入围第二十一届欧洲电影奖，并荣获印度孟买电影节终身成就奖。同年，执导西班牙萨拉戈萨世博会官方纪录片《阿拉贡交响曲》（*Sinfonía de Aragón*）。

2009年，执导《歌剧浪子》（*Io, Don Giovanni*）。

2010年，执导《弗拉门戈，弗拉门戈》（*Flamenco, Flamenco*），并来到中国上海推广影片。

2013年，荣获印度喀拉拉电影节终身成就奖。

2015年至2017年，执导《风之子：阿根廷的民族风情》（*Zonda: folclore argentine*, 2015）、《超越佛朗明哥》（*Jota, de Saura*, 2016）和《三十三天》（*33 días*, 2017）三部以西班牙传统歌舞为主题的音乐纪录片。

2018年，执导《光之建筑师》（*Renzo Piano, the Architect of Light*），与意大利建筑师Renzo Piano探讨了建筑与电影之间的关系。

2020年，开始执导音乐歌舞片《全世界的国王》（*El Rey de todo el mundo*）。

创造一种反抗的电影方法

——佩德罗·科斯塔访谈

李洋 译

佩德罗·科斯塔自述

1997年，我刚开始工作时没有什么剧组，当时数码摄像机刚刚出现，只有拉斯·冯·提尔（Lars von Trier）刚开始使用这种摄像机。我买了一个不太贵的松下摄像机，我不是特别相信它，只是因为当时陷入了一种失望。在拍过一部卖得不错的电影之后，我想消失一段时间。我搬家到了里斯本北部距离丰泰尼亚区（Fontainas）不远的地方。在筹备和拍摄《旺姐的房间》（*No Quarto da Vanda*, 2000）期间，我没有任何消息。用这个买来的数码摄像机，我当时也不确定拍出来的效果能否与我过去拍摄的电影一样。

但是我从未想拍摄一部"小的个人电影"（petit film personnel）。我讨厌那种自传体小成本的散文电影，那种"困难但与众不同"的小电影，那种所谓的"好"电影。这与艺术野心或者商业与否的问题没有关系，而是我自己的问题。电影是一个美好的职业。

当我们可以做好时，就想做得更好，每天很具体地生活在电影中。这其实是好莱坞在经典时期的伟大传统，那是真正教会我的学校。在那种工作方式中，肯定能获得巨大的兴奋和丰富性，一种与人类的关系，一种对不同物种、对自然、对风景以及对我们这个世界的博爱。此外，电影还是一个在可见与不可见之间循环往返的工作。所以，这不是野心的问题，而是与兴奋、希望和欲望有关。如果你愿意，也可以说这是一种职业，是一门手艺。

我想在一个房间里拍摄一部过去没拍过的最好的电影，一部伟大的史诗片。但是我当时没有剧组，摄影机也没有，差不多什么都没有。我只能靠我的感性去靠近我观察的这些人的感性。很多导演都有这种幻觉（fantasme），影片的这种幻觉无始无终，贯穿始终。人们在这种绝对亢奋的状态中容易犯错，但也能帮助我们拥有一种狂妄。我之前的拍摄经历就没有这种东西，既没有这种勇气，也没有那么多时间。

影片中这个女孩是我的朋友，与我一起拍摄了《骨未成灰》，她叫旺姐。她讨厌表演我让她表演的东西，而且她会让我知道。所以与她在一起每天都有问题，都是基本性的问题。比如说，我让她笑，她就说："我不想笑！"那这场戏怎么拍？有时候我也想，哪怕是让茱莉娅·罗伯茨来演，可能也会遇到这种问题，但起码我可以找经纪人协调解决。

后来，是她以某种神秘而难以置信的方式邀请我在那个区留下来。在《骨未成灰》拍摄的最后一天，我已经筋疲力尽，不堪重负。我想，或者说是我想象的，她对我说："你喜欢这个地方，这里符合你的电影和生命中那种欲望，留下来，你就能把一切拍下来。"然后我就留在她的房间里，拍摄她的生活。然而，事情总不像想象的那样……有时候也行不通，我就走了。我还有别的东西要拍。最开始的六个月，我根本没有看所谓的"样片"。在摄像机上，有一个小的LCD显示屏，让我可以或多或少地了解拍摄的内容。况且，我特别讨厌修改，我认为在拍摄时应该把精力放在别的事情上，而不是总在修改。我从来不看，只好好把握住线索，在电影中把握住与他们的生活平行的东西。

我想继续用这种数字摄像机把电影拍完，画面并没有那么可怕，但是声音却很烂，我们差不多只能听到摄像机的马达声。六个月以后，我想起码需要找一人过来负责录音。但当时我没有钱，让一个录音师跟我们在这个差不多是地狱的地方住上至少一年，这非常困难。在这些差不多只有两平方米的房间里，还要忍受女主人公云山雾罩地抽烟。女主人公这么做也是为了不去工作。我很幸运地找到一个男生来给我录音，他叫菲利普·莫雷尔（Philippe Morel）。

不久以后，是他让我与让娜·巴利巴尔（Jeanne

Balibar）拍了纪录片《不变的你》（*Ne change rien*, 2009），但在这部电影拍摄到一半时他去世了。如果他还在的话，我想我之后的所有电影都会找他合作。对于这种电影项目来说，他是理想的伙伴。对电影界里许多人来说很重要的东西，他都完全不在乎。菲利普曾给四十多部电影录音，所以这个工作他自己就能做。他是那种阅历丰富的人，吃过很多苦。这部电影的声音不仅要求准确，而且在拍摄时摄影和录音的难度都很高，要求有很丰富的实践、思考和制作经验。

大多数时间里，只有我们两个人在工作。每天都会有问题。我坚持用最小的资源来拍摄。我想只用一个双肩背包里的东西来拍摄，而声音用麦克和数字录音机，尽管菲利普提出用一个小型的混音器，因为只用一支收声麦克很难满足录音要求。

菲利普和我，我们当时要做别的工作，这不在计划之中，就是在那个像村庄的封闭贫民区向每个人解释我们的工作。我们要说在这里拍电影肯定行，哪怕我们只有一点点钱，哪怕我们也能在那里做点别的生意。

我们每天上午八点或九点到那里，当我支好三脚架（那种很简单的塑料的），咖啡吧就开门了，其他商店也开门了，那里还有手工艺品店！我们反复对这些人谈论我们的工作，一个拿着混音器，一个拿着"缝纫机"，他们觉得很有意思，这可以拍电影。菲利普曾在一个修理匠那里待过很长时间，这个人差不多什么都能修，包括鞋、衣服……另外，下一部电影《前进青春》（*Juventude Em Marcha*, 2006）中的若昂（Joao）就是这里的裁缝，他给文图拉（Ventura）做了一件衣服。

我们有一种感觉，我们到这里就是要证明电影是为这样的地方而存在的，让全世界都了解这里的简陋原始的原则。渐渐地，我感觉不仅找到一部电影，更是找到了一条路，它自身就具有一种形式。

两年后，大家都像我一样买了数码摄像机，佛得角人和安哥拉人通过摄影和影像受到了特别关注。我不是想说他们买摄影机是为了给他们自己拍电影，但如果有一天我需要的话，只要找个人拿着反光板，我就能在走廊和街道上去拍他们，我有那么四五个人可以帮忙，他们是大妈和小男孩。有一个区别就是我们可能有一点严肃。有时候他们会对我们说：孩子们，吃饭了，没关系的。我是个泥瓦匠，我保证这没那么严肃。

我认为，对于虚构片还是纪录片这个老问题来说，我们之间质朴的友情的一面起到了决定性作用。这应该在摄影机面前和摄影机背后获得一种平衡，它不取决于题材，也不取决于使用画外音或者评论，或者是否迷恋真实……我认为这些都是愚蠢而无意义的争论。在那里，所有人都处在一种虚构中："我与一些东西合作，但我不太知道它们是什么。我也想发明一些东西。这种东西在我身上产生了某种想象，我想试试，或许最后让我失望，但为什么不试试呢？"事情总是这么开始的，纪录片，加上虚构。

《前进青春》对我们来说就算大制作了，我们有四个人，有时候是五个。拍摄持续了两年时间，差不多除了周日我们都在工作。尽管我们不拍的时候，我们也会过去。当我不知道应该拍什么，或者文图拉生病或者旺姐很累，或者保罗的肤色太深以至于在房间里完全看不见，我们就不拍了……在镜头、布光、对话和排练之外，我们还有别的事情可做。跟着文图拉在街道上走走，或者别人来到药店买阿司匹林，或者一起去超市，这特别有意思。但我跟他出去不是因为我想这样做，是他问我能不能陪他一起去，因为我们是一个团队，他认为团队就应该一起行动。药店、拍摄现场、咖啡馆、后期制作、社会保险。有一天，有人建议去动物园。对于电影来说非常好，这不是浪费时间。文图拉现在还会说起那次见到的一只搞笑的黑猩猩。

《前进青春》与《旺姐的房间》有很大的不同。这部电影是在有白色家具的小区里拍摄的。丰泰尼亚的老城堡已经没了，只剩下一条小路，一个还有三四处废墟的难以辨认的地方，我们是在北边的另外一个区拍摄的"闪回部分"——回忆里的片段，那个文图拉和兰托（Lento）经历"银河"冒险的木板房……在《旺妲的房间》里，是真实的，在《前进青春》中，木板房和小路都作为布景发挥作用。如果我拍一个小小的摇镜头，观众就会发现这条小路其实是假的，就像B级西部片里小镇街道其实是硬纸板做的一样。我们在这个木屋里拍了很多他们玩纸牌的戏，重复朗读信里的内容。有时候瘾君子会过来吸毒或者睡一个晚上。

我们在那里研发了一个利用镜子和反光的系统，在拍摄《旺妲的房间》时，我就利用她洗手间的镜子和她为了给房间加热而储存的铝纸板。我们当时有一个充电电池，几个脚架和很多镜子。所有这些布景都是那种俗套的，一个简单的木屋和被抛弃的颤动的铁皮，这就是1971年佛得角人来到里斯本时住的房子。与《旺妲的房间》相反，每天早上我们都觉得是在布景下拍摄，这就是为什么我认为更多是从虚构的角度来思考，而最后，我现在看《旺妲的房间》就像一部纯粹的剧情片，而《前进青春》则更像纪录片。正如戈达尔所说，我们去孟买，结果却到了索邦。或者反过来。

《旺妲的房间》有更多现场即兴的内容。经常是正在拍摄我预想的下一场内容时，有人就建议说要不然我们接下来拍拍这个，或者有人说我刚听到一个故事很适合你的电影。而在《前进青春》中，我只有有这样一个父亲，一个形象，他应该个子很高，是影片的主人公，他要讲述所有人的故事，讲述这个区域，讲述他自己、他的朋友和孩子。他的孩子到处都是，有的丢了，有的死了。我们有三四条线索可以追溯，我们也有布景。画面是有限定的，唯一没有限制的是孩子。我们想讲述一个人的故事，我们想讲述的这群人有三百九十一个孩子。这在那里是很正常的，对于佛得角人来说，每个家庭平均有四五个孩子。有这么多孩子的人们的故事，进入到影片无尽的幻想中。

我们必须总在那里，每个孩子都要做很多工作，需要差不多三个月的拍摄。

《旺妲的房间》，尽管人们认为接近于我们熟悉的导演如安迪·沃霍尔、小津、约翰·福特、斯托博的影片，那也是某种原型（prototype）。我确定我拍不出其他形式的电影。我只能拍摄这种带有即将消失的东西的电影。这是一个古老的习惯，很多导演都说要拍摄那些即将消失的东西。有一次，真的，我真的非常害怕这一切消失。每天早晨，我会想，"早上九点了，我推开门结果空无一人。他们都在监狱里，她吸毒过量而死，而他则去了德国，甚至连木屋和门都没有了"。这个情景后来还发生过，就像一个老的恐怖电影。有一天，我去新区与文图拉一起吃午饭，我们聊到了另外一个来自佛得角的朋友，维吉里奥（Virgilio），我跟他筹备拍摄短片《塔拉法尔》（Tarrafal）。我兜了一个圈子是想说，可能性的幽灵在我的身上变得非常宽广。过去，我像幽魂（fantasmagorie）一样生活，我只有旺姐和独一无二的文图拉，这当然也陷入电影魔术世界中一个盲目的俗套。我现在知道，还有许许多多的文图拉和旺姐，甚至旺姐也是一个特殊的例子，应该展现和放大与欲望有关的部分。

我的日常实践与这个凝固的梦没有任何关系，它对我来说反而意味着恐惧，而我该如何从中摆脱出来？于是就有了维吉里奥。

有一天，文图拉对我说："你知道吗？维吉里奥离开这个区三天，结果他的尸体出现在离这里三十公里远路的尽头。"他肯定是遇到了警察，他嗜酒，没有名字，很惨。

在这些死者周围裹挟着没有解开的秘密，同时，他们的死也显得无关紧要。一条社会新闻，一个贫贱的生命，还有什么……在我们称之为第三世界的地方发生着同样的事。人们在消失。死亡仿佛就是人们与警察之间的关系，这很正常、很平常，让人感到恐惧："维吉里奥，姓氏不详，六十岁，死于十七点一刻。头骨被击穿，赤脚，没有身份证。"这些消失往往就是某种形式的死亡声明。

我们最后还是拍摄了《塔拉法尔》，讲述了

维吉里奥的死。维吉里奥的一个朋友阿尔弗雷多（Alfredo）马上就毛遂自荐，要求演维吉里奥。任何人都能讲述他同类人的故事，哪怕是那些已经死去的人。在《旺姐的房间》中，我有意识地追随这一点。我看到了一个缩小的方泰尼亚区，发现一个可以发掘被埋葬的证据的武器从破败的瓦砾中升起。这让我产生了某种恐惧，而这种恐惧成了一架发动机，不是为了让我工作更快，而是推动我能坚持到最后，或者说靠近结局……

旺姐批评我没能拍到挖掘机摧毁她的房间的最后的情境，那是她房间的最后画面和"声音"，但是我没拍到。我认为他们深深受到了这部电影的"影响"，所以即使摄影机不在，他们也会继续下去。他们没有经验，而且不按照拍摄日程表工作。旺姐说："昨天我房子倒塌的时候你没在那里拍下来！"

多米尼克·维兰访谈

多米尼克·维兰：他们没有用自己的摄影机拍下房屋倒塌的瞬间吗？

佩德罗·科斯塔：没有，一点也没有拍。我们应该成为他们生活的见证者，我们在那里就是要做他们不想做的事，讲他们不想讲述的故事。对于他们来说，摄像机、手机、游戏只是与年轻有关，与音乐、舞蹈、说唱有关，他们拍摄了他们区里的业余音乐会和聚会。或者说非常隐秘，拍摄他们的隐私……当然，他们还拍摄婚礼、圣礼和生日聚会。

多米尼克·维兰：你是怎样处理这些场景的呢？《前进青春》的开场令人印象深刻，镜头以某种方式展现了一个破沙发、一堵墙，人们感觉不像是一个真实的地方，而是在一部电影里。

佩德罗·科斯塔：那里就是如此。那个红色的破沙发在那里已经三年了，它在那里看着我，这个破沙发从一个遥远的地方，仿佛从拉乌尔·沃尔什（Raoul Walsh）和艾伦·德文（Allan Dwan）的西部片里看着我。现在我经常想起使用一些边缘手段进行拍摄是不错的，有些东西到处都是，而有些东西则即将消失。这其实有点像拍演员。我们需要有个人来讲出六百个失踪者和四千个死者的故事，只需要一个人。在影片中有那么一秒钟或者十分钟，他需要为整个方泰尼亚区、替其他人来讲话。当参与表演《前进青春》的那些人来看电影首映时，我感觉压力很大。他们还算满意，他们看到了我在电影中表现了方泰尼亚区的青少年问题，但他们更看到了文图拉"陛下"讲述的他们自己的故事。

我这一生遇到的最美的称赞，就是一个青年人对文图拉说："我们在小区里经常看到你很肮脏，喝得醉醺醺摇摇晃晃的，但在电影里，你就是一个国王，你光芒四射，照亮了我们。"《前进青春》让我们彼此之间达成了和解和妥协。因为拍《旺妲的房间》时，他们批评我太局限于拍摄那个房间、青年、毒品和灵魂的东西了，没有展现那些下水道、死老鼠和城区举行的吓人的音乐会。

有一些男孩总希望下一部电影的故事是关于警察、妓女和枪战……我对他们说这让我有点惊讶。对于那些想让我拍成"真实纪录片"或"警匪动作片"的人，我说："好，试试看吧！"然后我等他们把这件事忘了。在这期间我拍了三部长片和三部短片，但一直没有枪……最后，终于出现了一把枪，结果还是个打火机。至于那里的警察，我都认识，我们在一起沟通很困难，他们对我拍的电影充满敌意。

一次警察展开搜捕行动，他们问我："你的电影到底是纪录片还是剧情片？"他们也想知道。这部影片真正靠近的当然是纪录片，对于那里的生活足够忠实地呈现。他们说："佩德罗拍的就是我们，文图拉的生活跟我们没什么区别。他是一个泥瓦工，1974年自己建了一个铁皮屋，他老婆不在这儿，他很穷，也很孤单。"

《旺妲的房间》是一个实验室，这很容易看出来，包括演员，大家都在研究，甚至是群众演员也会过来研究一下人物的感情、台词、思考等。而我研究这个地区，我能怎么观察它并拍下来。总是有东西在摄影机之前和之后，我就在十几厘米的距离之后，在取景器里研究这个问题，同时，文图拉在寻找一种情感，有时候呼应一下我。在我的影像和他的台词之间总是有某种呼应，我们总做不好，他会搞错，或者说总是错过。我甚至可以说这种工作方法是建立在错过之上。

此外还有错过时间。此外，还有人会把台词记错，在一部有剧本的、并非即兴表演的电影里，我们总要反复重拍。除了故事和结构，我们还在寻找一种讲述这个故事的语气。我们都非常羞涩，现场不到三十个人，这一点无论对于拍摄现场还是实验室来说，都是好事。《旺妲的房间》是一个按照诗意重新创造的空间。正因如此，有些人不知道为什么被感动了，而有些人则无法接受。就像我现在，我感到自己不再知道电影是什么。

他们不懂什么是电影，只知道有四百个电视台在同时播放节目。在电影面前有人拒绝，但是他们也察觉到人在电影中被看到时更好一点。电影就是为了更好看。一种美妙的情感。

多米尼克·维兰：斯特劳布曾说，必须剔除在观众和应该被观看的现实之间的全部障碍，清除掉所有的理论和意图。你也这么认为吗？

佩德罗·科斯塔：我们必须每天都做到这一点。拍一部过去没存在过的电影。思考一部电影与拍电影一样让我兴奋：应该一边思考电影一边拍电影。在这一点上，我看到年轻人经常在这一点上迷失了。我越来越多地只能看到一些小的想法、技巧和形式，剧作套路或者别的什么。手艺就是要做得像，闻起来、摸上去、看起来像是一部电影。过去有一种观点伴随着电影实践，一种传播较广的观点，但不那么僵化：没什么理论，主要靠实践。这是唯一可以抵御取巧和谎言的方法。

对于这个问题我也这么认为，应该尽量减少滤镜。我特别头疼那些专业的手法，需要至少三四十人的电影团队来做。在拍摄《骨未成灰》时我已到这个城区了，但失败了。因为总是需要有个人像罗马人那样在剧组里传话。

多米尼克·维兰：就像在比利·怀尔德的《日落大道》里，在派拉蒙公司的片场，要经过三个助理才能把电话传给德米尔。

佩德罗·科斯塔：在那个系统里，会丢掉很多东西。我怎么才能知道那边发生了什么？要让助理们跑完整条街。这些环节可以毁了你的电影。我像我喜欢的那些导演那样拍电影，他们的成功不仅是因为他们拍出了最美的电影作品，更在于他们能够创造出不同的方法，可以克服拍摄中遇到的各种困难，或者发明新的电影制作和拍摄方式。斯特劳布、拉乌尔·沃尔什、安迪·沃霍尔、埃里克·罗麦尔或者戈达尔，人们可以学习和应用他们的拍摄方法，这些方法其实跟我们看中的权力和资金都没有关系。作为电影导演的安迪·沃霍尔很少被研究，也不太知名。亨利·朗格卢瓦特别喜欢他。安迪·沃霍尔其实与约翰·福特有很大的可比性。他电影中发生的事情与我们的生活非常接近，我们从第一秒就能感受到，用老话说，就是比较严肃的事。开始的时候很沉重，但随着胶片无情地转动，人物慢慢变得轻松。他拍的其实是困难与有胆量的。

多米尼克·维兰：《旺妲的房间》中有一段，旺妲与她的朋友谈论他们的生活，说这是他们自己选择的生活。之后他们又说不，这不是他们想选择的生活。方泰尼亚区的人怎么看待他们的生活？为什么在这场戏里，一个人物会给出两个不同的答案？

佩德罗·科斯塔：这场对话是旺妲与潘戈（Pango），那个黑人男孩。他们年龄相仿。他们在这个区一起长大，上一个学校，有共同的朋友。当他们说这些话时，他们都在经历生命中最困难的时期。这个镜头拍了十几遍。潘戈总是犯错。我甚至想他是不是故意的。这次拍的时候，他说了一些话，下一次再拍摄的时候他说的东西就变了，好像故意让我选择一样。而旺姐就像我说的那样，对他进行指导。她那时已经是个真正的演员了，她已经拍过一部电影，之后还会拍第二部、第三部。我向她解释了一下技术上的注意事项，因为她不可能随心所欲地准备。她要知道她不能随心所欲，因为她说完话，要等着放进去一个东西，否则菲利普那边没法录音。在布光方面，太阳光移动得很快，我们必须要捕捉到阳光照射在她皮肤上的质感，而这个过程中她必须把台词说好。

这场戏，其实我有正面和反面两个版本，就像直接来自形而上学！我开玩笑的，但这个城区让这里的人具有了某种直接而好笑的哲学、政治与诗的气质。他们倾尽全力或者完全相反，我最后选择那个我感觉不太愚蠢的版本，尤其是他们最为真诚的一面。第一条几乎都是在拍摄彩排。首先，大家会彼此讨论，"你为什么不这么演？""哦对，我应该说我的奶奶，这样就能更好一点！"我保持怀疑，他开始演了，但我对他说："我认识你奶奶，但我不认为这是个好点子。"

这回到一种我称之为"以不写为写"（écrire sans écrire）的方法。我们接下来为了找到行得通的方式而不断磨合。我们一起找到了最合适的姿势、手势和眼神。比如说，在这场戏里，旺姐是躺着的，因为拍到这儿的时候她已说过好几遍想睡觉，那为什么不呢？这就是她的床，她就是这里的国王，她给自己找到了一个合适的姿势，这是个不错的主意……

我这种拍摄方法其实很古老。凯文·布隆洛夫（Kevin Brownlow）曾拍过一部纪录片《卓别林秘史》（*Unknown Chaplin*），我们可以看到卓别林是怎么拍摄的，当然那个时候是用胶片拍摄。我们看到一个拍板上写着第600号。他总是机械地重复同一个动作。经常是因为过度紧张而让他失望……他打开一扇门，他出去了，他戴上礼帽，他重新做这个动作，一整天都在拍这场戏。突然，一个意外情况让他产生了一个新想法，或者说一次错误让他想起了什么，使他作出一个小小的改变。我们可以观察出每一次的微小变化。我认为，卓别林本质上对这种不断重复的机械的工作充满信心。这是一种"工作的工作"（travail-travail）……

当然那是另外一个时代，导演们对发现新东西充满好奇，很高兴迎接新的拍摄手段。我也是，我也很喜欢，我觉得新技术非常适合展现方泰尼亚区机械化的日常生活。比如说，镜头的时间长度与这里的居民所能坚持的身体表演和心理等待的时间正好吻合。而这也让他们感到拍摄电影的难处和不易。这会让拍摄进行得更好。

多米尼克·维兰： 你给他们看过拍好的排练画面吗？

佩德罗·科斯塔： 从没给他们看过。有时候，会有人过来看一看。当我在拍摄旺妲与潘戈的时候，我有个助理导演叫吉塔（Zita），旺妲的妹妹。拍这场戏时，她不能像正常人那样躺在床上，因为这个房间太小，只有一个很小的位置，就是在我旁边。她拿着一个镜子，同时小声跟我进行讨论："这儿，旺妲做得有点笨，这根本不行；那儿，她乱演的，真的！"这其实很危险，但这些弥补了我在此前拍摄期间的孤单和失落的感觉，尤其在我看毛片的时候，感觉更强烈。

多米尼克·维兰： 《前进青春》中的主人公真的是一个诗人吗？

佩德罗·科斯塔： 不是，他跟其他人差不多。方泰尼亚区到处都是诗人。事实上，他在影片中从头至尾朗读那封信，在这个意义上他真的是一个诗人。他开始的时候读几句，然后在别的时候再读几句，最后他把整封信读了一遍。这封信其实是演员文图拉自己的一封信与1945年逝世的诗人罗贝尔·德斯诺（Robert Desnos）的一封信的混合。我先放上德斯诺的一句，再放上文图拉的一句。我觉得这些信其实是很像的。如果我们设想德斯诺死在纳粹集中营，文图拉在电影中一直这样猜测，他感到自己的铁皮屋就像一座监狱，而他既是囚犯又是监狱看守，这提供了一个美丽又让人惊骇的意象。离开的想法，就是他的伙伴请求他给妻子代写一封信，而那个朋友不会写信。我也说不清楚最后是怎样完成电影最后这个样子的。他总是不断地读这封信。有时候他自己就有点疯癫。他不愿再听到关于他的妻子是漂亮还是丑陋的部分，"你只要记住就行！""不，我记不住。"

那封信很长，他应该背下来。每天早上他一到现场，就会说这句话："你好，我想给你点燃一千支烟！"而我们接着说："你好，一束鲜花与一瓶美酒。"那种感觉到我们必须要拍摄的时候就会越来越好。这种工作没有结尾。这是一首情诗，但也是我们这部电影拍摄的宣言，一本政治手册（pamphlet politique），大宪章（magna carta）。这一点已经很明显。当让-马利·斯特劳布在巴黎的提前首映看过这部电影之后，他在映后的交流活动中问我："你为什么要不断地读这封信？"然后他马上又说："对不起，这个问题很愚蠢。"

开场那场戏预计只能拍一次，兰托说："我需要写一封信，你告诉我，我写给我妻子。"文图拉回答说："听着，一封信，要记住它，而不是写出来，你要替我们记住它，永远记住。"这成为我们每天工作的内容：不要忘记。忠诚于这封信、这个文本，所有的承诺，还有文图拉和兰托为了记住这封信而付出的艰苦的努力。而旺姐，她总是拿着一本书，她自己的"圣经"。当她读那本书的时候，头就会低下，她就会想起妹妹和妈妈，很有效。这是一本旧的电话年鉴（annuaire téléphonique）。她保留这本年鉴，因为在她不好受的时候，这本书起到了作用。

就这样，他们思考和讲述他们故事的方式，可以填满无数电影。

佩德罗·科斯塔生平创作年表

李洋 编译整理

1959年3月3日，出生于葡萄牙里斯本。导演、编剧路易斯·菲利普·科斯塔之子。在里斯本大学就读了历史系之后，科斯塔转向了去里斯本戏剧电影学院（Escola Superior de Teatro e Cinema）学习电影课程。期间，科斯塔师从安东尼奥·雷斯（António Reis）、保罗·罗沙（Paulo Rocha）以及阿尔贝托·西塞斯·圣托斯（Alberto Seixas Santos）等葡萄牙影人。

1985年，作为助理导演参与了若昂·伯特洛的影片《葡萄牙式再见》（*Um Adeus Português*）。本片包含两个故事，一个发生在1973年的葡属非洲，另一个发生在1985年葡萄牙的里斯本和滨海贝拉省。

1989年，拍摄了处女作《血》（*O Sangue*），于1990年12月7日在葡萄牙上映。

1994年，拍摄了影片《落入俗世》（*Casa de Lava*），斩获希腊塞萨洛尼基国际电影节"特殊艺术贡献"奖，法国Entrevues电影节"Grand Prix"大奖，并入围意大利陶尔米纳国际电影节"金蟳奖"。

1997年，拍摄了影片《骨未成灰》（*Ossos*），此为其"方泰尼亚三部曲"的第一部，斩获法国Entrevues电影节"Grand Prix"大奖，威尼斯电影节最佳摄影奖。1998年，《骨未成灰》提名葡萄牙金球奖（Golden Globes）。

2000年，拍摄了"方泰尼亚三部曲"的第二部《旺姐的房间》（*No Quarto da Vanda*）。此片斩获洛迦诺国际电影节"评审团青年导演奖""特别提名奖"，并提名"金豹奖"。2001年，《旺姐的房间》在日本山形国际纪录片电影节上展映，并斩获山形市市长奖。2002年，《旺姐的房间》斩获戛纳电影节法国文化电台奖，同时科斯塔本人被授予"年度海外电影人"（Foreign Cineaste of the Year）称号。

2001年，与导演蒂里·卢纳斯合作执导了纪录片《何处安放你藏起的笑容》（*Où gît votre sourire enfoui?*）。本片记录下了两个影人，让-玛丽·斯特劳布（Jean-Marie Straub）和达尼埃尔·于勒（Daniele Huillet）给学生介绍他们的新作《西西莉亚》（*Sicilia!*）并讲解其中的电影知识。其中六段没有出现在本片中的素材之后组成了另一部纪录短片集《六个无价值的片段》（*6 Bagatelas*）。

2003年，与古斯塔夫·桑普塔（Gustavo Sumpta）、约翰·菲奥戴罗（João Fiadeiro）共同合作拍摄了短片

《一段恋情的终结》（*The End of a Love Affair*）。

2006年，完成了"方泰尼亚三部曲"的最后一部：《前进青春》（又译《回首向来萧瑟处》，*Juventude Em Marcha*），本片入围戛纳电影节官方竞赛单元。2007年，《前进青春》获得美国洛杉矶影评人协会奖"独立／实验电影视频奖"，同年，获葡萄牙CINEPORT电影节最佳剧本奖。

2006年，法国导演奥德利安·热波特（Aurélien Gerbault）拍摄了关于科斯塔的一部纪录片《也无风雨也无晴》（*Tout refleurit: Pedro Costa, cinéaste*），真实地记录下了科斯塔拍摄《前进青春》时每天在方泰尼亚地区所做的点点滴滴，本片于2006年7月10日在法国上映。2007年，《也无风雨也无晴》在柏林国际电影节展映。

2007年，与香特尔·阿克曼、王兵、阿彼察邦·韦拉斯哈古一道参加《世界的状态》（*O Estado do Mundo*）短片集计划，执导了其中的《塔拉法尔》（*Tarrafal*）一片，影片讲述了一名佛得角移民的故事。

2007年，参与了《回忆》（*Memories*）短片集计划，并指导了其中的《猎兔人》（*The Rabbit Hunter*）一片。这部短片中细致地展现了里斯本方泰尼亚地区的生活百态。

2009年，拍摄了音乐纪录片《不变的你》（*Ne change rien*），用科斯塔式的长镜头记录下了法国女星让娜·巴利巴尔（Jeanne Balibar）在演唱会期间的彩排、登台等一系列过程。

2010年，拍摄了关于方泰尼亚的短片《我们的人》
（*O nosso Homem*），本片视为《前进青春》的延续，其
中主演文图拉（Ventura）在这部短片中作为主角之一再次
亮相。

2012年，参与了展现葡萄牙北部文化重镇吉马良斯
的短片集计划《吉马良斯》（*Centro Histórico*），并在其
中指导了《甜蜜的招魂术》（*Sweet Exorcism*）一片。

2014年，拍摄了影片《马钱》（*Cavalo Dinheiro*）。
本片拥有着梦境一般的叙事，刻画了一个自葡萄牙革命
时期就被囚禁在方泰尼亚地区一个医院里的老人。其中
《前进青春》的主演文图拉再度出演。本片斩获了洛迦诺
国际电影节"最佳导演"及"最佳影片"，并提名"金豹
奖"。2015年，《马钱》获得葡萄牙电影博客奖（Cinema
Bloggers Awards）"最佳葡萄牙电影""最佳导演""最
佳剧本"三个奖项，并提名"最佳欧洲电影"。同年，影
片获得德国慕尼黑电影节"最佳外语片"。2016年，《马
钱》提名阿根廷影评人协会奖（AFCA Awards）"最佳外
语银鹰奖"（Best Foreign Film, The Silver Condor）。

2019年，拍摄了《维塔利娜·瓦雷拉》（*Vitalina
Varela*），讲述瓦雷拉的妻子从佛得角来到里斯本，在里
斯本街头穿行和漫游，寻找她死去丈夫瓦雷拉的生前痕迹
的故事，影片的摄影风格引起了巨大争议，获得第七十二
届洛迦诺国际电影节最佳影片将"金豹奖"。

卡得耐的四天

——让–达尼埃尔·波莱访谈

俞盛宙 译

让–达尼埃尔·波莱（以下简称为"让–达尼埃尔"）：我想往前跳一步。约兰（Robert Jau-lin），这么说你们察觉到了什么了没？我也不知道我是怎么沉浸在他一部又一部作品里的，《白人是坏人》（*Le Mal Blanc*）、《空心的西方》（*L'Occident et le Vide*）、《萨拉部落的灭亡》（*La Mort Sara*）。我动身上路，我决定要……不，不是这样的，反过来讲才对。那会儿我带着孩子他妈妈穆希尔（Murielle）出发去非洲，她有身孕，我们坐着巴士赶路。我在那儿买的票，在达卡，路线是达卡到尼亚美，这段旅程在让·鲁什（Jean Rouch）口中已经处处被标记，"你可得在这儿停下，看看这个，还有那个"。所以都被完完全全地标记好了啊。我不晓得，总得有一万到一万五千公里吧。阵阵恶心涌上我心头。很显然，西方对非洲做了很多坏事，但那不过是些老调调了。

叫花子啊，讨饭的孩童，阿司匹林，等等。我思量
着，"我要拍一部关于非洲的电影，可是我需要一个
文本"。我找啊找，我坠入了约兰的作品里了。我读
了他的三本册子，都是那种小册子。此后，他给他
小儿子写了一本非常美妙的书，《我的蒂波》（*Mon
Thibaud*）。这书可爱极了！他曾经是巴黎六大的教
授。有一天，我思忖着给他打个电话：看他和他的学
生以及一堆工作在一起，这样太复杂了，等等。我就
是这么打给他的。他甚至没听过我的名字。他对我
说："你想过来吃晚饭的话，我家的餐桌是开放的，
要是你今晚过来吃晚饭的话。"他待我以你相称，他
请我吃饭。我懵圈了。伟大的约兰就是这样请我吃饭
的！我就是这样的不速之客。人真是多极了！有非洲
人，有……得有个十来号人。我与约兰的友谊纽带拴
在了一起，我跟他说我想和他一起拍有关非洲的电
影，纪录片电影。这样我就开始着手寻找资料，我把
自己安置下来投入像墨丘利①式的一段疯狂的日子。
那时候，在国立视听研究所，各种档案悉数具备，我
朝向非洲的片区意图查看有哪些纯粹涉及它的档案是
我能搞到的，在这间该死的电影院内部的旅行真见
鬼！头痛得很，因为我找啊找啊找……有人帮我：我
要找"独木舟"，他给我拿来了两盘，但要么是里面

---

① 墨丘利，罗马神话中贸易与边境之神，精力充沛，常四处奔
走。——编者

充斥着荒诞不经的评论，要么是跳舞的玩意儿，伴着非洲的音乐，要么是当季的流行歌曲的背景——没什么实际的东西可以提炼的。我就这么花了十几个小时瞅这些东西。透过这些能看出人们是怎么对待非洲人的，贯穿整个拍摄手法，他们对这些非洲人没有一丝尊重。好在我毕竟找到了十几组镜头，就是我说的纯粹的那种。讲出来无非是些老掉牙的，不过还是应当看看都是些什么内容：一个父亲教儿子骑骆驼。这真是太震撼了。在真正仔细翻检了两三个月以后，我找到了一打这样的玩意儿。我感觉棒极了，我有自己的电影了；我还对自己说，我不需要一个惯常的电影文本了，我不需要找约兰给影像写本子了，我让他在暗处说话就行，在这之间我穿插这些纯粹的影像。是的，我就这样做了。但这个故事的结尾很糟糕，我预先对你们说出来吧。约兰这个酒鬼他一早就答应我给我写本子，后来他一直都没写。我们那时已经是朋友了，噢，哥们儿的那种。我在那些书里找到了让他朗读的段落。我撞上了一个剪辑师，他姓扎夏希亚森（Zachariasen）。我想不起他的名字来。（是阿兰吧？）我们筹备了一部片子。这部片子有一个小时的时长，我在一次搬迁中搞坏了身体，弄丢了器材。

让-路易·勒特阿、苏珊娜·利昂德拉-吉格（以下简称"问"）： 这是不可挽回的损失吗？

让–达尼埃尔：至少扎夏希亚森成了问题，我和他之间的不和保存了下来……那时我处在一个不可能的状态之中，这在我人生中是相当困难的一段时期，人有过这么一段时期的确是可能的。重新发现它，对我来说，是一种宽慰，《非洲1978年》(*Afrique 78*)。

问：我们所知道的标题是《非洲1980年》。

让–达尼埃尔：我从1978年开始拍，陆陆续续干了好几年。

问：你去了哪些国家拍摄？

让–达尼埃尔：我穿越了塞内加尔、马里、上沃尔特(la Haute-Volta)，直到抵达尼日尔(Niger)。那会儿让–鲁什在那个地方。我们和他在尼日尔首都尼亚美的郊外一同度过了美妙的几天。我买了把我从达卡拉到尼亚美的一辆汽车，我简直疯了，我根本找不到它！真是活见鬼！我不该，尤其是我老婆怀孕了，这不是疯了嘛，噢，彻底疯了，我老婆在后面躺在瓦楞铁皮上。有两种遭罪的方式。要么是我们慢慢开，经受着地狱般的颠簸，20码的行进速度；要么开到80码，在路上漂移的感觉。车子到处都在响着，减震器、马达，看起来都像要炸裂了似的。我敢上路前真是花了很长的时间在这上面……事实上，应该一路笔直开的，就算地上有个大洞也不能避开，不然的话，呵呵，汽车就会翻滚下去了。嗯，可不就是这么回事。约兰和鲁什也不对付。我不太了解这是怎么一档子事儿。他是个非洲通，对我来说棒极了，我推荐你们去读他的书。对他来说，西方混合了美国、法国、欧洲还有苏联。这就是整个西方。

问：可他死了。

让–达尼埃尔：他死了。他的声音那么富有磁性，让他美妙的录音弥漫开来吧。

问：早前，有另外一部片子消失了，你很少谈起这部片子，《帕斯卡与马迪》（*Pascale et Madi*），科西嘉的电影。

让–达尼埃尔：一个朋友，那时候是我的连襟，有天他跟我说："让–达尼埃尔，我遇见了……当时在科西嘉岛上，我带着一对双胞胎，我在海边看着来来往往的人戏水。忽然我看见了两个小小的双胞胎就出现在我的双胞胎那里，我下去找她们。"这就获得了一种出人意表的取得联系的可能性了。他就这样成了帕斯卡和马迪家的座上客，且乐在其中。他对我说："你不想以帕斯卡和马迪为素材拍一部电影吗？"我回应道："我对这事儿可不感兴趣。不过我向来来者不拒——我什么都不曾拒绝过的——我们就拍好了。"我为他拍了一部有帕斯卡和马迪的短片。事实上我们就这样在海滨搭了一个小小的棚子，我和我的相机埋藏在沙子里，她们是看不到的。直接的声源。《帕斯卡和马迪》就是一部两个小女孩相互说着话的影片。好吧，我可是没忘记这茬儿。

问：我们这儿有一个名字，安托万·霍伯罗（Antoine Roblot）。

让-达尼埃尔：就是他。一个真正的好朋友。

问：自从《欢宴》（*Gala*）以来，有个名字又出现了，阿兰·勒旺（Alain Levent）。

让-达尼埃尔：他是一个朋友，摄影师。有很长一段时间我没和他一起拍东西。《杂技演员》《圣德尼街》《子弹穿心》。他协助我拍摄了《树与阳光》。

问：还有一个名字常常会跳出来，让·巴霍奈。

让-达尼埃尔：音效师。我和他一起拍过《捕鳕者》（*Les Morutiers*），我们可以多唠几句。他在《奥尔拉》（*Le Horla*）和《你想象鲁滨逊》（*Tu imagines Robinson*）的组里工作过。他是声音特效师和音乐家。他对他的人生感到沮丧，因为他的职业生涯早期是一名大提琴手。我在瑞士遇见过他和他的导师，他的导师认为他很有天赋。他却告诉自己，"一辈子只玩大提琴，这对我来说太不理想了"。他于是不玩了，他成了音效师，我觉得他一直都很后悔。我们一起合作的电影的音效都是一级棒的。

问：他也执导电影吧。

让－达尼埃尔：我从《斯金努萨岛》（Skinoussa）中摘录了几段来拍我的《意外变故》（Contretemps）。

问：我们最近在电视上看到他，《尤利西斯的航迹》（Dans le sillage d'Ulysse）。雅恩·勒马松（Yann Le Masson）呢？

让·达尼埃尔：他做了《捕鳕者》的摄影，我们需要身强体壮的人去格陵兰岛来拍摄一条拖网渔船，我抓了一个布列塔尼的伙计来。他水性可真不赖。

问：他也在《你想象鲁滨逊》里。

让－达尼埃尔：是啊，是啊。无与伦比的照片啊！我只和他一起干了这两次活，但他是个真正的朋友。

问：皮埃尔·勃绍（Pierre Beuchot）怎么样？

让-达尼埃尔：皮埃尔·勃绍，一次巨大的冒险……1965年的时候我从希腊回来。我还要为《子弹穿心》（*Une Balle au Cœur*）补拍一场戏。我不知道这是为什么，这是我唯一一次布景拍摄的。我们在一间希腊式的房间里置了景，女演员她……为什么我要在法国拍，我也不明所以。女演员詹妮·卡列兹（Jenny Karezi）那会儿可是希腊当地的明星。她过来了，有一个场景我是和萨米·弗雷（Sami Frey）一起拍的。直到临拍前一刻我还缺一名助手。我给我朋友皮埃尔-安德烈·布唐（Pierre-André Boutang）打了个电话，我告诉他："我要一名助手来搞清楚未名状况。我手头没这样的人。"他说："好啊，我认识个家伙刚刚干这行，年纪轻轻本领强，他在乡下呢。我可以打给他。我要他马上过来。"他这就来了，我们瞬间建立了友谊。我们始终是哥们儿，哥们儿，哥们儿。我们一起干成了太多的事情。他从小助理做到了制片人，比方说在《杂技演员》（*L'Acrobate*）和《爱的甜与涩》（*L'Amour c'est gai, l'amour c'est triste*）里。我非常欣赏这个家伙，他做事有了不起的精准度。他现在是导演了。他为德法公共电视台干了很多事情。他与芬妮·阿尔丹（Fanny Ardant）和汉娜·许古拉（Hanna Schygulla）一起拍了一部长片，看起来是一部很精彩的片子。他花了大

量的时间来策划这件事。他写了一个脚本，他依靠我
很多，他要懂得怎样在一个公司里招到人，他弄了一
张告示，上面这么写着："具体活计不详。职位空
缺。"这看起来真是管用。所以，这些需要是在他的
脚本里头，但这玩意儿玩起来倒是真的。从公司里过
来了两名心理学家，他们在那儿一言不发，看着三名
应试者并让其自由交谈，就是说，他们不插话。这三
人就建立起了有趣的关系。心理学家们把这些谈话都
记录了下来。结束后他们说："我们要的是他。"这
情景很可恶。

问：回到布唐怎么样？

让-达尼埃尔：布唐？谈什么事情？我们能讲的
不计其数。我在巴黎政治学院就认识他了。他和我是
同期的学生。他是泰凯尔小组（Tel Quel）[①]的一分
子，正是在那儿我们凑到一块儿的。他不是泰凯尔的
人，不过我们与泰凯尔的人混在一起。他写的本子非
常出彩，然而他从来就没写完过。他想当导演。那些
年我们几乎每天都见，每晚都会散步。我俩和整个小
组里的人会偶尔照面，或者我们会打电话说在哪儿碰
头。

---

① 泰凯尔小组，20世纪后半叶在法国围绕《泰凯尔》杂志的一
批对法国及至欧洲文化产生重要影响的思想家、文学家、艺术
家等。——编者

问：皮埃尔·博尔克（Pierre Borker）呢？

让-达尼埃尔：他是一家叫作"43号工作室"的经理，有一天——那是很久以前了——他给我来了个电话，说："我想在我的场子里做个电影回顾展。"我说"好的"，我不知道后面他是怎么搞下去的。我们成了伙伴，我和他一起弄了《面对面》（Ceux d'en face）的初稿。接着就要拍下去了，于是就这样开始了。他有一个巨大的空置的没有画作的画廊。我就琢磨着：我可以在里面放些什么东西呢？我想到了装照片。那么问题来了，谁会看这些照片？一个小女孩。以前是她，就像现在是贝兰达（Belinda）住在这里，一个绝妙的女人。她以前叫兰达（Linda），不叫贝兰达，是兰达。她会是这些照片的绝好的观众。我认识贝兰达的方式简直讨厌得紧，在她来这儿工作之前我经常去一个叫作"滚球酒吧"的地方喝上两杯。我去看那帮人玩滚球戏①。她就在那儿，足足吊起了我的胃口。之后的一个晴朗的日子，我挨着她坐，我跟她说："来吧，我对您很感兴趣，我想了解您，哪怕一点点。"她后来搬到这边照顾我。我们和皮埃尔合作完成了第一本书，由交通出版社（Trafic）出版：这是一本通信的集子。跟他，就是皮埃尔一起，又写了一个脚本，但预先就因为税务的

---

① 滚球戏，法国的一种球类运动，被认为是法国人生活品味高雅的象征。——编者

原因被拒了。它是《日复一日》（*Au jour le jour*）。不是太有趣。不是一个好的回忆。后来我们散伙了，我搁下了皮埃尔。我们回到我们的"羊羔"来？

问：好，但是我们注意到你总是提及两部带领你志愿成为电影工作者的片子，可是你是一个罕见的电影人……或者是我们没有在这个议题上质询你，或者是你不愿意讨论这个，除非有一回你说你的电影界的法老是雷诺阿、布列松、塔蒂和戈达尔，后来我在《希腊三日》（*Trois Jours en Grèce*）的脚本里看到你谈劳莱与哈台（Laurel&Hardy），从基顿（Buster Keaton）、《夜与雾》（*Nuit et brouillard*）和《西伯利亚来信》（*Lettre de Sibérie*）这些片子出发。关于其他的电影人，关于你的电影狂热，又或者关于你怎样评价当前的法国电影，你是沉默无声的。有一段时间你看过非常多的片子。

让-达尼埃尔：嗯，是的。有那么几年，我一天要在电影资料馆里看两到三场电影。有一天我产生了一种想法，真是看够了，我停了下来，我去到电影院、电影资料馆，我在影院里面工作。从我二十五岁开始我就不去电影院了。

问：你在某个地方提到过《苯乙烯的歌唱》（*Le Chant du Styrène*）。

让-达尼埃尔：啊，这是一部很好的影片，是的。我在法国电影界占一个什么样的位置就由你们来说了。

问：雷乃（Alain Resnais）或马克（Chris Marker），这些人是你看中的吗？

让·达尼埃尔：是的，但我宁愿保留上面的四个名字。当然，我很喜欢美国人的逗趣电影，等等。不过，我刚才讲的是法国电影人。

问：就是雅克·塔蒂（Jacques Tati）……

让-达尼埃尔：塔蒂、布列松（Robert Bresson）、雷诺阿（Jean Renoir）和戈达尔（Jean-Luc Godard）。

问：雷诺阿，他的经典就是《科德利尔的遗嘱》（*Le Testament du Docteur Cordelier*）或者《乡间一日》（*Partie de campagne*）吗？

让-达尼埃尔：是《乡间一日》。雷诺阿的所有伟大作品无人不知，无人不爱。

问：那么布列松呢？是《扒手》（*Pickpocket*）吗？

让-达尼埃尔：《扒手》，崇高之作。此外，我还参与了这部片子的部分摄制。有一天，我拥有了这个权限。关于《扒手》，有一段糟糕的事……我参与的不是《扒手》这部片子而是《圣女贞德的审判》（*Procès de Jeanne d'Arc*），此前还有另一部片子，我记不得了，但不是《扒手》。我看过《扒手》在巴黎邮局制作音频的一幕场景，这玩意儿现在已经找不到了，那时候他们有一个影院的录音棚，主演叫作马尔丹·拉萨拉（Martin La Salla）。布列松让他说出电影里的最后一句台词，像是"哦，贞德，岂有于我不逢其时的我们的重逢呢"或者什么我记不得的句子。

问："只为你赴汤蹈火。"

让-达尼埃尔："只为你赴汤蹈火"，或者诸如此类的。我在录音室里帮忙，布列松在外面暴君般地支配着马尔丹·拉萨拉。这持续有两小时，甚至三小时。他对他说，始终比他做得更好，"你应该这么做"，然后他对他说……另一个人很好，可就是达不到想要的效果。拍了有两百组镜头，马尔丹·拉萨拉几乎要在地上打滚了。他对录音师说："让我听听第一百五十三组。"录音师对我说："法国电影界要是有三个像他这样的电影人的话，我就要改行了。"所以，他给他播放的不是第一百五十三而是第一百三十组。"你看，啊，这儿，你表现得不错。"

问：这也是拍《巴尔塔扎尔的遭遇》（*Au hasard Balthazar*）的时期。

让-达尼埃尔：太巧了！

问：我们停留在拍《地中海》（*Méditerra-née*）、《巴萨艾》（*Bassœ*）的时代。我们同蒂波多（Thibaudeau）启动了一项侦探小说的计划，《最后一次行动》（*Dernier Acte*）。达里奥（Dalio），是一个你会喜欢上的人。

让-达尼埃尔：我让他参演了他最后几部作品之一的《爱的甜与涩》。我们相互理解得极好，不过也到此为止。这家伙很神奇。他给我们讲他的故事。我们毕竟见了几次面，我们请他吃饭。他太孤独了。

问：1965年的时候，你向《电影手册》宣称："那些从来就不风行的电影，用强烈的想象的存在来服务于经验。"这非常令人吃惊，因为你有很多项目并非一时流行之选，不过在1965年那个年代，人们并不是只要这些不成功的项目。然而非事实电影的理念仍然付诸实践着……

让-达尼埃尔：这毫无疑问。

问：1965年是《圣德尼街》（*Rue Saint-Denis*）的年代。你能跟我们讲讲巴尔贝·施罗德尔（Barbet Schroeder）吗？

让-达尼埃尔：这是在拍完《地中海》之后。他认识《电影手册》的全体人员。我不知道这是为什么，他既不是批评家，也不是制片人，什么都不是。他就是这样赤手空拳地尝试出品一部电影的。这是个热情的家伙，非常慷慨。他想拍一部关于巴黎的电影，一部小品剧，他和他的一些朋友吐露过要选定巴黎的一个街区并且引入一种虚构。他向我提议这个构想，我很满意。我拍的《圣德尼街》用了周末的两天时间就写出剧本，然后用了两天拍了出来。所有人都无偿出演。戈达尔、让·杜歇（Jean Douchet）、侯麦（Eric Rohmer）、让·鲁什、夏布洛尔（Claude Chabrol），他们都是这么做的。这真是太机灵了，因为他让他们……就像麦子一样被收割。我记得，他的汽车，没有任何执照，是偷来的车子，他就这么开着上路。穷得叮当响，叮当响。可他就是有让我们做一切他想做的事情的魅力。他的投入很是成功，五个短片串成了他的小品剧，他把它起名为《六大导演看巴黎》（Paris vu par...），他在电影中心做了五个单独的拷贝，正如同这五部短片一样的数量。他获得了质优奖金。他欠了一屁股债，他付不起任何人的酬劳，也没人想要他给钱。人们都达成了一致意见。我的电影卖得最贵。不仅仅是我，我们每个人都是明码标价的。这样就可以使他用上更庞大的三十五毫米的胶片，好好加以利用。我记得，我曾经有值七百万的老古董。他看起来感恩戴德。既然胶片物尽其用了，他也有了点小钱，于是投资了《你想象鲁滨逊》。

问：有人在《电影手册》上写了《圣德尼街》，是某个我们看来你与之有过交集的人写的，他是让·厄斯塔什。

让-达尼埃尔：厄斯塔什（Jean Eustache），事实上我没看过他的片子。不过我们和卡斯特（Pierre Kast）一道在戛纳度过了一个令人难忘的夜晚。我们流连海滨大道上的灯红酒绿。我们三人都喝得酩酊大醉。这实在是太不同寻常了！我们一家接着一家喝，真是越喝越渴。厄斯塔什就在那儿，我们立马成了同志，可是我从来没看过他的东西。《母亲与娼妓》（*La maman et la putain*），举例来说，我不知在哪儿看过一些片段。这片子看起来不错，可是我打二十五岁以后再也不去电影院了。

问：那个年代有一个计划，《拉法之死》（*La Mort de Rafa*），这本应该和阿兹纳夫尔一起实现的。让-皮埃尔·梅尔维尔（Jean-Pierre Melville）入了伙。故事的梗概我们已经看过，就是：一个职业杀手和一个革命家共图大业，致力于一项出于友谊而不是意识形态的事业。这是科斯塔·费希斯

（Costas Ferris）所讲起的。

让-达尼埃尔：千真万确。我能讲的都讲了。还好他讲了这些，不然的话我那会儿没什么好讲了。

问：那么，那个剧作家，米歇尔·巴塔耶（Michel Bataille）怎么样？

让-达尼埃尔：他是乔治·巴塔耶（Georges Bataille）的侄子。

问：他给了你一篇巴塔耶的作品，这是一个电影计划。你双手捧着稿子感动不已。

让·达尼埃尔：嗯，是的。我在联络索莱尔斯（Philippe Sollers）之前就试着在《地中海》里用他的东西。我全心全意地使尽浑身解数把他安顿进《地中海》这部片子。我想要用巴塔耶作品里面的一篇。可是不走运，一直未找到合适的。我暗自思忖："这不可能啊，他的这些书里会有。巴塔耶，我知之甚多。我找得到的。"但就是完完全全地互不相容。我始终不理解这是为什么。我在这上面花费了很多时间。我有段时间就住在地窖读着这些书，这个地窖没有朝向外部的窗户。就在不远处，我还有个剪辑室，走路就可以到达。我独自工作，早上醒来迷迷糊糊，也不知道是几点钟。我记得有几回我睡得太沉了……晚上才醒过来，要往上爬一层才能知道夜幕已然降临。然后很多时候，很可能是白天，我就出去接活。我有一则小小的轶事，与此无关但是怪有趣的。我们当时用刮胡刀的刀片和刷子来粘贴胶片。我的手指被切出了一道小的伤口，有点流血，也没什么大不了的。我晚上回来的时候已接近午夜时分，我在圣克鲁门，看到了一个……我们当时叫作燕子的车上的警察，他们停在那边。"你在这儿干吗？""我收工回家。""把你的手给我们看。"我流着血。"我们捎你走，你去哪儿？为什么会这样？""你会明白的。"我们又开上了一条街道，在16区，他们让我下车，让一个家伙过来，盘问他："是他吗？"那家伙回答："不，不，不是他。"他们准备放我走了。我说："你们要把我载到原来逮住我的位置。"他们把我载过去了，我就回家了。（沉默）我完全不知道发生了什么事故啊，意外啊……离题万里的事。即便当时那个家伙指着我说"就是他"，我也不会身处险境。

问：除非在希区柯克或者朗（Fritz Lang）的电影里。你在那个年代和罗杰·瓦扬（Roger Vailland）有联系吗？

让-达尼埃尔：我跟他不熟，非常不熟。他是皮埃尔·卡斯特的挚友，有一次——我见到过他有两回了，算不上朋友——那一次卡斯特把我带到了他在鲁瓦的家。伊丽莎白·瓦扬（Élisabeth Vailland）正在那儿，这个女人棒极了。还有罗杰·瓦迪姆（Roger Vadim）和简·芳达（Jane Fonda）也在。那美好的一整天我们都在聊天。瓦扬略显疲态。他患上了绝症。那个美妙的我们相互倾谈的日子我仍记忆犹新。他看上去一如往常。后来我又在国王桥那儿的酒吧撞见他。这是几个月以后的事了。他喝着酒点着烟。他完了。又过了有两个月，或者三个月，他走了。

问：还有个名字，维拉隆加（Villalonga）。

让-达尼埃尔：维拉隆加，他是个朋友。他从来没质问过要他做的任何事情。他写了本我很喜欢的书，书名叫《热血者》（*L'Homme de sang*），讲述了一个佛朗哥政权的抵抗者的故事。维拉隆加，他是个王子，比我们想象得要简单得多的一个人。当我们在路易·马尔的电影里看到他的时候，我们可能会自语，"这样的人很骄傲吧，一个市侩"。完全不是这样。他是走夜游神路线的伙伴。

问：在卡斯特、霍奈（Ronet）和阿斯楚克（Alexandre Astruc）这边的人。

让-达尼埃尔：是啊，阿斯楚克也是，该好好谈谈这伙计。（沉默）我特别喜欢他的一部作品。但我记不得名字了。那是一部战争期间的电影，长镜头神作。他向我传授了什么是长镜头。我俩是极好的朋友。我姐就说……她只讲了一句，这是值得付出辛劳的。她有许许多多的导演和作家朋友等。她有一个18世纪风格的沙龙，把她喜欢的人都请来，高朋满座。阿斯楚克就来了，精致的红酒爱好者。我爸妈有个藏满二三十年前的上等好酒的酒窖，我设法搞到了钥匙，每次只要阿斯楚克一来，或者甚至其他人，我就去抓上几瓶藏在后面的酒，这样他们就看不出我已经提走了好几瓶。酒越来越少，越来越少，直到有一天我被制止了。只剩下十五瓶酒了。

问：三四十年的酒是顶级的。

让-达尼埃尔：没错，顶呱呱的。

问：至少，这么做让阿斯楚克很爽吧。

让-达尼埃尔：是啊，很多人都特别爽。

问：说下绝妙的关联：莫泊桑的《一生》（Une Vie），还有《奥尔拉》（Le Horla）。

让-达尼埃尔：这是一部订制作品。我还记得桑多斯底片冲洗室。他们约的我。"你想给《奥尔拉》做个改编吗？"他们看了《地中海》。桑多斯那里掌管电影业务的人可不是个笨蛋。我不知道他是怎么看出《地中海》和《奥尔拉》之间的关联的。"你想不想拍？"我说好啊。我做了一次改编，纤毫毕现。如果说有一个剧本我还想再拾起来的话，就是它了。因为我几乎是精确到秒做的。拍摄执行过程无可挑剔。没有即兴表演。有一个本子我也想把它找来，但我不知道放哪儿去了，就是约兰的本子。这玩意儿非常厚，加长的开本，全手写而不是打字稿。要是我在哪儿重新找到的话，不排除这会又把我接通到非洲。

问："纤毫毕现"这个词是想说什么？

让-达尼埃尔：一切都精确极了，每一个镜头都是。为他拍了有五秒钟长的停着的镜头……

问：在玫瑰的旁边，等等。

让-达尼埃尔：诸如此类的。这是个窍门……除此以外，有个伙计叫贝勒加德（Bellegarde），他负责电影的色彩。他是个画家，他思考的色彩就好比灵魂的状态。所以说，如果在整出剧里有一种淡紫色的氛围的话，这是因为他选择了淡紫；如果说鸡蛋是橙色的，小渔船也是这个颜色，那都是他的杰作。他彻彻底底地做了一种贝勒加德风格的妙技。

问：是啊，此外这也是电影的标记之一，令人惊叹的运色。除了在花园看起来好像他没插手调色。1966年是《奥尔拉》诞生的年份，这一

年有很多的成就。《捕鳕者》、《阳光与阴影》
（ *Le Soleil et l' Ombre* ）、《叮当咚》（ *Dim Dam Dom* ）……这是活动广泛的时期。拍《捕鳕者》的
旅程花了多长时间？

让-达尼埃尔：花费了六个星期。这也是一部订
制片。我那时穷得叮当响。我在赋闲着。我接到了
一个叫蒂多·波拉（Tito Polad）的制片人打来的电
话。他对我说："你晕船吗？"我说不啊。"好的，
是这样，我要找一个导演去格陵兰拍钓鳕鱼。四天内
就要上路。""您就不能让我好好想想？""不行。
我两个小时后再给您打来，只要是与否的回答。片酬
丰厚。"那么，我就对他说了，"薪酬要翻倍，要想
我答应的话"。我同意了，报酬也翻倍了。就这样，
我们有了巴霍奈、雅恩·勒马松。我们启程了。最强
烈的回忆就是我看到的第一座冰山。它是神秘的，冰
山完完全全就是一个神秘的客体。我记得他们最先在
雷达上发现了它。"我们就要看到第一座冰山了。"
然后，我们还是没有看到它，跟着，我们看到了极远
处的一个白色的点。再后来我们终于掠过了它，正好
从它边上经过，每个人都兴致高涨。

问：这部电影得了某个电影节的奖……

让-达尼埃尔：是的，是毕尔巴鄂（Bilbao）。
不幸的是，底片在GTC底片冲洗室着火了。还好有

一份拷贝，有一份……我那个时期已经采取预防措施了，GTC那边还有一份复制负片，音效应该搁在了"闪电"那边……理应回收的，可是我没勇气拿回来。

问：片头的字幕有内娜·巴拉提耶（Néna Bratier）的名字。

让-达尼埃尔：这是个朋友，她筹划了《爱的甜与涩》。我和雅克·巴拉提耶（Jacques Bratier）也很要好。片子里没有亲密关系。

问：她是他前妻，内娜·巴拉提耶？

让‑达尼埃尔：没错。

问：关于卡赞扎基（Kazantzaki）的电影，你回希腊去拍的？

让-达尼埃尔：不是，这本该延续下去的……这当然也是一个订制片。那时有一本叫作《阅读》（Lire）的电影杂志，它的主编叫瓦根鲍姆（Wagenbaum）。时不时会有些名字在我脑海里闪过，这令我很愉悦。他们建议我拍一部我挑选的作家的传记电影。我立马就选了卡赞扎基。理论上说，这是一部二十六分钟的片子。我开始着手并很快发现二十六分钟的片长我什么都不能做，就是这样。

于是，我就对他们说："要么我拍，给我一个小时的时长，要么换人。"他们是地道的正派人（fair-play），有个女剪辑师，我记不起她叫什么名了，她是个出色的人。这样我的片子就从二十六分钟拉伸到了一小时。我在这上面花了很多很多时间，激情四溢的那种。

问：洛朗·台尔兹耶夫（Laurent Terzieff），你和他有一段私人关系，还是这和桑多斯底片冲洗室的订制要求有关？

让-达尼埃尔：完全不是。

问：你选择了用他？

让-达尼埃尔：是的。这事简单得很。他正在剧院当着演员。哪部剧我不知道。我开干了，那时我胆子很大哩。我来到他的住处，对他说："亲爱的洛朗·台尔兹耶夫，我给您带了点活儿过来。看看吧。"我给他拿出了这个精雕细琢的剧本。他即刻读了起来。他跟我说"同意"。

问：后来，你有想继续合作下去吗？

让-达尼埃尔：我们此后再也没有见过。

问：你对他的工作满意吗？

让-达尼埃尔：非常满意。他棒极了。他早上就准备起来了。他食素，练瑜伽、功夫或者我不知道的什么玩意儿。早上……他睡在一个我们租来的房子里。人们听见巨大的响动，叫喊。我不知道他在练什么样的武功。

问：1966年你改编了《诱惑者日记》（*Le Journal d'un Séducteur*）是吗？

让-达尼埃尔：是的，是的。这也一部订制片。主演的名字我想不起来了。他被一个年纪两倍于他的女人照料着，在我拍完《子弹穿心》之后的一天，他给我打来电话，对我说："我们看过《子弹穿心》了，我们觉得很赞。"这个演员的名字我忘了，法籍奥地利人，我不知道是怎么一回事，他提议我改编《诱惑者日记》这部戏，会给我付点钱。我跟他说："棒极了！"我改编好了，但这部片子没有拍出来，我不知道出了什么状况。我没有预先提交收据。我不知道是不是这事或者……事实上这家伙不喜欢我。不过我在这件事上花了大工夫。

问：1966年的一整年，有你和雷默·富尔拉尼（Remo Forlani）一起编剧的《爱的甜与涩》和下一年《你想象鲁滨逊》的一部分底稿。

让-达尼埃尔：关于《你想象鲁滨逊》这部片

子，有件美妙的轶事。有一天我接到了卡斯特给我打来的一通电话，他跟我说："让-达尼埃尔，我已经在卡斯特尔家里了。"他们给我俩留了张桌子，他对我说："听着，我和法国电视2台的电影部门的头儿在一起，或者说是法国广播电视局的，我只知道这些，现在到年底了，他还有些余钱，不知道把这些钱给谁，他建议我拍一部电影，我可没啥想法啊，要是你有个主意的话……"我对他说："不说了，我马上过来。"路上，我叫了辆计程车，我暗自思忖：可是我又能建议他什么呢？我毫无保留地交底。我最近读了一本图尼埃尔（Michel Tournier）的书《鲁滨逊或太平洋上的灵薄狱》（*Robinson ou les Limbes du Pacifique*），别的我什么也不知道了。我到了卡斯特家，我坐定说："你好啊。"他已经看过我的一些片子，因此想和我一起做些事。我对他说："好的，我有个主意，我们改编《鲁滨逊》吧。我手上没有本子，我把它落在地中海区了。我已经着手进行了。下礼拜我去南部把它拿回来，我把本子带过来。"我在那儿还看到了富尔拉尼，我说："我们十天内就会有剧本了。"

问：为什么要和富尔拉尼说？

让-达尼埃尔：我和他是极要好的伙伴，他很快就能给我答复了。他应承了下来，我们就走了。

问：又一次在岛上拍电影。《奥尔拉》是在诺尔穆提埃，现在是在斯基罗斯岛（Skyros），你还会找玛利亚·卢察基斯（Maria Loutrakis）的。

让–达尼埃尔：是的。要拍《你想象鲁滨逊》我们需要一个年轻女人。科斯塔·费希斯那会儿在给我物色一个能在希腊等我的人选。他一个都还没找到。我们还在寻找，可是谁也找不到。后来我就跟他说："好吧，我们出发吧，托上帝的福。"到了斯基罗斯岛，船上装着辎重还有雅恩·勒马松，等等。我看到码头上有一个浑身着黑的女人，就对科斯塔说："就是她了。你赶紧去和她搭话……咱们的船靠岸后你一定别让她跑了啊。就是她。我们别无选择。"在我们把各种设备卸下来的时候，他已经跟上玛利亚·卢察基斯了。他见了她父母。她美得令人窒息。你们有没有见过？

问：有。

让–达尼埃尔：有一个怪异的地方，就是……有一天她说，她不清楚怎么回事，不知道这事怎么来的，都是科斯塔跟她说的。她说的希腊语，我们之间无法交流。但是，她记得在一个宴会上看到一个法国人和一个德国人，就是她拍电影的地方。这事我没上心。她喜欢戴着花儿。

问：是百日草……她变了吗?

让-达尼埃尔：她留着长发，宴会上的时候，她把头发盘起来了。

问：她没让你认出她来吗? 事实就是你没认出她。

让-达尼埃尔：完全没有呢。在拍摄期间。

问：为什么要回斯基罗斯岛上拍《你想象鲁滨逊》呢?

让-达尼埃尔：我第一次在拍《地中海》的时候就做了标记了……我在岛上遛弯儿，然后发现了一片巨大的荒废的海滩。连根电线杆子都没有……你知道的，要找到一片巨大的、开阔的、没有多余附着物的地方是件很难的事情。重新回到那边更加令我高兴。

问：《奥尔拉》和《你想象鲁滨逊》都是封闭的人物，一个在岛上，一个在自己家。

让-达尼埃尔：封闭是一个延续着的主题，就像各种小组，"泰凯尔"共同体、新浪潮，露天流动剧院一样……面对着这种封闭的就是这些共同体。这是我的工作的一个首要主题。无所为之。《命令是为回忆》（*L'Ordre, Pour mémoire*）这个片子里很好地表明了这一点。其他地方都看不到这些。从来都不。

问：环形的旅行路线勾画出了一座岛来。

让-达尼埃尔：是的，我跟上了你们所说的。

问：其他的重要的相会，比如说和托拜斯·恩格尔。你怎么认识他的？

让-达尼埃尔：路上偶遇的，在巴黎。细节我是记不起来了。在一个过道遇上的，我不知道是在哪儿。我没什么还记得的事，但我就是这么遇见他的。我以前没见过这个人。他二十岁，二十二岁的样子。我在想："他就是我的马尔丹·拉萨拉。一个素人，我要把他打造成一个明星。"我们之间的默契就像狗和什么来着的？

问：屁股和衬衫。

让-达尼埃尔：就像屁股和衬衫！他一级棒！

问：你是怎么和他拍电影的？他很好。你指导他吗？

让-达尼埃尔：是啊，我调教他。

问：那么费希斯呢，你认识他有多久了？

让-达尼埃尔：拍《巴萨艾》以来吧。

问：拍《巴萨艾》以来！

让–达尼埃尔：等等，等等，我可不吹牛。

问：他在《子弹穿心》里面扮演了什么角色？

让–达尼埃尔：有一个希腊的联合制片人。他有自己的制作公司。有可能他介绍了这个联合制片人，这很有可能。

问：在《子弹穿心》和《爱的甜与涩》里面还有另外一个希腊人，叫瓦西里·迪亚芒多普洛斯（Vassili Diamoandopoulos）。

让–达尼埃尔：这是希腊剧院界最出名的演员之一。当我把他招进《爱的甜与涩》剧组的时候，你们猜他在这部片子里做了什么？

问：猜不到。

让–达尼埃尔：当你们看的时候，你们就会立马明白了。在那段军政府上校统治时期，他举家移民到了法国。他在当地极其有名。他找些零活干。我让他在《爱的甜与涩》里扮演一个希腊顾客。他是个神奇的家伙。

问：在《子弹穿心》里面，提奥多拉基斯（Theodorakis）的音乐是原创的吗？

让–达尼埃尔：不，不是的。这是从一张唱片，我想是从叫作《人质》（*L'Otage*）的专辑里提取出来的。这是张成品音乐，没错。关于提奥多拉基斯，有一个小趣闻。（沉默）那是在哪年的事，啊？我可不知道。在希腊爆发了骚乱。我和科斯塔·费希斯待在旅馆的房间里，就在市中心的协和广场（奥摩尼亚）边上。冲天的响声骚动，一次五月风暴。透过我房间的楼层我看见对面的提奥多拉基斯在和中尉们交谈。这样的巧合简直太惊奇了。距离楼房不过几步之遥的距离，整个人群齐声高呼："提奥多拉基斯，提奥多拉基斯……"他们希望他可以发动某些政治运动，就像他已经深度介入的那样。我事后得知他非常犹疑不决的原因是因为他害怕这会引发某些严重的状况。他毕竟还是走到了露台上。他向着人群用希腊语演说。我不懂他说的是什么意思。

问：回忆一下《希腊三日》。你提及了他用玛利亚·法朗杜里（Maria Farandouri）一样的神来之声向着人群发表讲话，你还记得那栋不久前我们在那儿拍片的楼房。这是一个很好的过渡。阿纳托尔·道曼（Anatole Dauman）联合拍摄了《你想象鲁滨逊》，他还摄制了《爱的甜与涩》。他是那个年代的法国电影的重要人物。

让-达尼埃尔：对，对。他是《你想象鲁滨逊》的联合制片人，是他付的剪辑费用。我认识他的时候他开着一辆老旧的奔驰。他在十六区有一间公寓，不怎么大，破破烂烂的，伴随着他对电影的热爱。他经常在家里开派对，我一直都去，就是在那儿我遇到了弗朗索瓦·夏特莱（François Châtelet），他出现在了《你想象……》的片头字幕里。一次放映中，电影快要演完的时候，他提出了他的见解，仅此而已。我累了。

《地中海》与蒙太奇的复兴

徐枫 文

　　波莱在此达到了他风格的完美境界：既抒情又"正确"，诗意正出自其精确性。对节奏的探寻、混合着摄影机运动与中断之美的力量、蒙太奇的微妙，当然还有主题，它们使这部影片成为一部有力、强烈、引人入胜的杰作。

——让·杜谢[①]

一、新浪潮边缘的蒙太奇之魂

　　让-达尼埃尔·波莱（Jean-Daniel Pollet）1936年6月20日生于法国北部省（Nord）里尔周边的玛德莱娜（La-Madeleine-lez-Lille），2004年9月9日逝世于

---

① Jean Douchet, *L'hommage à Jean-Daniel Pollet, Festival International du Film de La Rochelle 2001*, http://archives.festival-larochelle.org/dieu-sait-quoi 本文所有法文引文均为笔者所译。

沃克卢斯省（Vaucluse）的卡得耐（Cadenet）。作为一位处于新浪潮边缘的电影导演，波莱即使在法国本土也少为人知。但他对电影艺术深度的、冥想式的探索，却在电影史上罕有其伦。而蒙太奇融合了他人文、艺术、历史、社会乃至哲学的多元视野，成为他艺术的灵魂所在。

波莱的第一部影片《但愿我们都醉了》（*Pourvu qu'on ait l'ivresse...*），拍摄于1957年，当时他对《电影手册》的"作者策略"（la politique des auteurs）一无所知，但这部影片却充满了新浪潮的精神；影片发生在巴黎郊外一个沉闷的星期天，一个羞涩的小伙子寻找机会与他喜爱的姑娘跳舞，这部作品与其说是一个颇具戏剧性的故事，不如说是一个孤独男孩隐秘欲望的日记。诺尚的小歌舞厅，向我们展现了巴黎郊区日常生活喧嚣而又感伤的气氛。除却叙事结构的相像之处，在这部影片中导演—演员（克洛德·麦尔基，Claude Melki）之间本能的对应关系，也体现出新浪潮的特征。

1976年，波莱追溯这部影片时说：

> 我从没为了结构和丰富我的剧本与他深谈。我在他身上感受的，是一种表演的可能性，他的行为方式使剧本发生了变化。从头开始，在克洛德和我之间就没有

真正的对话，但有一种无声的交流，不是智力层次的合作，也非剧本的演绎，而是一种本能的牵引。[1]

影片上映后，两代不同的电影导演和批评人都对他赞美不已。其中包括了雅克·贝克尔、雅克·多尼奥尔-瓦尔克罗兹、让-皮埃尔·梅尔维尔、乔治·弗朗叙、弗朗索瓦·特吕弗、埃里克·侯麦和让-吕克·戈达尔。戈达尔为波莱的处女作写了一篇评论，将影片看作20世纪20年代先锋派与正在来临的新浪潮运动之间的桥梁，"《但愿我们都醉了》是一篇关于孤独的报道，同时是一首关于郊区舞厅的散文诗。影片使一位电影导演脱颖而出，他能以雷蒙·格努同样的温柔去拍摄，但同时具备让-维果在《尼斯景象》中的冷酷。"[2]

这部影片成为一组系列作品的开端，这些影片的主人公莱昂均由麦尔基主演：《瞄准线》《欢宴》《巴黎见闻·圣德尼街》《爱的甜与涩》《血》……这组影片成为波莱作品中一个独立的世界。波莱作品的另一面更为独特，并且远远超出了他人的评估。当让-皮埃尔·梅尔维尔观看《但愿我们都醉了》

---

① Jean-Paul Combe et Hervé Guitton: *Jean-Daniel Pollet, Rétrospective, Cinémathèque de Toulouse*, 1993, p.11.

② Jean-Luc Godard, *in Cahiers du cinéma, n° 93, mars*, p.45.

之后，他说："你会做的同样好，但绝不可能更好了。"[1]梅尔维尔难以想象的是，波莱前三部在工业体系内的影片，其实是他一部伟大作品《地中海》（*Méditerranée*）的资金准备。从《地中海》伊始，波莱开创了他的散文电影序列：《巴萨艾》《秩序》《特立独行》《意外变故》《上帝知道什么》《对面的一切》和他的遗作《日复一日》，而这组作品的形式与表述之谜很大程度存在于《地中海》之中。

二、《地中海》，一部诗电影的诞生

1962年，《地中海》开拍，那是一段历时三个半月，穿越十五个国家的旅行。波莱和他的助理导演维尔克·施隆多夫（Volker Schlöndroff）一起，围绕地中海漫游，其行程长达三万五千公里：灰蓝的大海、丰饶寂静的果园、荒草丛生的废墟、沉默却如有所说的雕像、热烈而充满乡愁的节日，还有不可胜数的人的面孔。这一切，在影片中由一组周而复始的手术台上沉睡女孩的镜头连缀在一起，再配以安托万·杜阿麦尔（Antoine Duhamel）的音乐和菲利普·索莱尔斯（Philippe Sollers）的旁白，形成了丰富的声画关系。

---

[1] Jean-Daniel Polle, *Tour d'horizon, Edition de l'œil*, 2004, p.200.

影片由纪录的影像合成，却并非一部纪录片。波莱说："我拍摄了被掩埋文化留给我们的印记之种种表现，我不惜一切也要保留事物自由的当下状况。"[1]即使戈达尔将波莱处女作比作散文诗时，也不曾设想波莱系统地发展了另一种风格，成为其创作的第二条脉络。在20世纪60年代初，受到新小说的启发，波莱排除了常规叙事的影响，创造了一种新的电影体例，这种电影体例直到20世纪90年代，才被戈达尔继承并发展。在1967年《地中海》上映之时，戈达尔为这部诗电影的原创性所震惊，他在《电影手册》上，表达了他的倾慕之情：

> 在这组平淡的16mm影像中，却有着70mm卓越灵魂的呼吸；今天，他让我们发现了电影如何将空间转化为已消逝时间的形象……或者，恰恰相反……因为银幕上这些平滑圆融的镜头，就像海岸上的卵石……其次，每一个剪辑点，都如同一朵浪花，同时标志又抹去了关于记忆的词、幸福的词、女人的词、天空的词，当然，也包括死亡；因为波莱比奥尔菲更勇敢，他的镜头多次转向了医院中这张天使的面

[1] Jean-Daniel Pollet, *in Télérama, n°893, 1967, cité de Jean-Daniel Pollet, Galerie Nationationale du Jeu de Paume*, p.11.

孔……①

　　今天，对于作者电影而言，这部影片已被看成整个电影史上最独特的电影之一。《电影手册》70年代著名影评人兼导演帕斯卡尔·博尼策（Pascal Bonitzer）写道："整部影片是一次时间的试验，是身体密度的证明；没有任何影片堪比《地中海》。"②

　　《地中海》的计划由来已久，最初是完全无意识的。1943年在格雷诺贝尔（Grenoble）学习期间，波莱在地中海沿岸临近圣–马克西姆（Saint-Maxime）的地区度假；1947年，他父亲在圣–托贝兹（Saint-Tropez）海湾的古老渔村中，买下了一所面朝大海的房子；在整个童年时代，波莱梦想着度假，和他父亲一起垂钓；在地中海，波莱有长达十年的青春记忆。自那时起，地中海对他，成为某种天堂的再现：它过于美丽而无法带来单纯的快乐，而象征了一种充满乡愁的幸福。波莱回忆道，"我在地中海边度过了我童年的所有假日，我还记得在上百公里的旅程后，我的视野中出现第一抹蓝色时的心情。对我而

① Jean-Luc Godard, *Impression ancienne*, in *Cahiers du cinéma*, n° 187, p.38.
② Pascal Bonitzer, *Méditérannée*, cité de *L'Entre Vue*, p.160.

言，地中海世界成了我的故乡。"①

在他第一次拍片之前，没有任何清晰的理念时，他已经渴求拍摄地中海；对他来说，地中海天然具备上镜头性。1955年前后，他在圣-托贝兹的半岛拍摄了首批关于地中海的影像。他对自己灵性故乡的爱，使他梦想着地中海另一边的世界：彼岸的土地、遥远的国度、多元的文化与风俗、充满差异的人类记忆与现存。这种发现的欲望，成为持续旅行和拍摄地中海的动力。

1962年，他对梅尔维尔和施隆多夫说起自己拍摄《地中海》的愿望，他提出可以用三周至一月的时间环游地中海并进行拍摄，施隆多夫愿意同行。但在他们环游地中海的中途，由于时间大大超出了预期，施隆多夫曾有过对于旅行动机的质疑，他不太确定这是否还算一次电影拍摄。波莱的回答很明了："我们工作，但没有日程；我们旅行，是的！旅行比工作更重要，即使我们没有摄影机，我也不会走。"②这是一部为了发现而拍摄，并在发现中拍摄的影片。

在他发现地中海世界的强烈愿望之外，他导演这部影片的另一个冲动，源于他对文学与电影新方法的激情，新小说与新浪潮成为影片的双重驱动。《但愿我们都醉了》使波莱找到了自己的艺术之

---

① Jean-Daniel Pollet, *Tour d'horizon, Edition de l'œil*, 2004. p.198.
② Jean-Daniel Pollet, *Tour d'horizon, Edition de l'œil*, 2004. p.152.

家：菲利普·索莱尔斯、皮埃尔·布唐日（Pierre Boutang）、让·蒂博多（Jean Thibaudeau）、让·利卡尔多（Jean Ricardou）、皮埃尔·卡斯特（Pierre Kast）、雅克·多尼奥尔–瓦尔克罗兹，还有戈达尔……他们或者是新小说的主导文学期刊《如是》（*Tel Quel*）的编辑，或者是新浪潮的核心力量、《电影手册》的批评人。他还接触到了其他三位伟大作家：弗朗西斯·蓬热（Francis Ponge）、乔治·巴塔耶（Georges Bataille）和劳伦斯·杜艾尔（Laurence Durell）。杜艾尔的小说《亚力克桑德利的四重奏》（*Les Quatuor d'Alexandrie*），使他兴奋地进入了地中海世界滋养的文学领地。和他的新朋友们一起，波莱度过了许多难忘的日子，这种同仁之情给予他巨大的快乐和灵感，受到他置身其中的文学与电影艺术革新启发，波莱产生了很多关于叙述形式的思考，在较晚的时期，他做了如下总结：

> 电影与小说以各自不同的方式，相互影响着进入同一段历史进程，它们尝试周期性地救治"熟知形式的厌烦情绪"，尤其是在叙述技术上作出变更，它们是敏感性与知识发展的见证者与工具。①

————————

① Jean-Daniel Pollet, *Qeustions aux cinéastes, in Cahiers du cinéma, n°185, décembre 1966*, p.123.

　　波莱认为，帕索斯（Passos,）、罗伯-格里耶（Robbe-Grillet）、戈达尔和雷奈，创造了文学与电影的新形式；戈达尔和雷奈的重要性在于，即使电影人的自由始终少于小说家，他们仍然完成了电影语言的重要革新。波莱让我们想起亚历山大·阿斯特吕克的"摄影机自来水笔"观念，他甚至不满足于执导小说电影，而是直接进入了诗的领域。在波莱心目中，艺术作品首先是"一个人的独白"，而波莱的作品揭示出对于世界及艺术创造的双重乡愁，是其独白的本质。

　　1962年底，波莱结束了他环地中海的旅行与拍摄，1963年，他开始剪辑他的素材。剪辑工作历时七个月，雅克琳娜·雷纳尔（Jacqueline Raynal）当时同时是波莱和侯麦的剪辑师，她以其全新的视点帮助波莱完成了他源于新小说和新浪潮的蒙太奇构思。

　　波莱认为，《地中海》的作曲安托万·杜阿麦尔对于影片的整体而言，是一个核心角色；在谈到他们的合作时，他回顾了爱森斯坦在拍摄《亚历山大·涅夫斯基》时，为了构建声音与画面的对位法而与普罗科菲耶夫（Prokofiev）建立的合作关系。波莱与杜阿麦尔针对电影音乐的微妙作用进行了深入的交流，在影片中建立了影像与音乐之间完整的辩证关系，"他们俩一起倾听《圣马太的激情》、希腊音乐的唱片……在完成曲谱，交给交响乐团之前，他们在

诺穆提岛 (Noirmoutier) 共同度过了三天。"①

影片的第一版没有旁白,作为菲利普·索莱尔斯的朋友,波莱请索莱尔斯观看了影片。索莱尔斯为影片所震惊:

> 在我观看《地中海》时,让我感到震撼的,首先是这种多元性,这种影像的相互分离特征是影片的一种基本构成方式,我将其称为"整体解剖的法则",在我看来,这一方法与当代文学中的某类尝试是完全一致的。②

最初,索莱尔斯写作的文本优美而冗长,波莱将它缩短了,进而他创建了文本中的话语重复系统;与此同时,他又会删去某些句子的结尾,以避免完全相似。

影片完成即参与了一个实验电影节 (Festival de kbokke-le-Zonte),但在电影节上完全落败,即使有弗兰西斯·蓬热为波莱辩护的评论,影片仍然在此后的三年中悄无声息。作为唯一的例外,1965年1月影片在里尔大学的电影俱乐部放映了一次。1967年,影片终于在影院上映,在五年的工作之后,波莱得以将

---

① Jean-Daniel Pollet, *Tour d'horizon, Edition de l'œil*, 2004. p.203.
② Philippe Sollers, *Cahiers du cinéma , n° 187*, p.37-38.

他对于地中海的诗意写作奉献给法国的影迷们。直到我们的时代，这部影片仍然只为少数艺术电影的观众了解，但无损于波莱蒙太奇复兴时代的先行者位置。

三、《地中海》与冥想的蒙太奇

> 您怎能听到我呢？
> 我在如此遥远的地方诉说。①

1969年，在艾克斯-普罗旺斯的一次圆桌论坛中，雅克·李维特（Jacques Rivette）与让-路易·科莫里（Jean-Louis Comolli）、让·纳波尼（Jean Naborni）和西莉维·皮埃尔（Sylvie Pierre）对近十年的蒙太奇现象进行了系统的讨论。李维特对整个电影蒙太奇历史做了四个时期的划分，而《地中海》则被看成第四个时期的代表作之一。

我们可以非常概括地区分出四个时期：蒙太奇的发明时期（格里菲斯、爱森斯坦）；背离时期（普多夫金-好莱坞：让技术服务于宣传的电影）；然后是对宣传的拒绝（拒绝与宣传接近或同谋，而走向非线性叙事，以及多种类型、元素或技术的异质连接）；最终，就是我们置身其中的这十年，这就是

————————

① 克洛德·麦尔基在《意外》（*Contretemps*）中的对白。

"重整旗鼓"的尝试，在当代实践中再融入第一阶段的灵魂与理论，同时不舍弃第三阶段的成果，而是让二者相互支撑、相互对话，从某种意义上说，对它们进行组接。①

如雅克·李维特自己坦承的，他对蒙太奇历史的划分，是粗略和概括的；并且这种划分与1969年西方激进左派运动的艺术革命需求有明确的关系；但是他敏锐地提出了蒙太奇复兴的历史观点，并且找到了这次复兴期不同以往的一些特征。我们可以对李维特的历史描述作出进一步的整理。首先将蒙太奇区分为叙事蒙太奇与理性蒙太奇两个类别，它们最早期的代表人物都是格里菲斯。叙事蒙太奇的首要任务是建立连贯的时间—空间与运动幻觉，进而在由蒙太奇构造的幻觉性空间、方位和时间序列中展开人物行动及事件。在格里菲斯那里，《一个国家的诞生》是叙事蒙太奇的代表作，而理性蒙太奇则要打破时间—空间、行动—事件的幻觉，不将观众带入简单的叙事过程，与人物发生简单的直接认同；而是以打破常规时空组接的方式，通过异质元素的组接打破常规逻辑，促使观众进行创造性的思考。格里菲斯"三不一律"（时间、地点、行动的不一致性）的《党同伐异》，以莉莲·吉许晃动摇篮的画面作为衔接，连接起了人类历

---

① Jean Naborni et Sylvie Pierre, *Montage par Jacques Rivette, in Cahiers du cinéma, n° 210 mars 1969*, p.29.

史四个时期暴力冲突的故事。这部照彻人类历史的太阳剧，表现了人类不宽容与博爱之间的永恒斗争，无疑是一次无意识的理性蒙太奇草创之作。之后，普多夫金的创作在主体上承接了格里菲斯的叙事蒙太奇传统，并通过其理论和实践成为叙事蒙太奇真正的集大成者，苏联社会主义现实主义及好莱坞电影的总体方法论都来自于这一体系。爱森斯坦则在格里菲斯基础上，创建了杂耍—理性蒙太奇的电影语言学派，并通过自己一系列实践，为后来者提供了这一创造性蒙太奇方法的导引。

李维特所划分的第三个时期，即对好莱坞主流电影为代表的时空幻觉与叙事蒙太奇的修正期，正是安德烈·巴赞提出"被禁止的蒙太奇"和"场面调度论"的时期；安德烈巴赞对上述两种蒙太奇方法均提出异议（而不是如李维特所强调的只对宣传型的叙事蒙太奇进行修正）。巴赞既反对仅用蒙太奇来创造电影空间与方位的幻觉，也反对靠蒙太奇强行产生隐喻意义的方法（例如《战舰波将金》中三个石狮子的组接）；这两种方法，对巴赞而言都有违电影的纪录性特征。巴赞认为蒙太奇应该成为场面调度的一种补充性语言，在不破坏对象的真实性、复杂性和多义性的前提下，才能使用。

第四个时期，在50年代中期已初露端倪。在实践领域，《夜与雾》等为代表的阿兰·雷奈短片体现了蒙太奇高度的创造性，让戈达尔对他发出了"爱森斯坦之后最伟大的剪辑师"的赞叹。在理论领域，雅克·李维特对爱森斯坦蒙太奇的抽象主义理性特征推崇备至，戈达尔则在其1956年的理论文本《蒙太奇，我美丽的忧虑》里写道："如果场面调度是一种目光，剪辑则是心跳；预见性涉及两者，一者在空间中寻找，另一者则在时间中寻找。"①他进而指出场面调度与蒙太奇是无法分离的，因为在确认一段场景拍摄的时长时，蒙太奇已然存在。在其后戈达尔的电影实践中，他逐步验证了自己的蒙太奇观。在表现巴黎水灾的短片《一个水的故事》（*Une histoire d'eau*，1958）中，他将配有抒情音乐的情侣画面，与震荡鼓声中航拍的大俯瞰远景连接在一起，显然是异质元素并置产生激荡效果的杂耍蒙太奇方法。从《精疲力尽》开始，震惊电影世界的跳切，被他的剪辑师看成是戈达尔独特生命感知形式的体现。蒙太奇如同呼吸一样，跳切则是一种不均匀的急速喘息，它正是一代反叛青年不可预见的生命状况的症候。作为蒙太奇历史的一个新阶段，它充满了颠覆常规的创造性，同时具备一种非线性的效果，蒙太奇不仅不会形成单一意义，相反以跌宕的激情激发了多义性。戈达尔正是在这一语境中感到了《地中海》的独特性：表面上它是

---

① Jean-Luc Godard, *Montage, mon beau souci, Cité de Jean-Luc Godard par Jean-Luc Godard, I*, p.94.

爱森斯坦方法的重现，实则是蒙太奇方法的全新起点。这种新颖特征，甚至让一些优秀的电影理论家感到困扰，并将其看作一个失败的电影语言尝试。

诺埃尔·伯奇在其著述《电影实践理论》中，确立了一个辩证的电影语言系统，亦即电影中无论是影像之间还是段落之间，总是以一种有强烈反差的，至少有微妙对照的方式来进行结构，才能产生影片的意义。而影片形式在连贯性和不连贯性之间的关系是所有电影辩证关系的基础。因此他认为《地中海》是一部"无辩证关系"的失败之作，他这样阐述他的观点：

> 在电影历史中，有过几次情况，人们试图在分镜头的层次上消除一切形式的辩证关系，只使用我所称作的"影像的辩证关系"……其中最近的一部，让–达尼埃尔·波莱的《地中海》也是最激进的一部，因为这是一部没有任何"匹配"的影片。换句话说，它包含的是重复出现的对置镜头，它们之间的联系仅仅是（只有一个例外）我们的海——雕像，风景，静物……以及一个在手术台上的姑娘的一再重复的镜头——影片创作者希望每个镜头在银幕上出现的前后顺序，都能够在观众

的脑海中唤起某种诗意的回响或共鸣，从而激发起一种说不出的感情，这无疑是他自己在观看这些影像的对置时，所体验到的那种"我不知道是什么"。①

在伯奇看来，《地中海》"影像和解说词之间的关系是纯随意性的，仿佛该片创作者满足于让解说词和影像独立地发展，深信它们会'很好的合在一起'"。影像与解说词之间表面关系越模糊，其内部的结构关系就应越深刻有力。而伯奇认为，影片缺少的正是这种有组织内在辩证关系。因为《地中海》的画外音没有建立其时间结构，镜头的重复从未推动影片前进，并加强其统一性，这使观众感到影片是毫无意义的，"只不过是一再令人作呕地重复看见同一个镜头，而镜头持续时间的变化似乎是影片创作者的一种智力练习。"《地中海》作者的主要错误是，"误认为把若干'美丽的'元素简单地肩并肩和头尾相接地并置起来，就会比它们单独存在要更美丽"。

正是这一类观点在影片完成之时成为影评的主潮，甚至在实验先锋电影界也知音寥寥，致使《地中海》的上映延迟了五年。而伯奇的论述恰恰给我们提

---

① [美]诺埃尔·伯奇：《电影实践理论》，周传基译，中国电影出版社1992年出版，此段及下个自然段中的相关引文引自第65至第66页。

供了理解影片结构与表述的上佳途径。

伯奇所讨论的辩证结构使我们想起爱森斯坦与普多夫金的蒙太奇论争：

连接——P

碰撞——E

在普多夫金（P）看来，蒙太奇片段之间的关系犹如一个链环连接着一个链环，一块砖头累积着一块砖头；总体上它们存在着时空、事件与意义的承接、积累、逆转与完成关系。蒙太奇片段之间的冲撞只是一种特例。而在爱森斯坦（E）看来，蒙太奇片段之间的总体关系是碰撞，是细胞与细胞之间的冲撞。而这种冲撞本身，可以视为细胞内部张力达到极点而破裂的必然结果。所谓的连接，只是冲撞关系的局部表现，一种微弱型冲撞的表现。

这两种观点是新浪潮之前所有蒙太奇思考的核心，伯奇的观点也建立在此基础上。在伯奇强调连贯性与非连贯性的辩证关系时，很大程度上是连接关系与碰撞关系的一种回应。在他强调时间结构和推进作用时，他总体上是接近普多夫金的观点的，亦即通过影像在时间进程中的连接、积累达至意义的产生；而不连贯性是其连贯性的补充与重要发展。在此意义上，他很难接近波莱影片的蒙太奇思考。由于他对异质元素并列产生情绪冲击并促生新意义的超现实主义和爱森斯坦杂耍蒙太奇的双重排斥，使他在根本上无法认同影片最基本的结构方法。

但即使具备碰撞性的杂耍—理性蒙太奇思考，也未必能进入波莱的语言世界。波莱影片的蒙太奇结构与超现实主义及爱森斯坦蒙太奇体系的差异，成为20世纪60年代后蒙太奇复兴中很难辨明的新领域。

如上文所说，异质元素的并列是超现实主义和爱森斯坦杂耍蒙太奇的共同特征。在超现实主义创作中，异质元素之间是外部的物质现实与内部的无意识现实（梦作为其基本形式）的共存或冲撞关系，在其中欲望（尤其是个体欲望）是真正的主角。的确，在《地中海》中镜头之间总体上确属异质关系，荒凉的废墟与丰饶的果园、古老的堡垒与当代的冶炼、带有神秘微笑的塑像与血腥的斗牛、孤独的个人遐想与热烈的群舞、呼啸的海风与迷人的音乐，变化万千的人生、国度和文化景观与永不变更的浪潮起落充满反差，有强烈的视听差异性和冲击性，但却不存在物质景观与无意识欲望的对立关系。恰恰相反，物质世界与无意识世界完全沉淀并融合为唯一的视野。每一个差异性的个体都在共存关系中达成了一种共同性，我们可以说，在此影片达到了无意识场景与历史场景的完全统一。

在爱森斯坦的杂耍—理性蒙太奇体系里，异质片段的冲撞是产生感官与情绪震撼的起点，也是理性观念突破常规逻辑脱颖而出的基本方法。进而，正是系统而结构性地使用杂耍蒙太奇使理性电影的理想得以实现，而影片从影像内部到镜头之间直至声画关系形成的是交响乐式的蒙太奇总谱。爱森斯坦的《十月》《总路线》无疑是理性电影的重要尝试，而《亚历山大·涅夫斯基》则是他有声电影中蒙太奇总谱的范例。

《地中海》与爱森斯坦方法论的关系是一目了然的，在蒙太奇总谱的意义上，波莱的实践更为复杂和完整，不仅画面的重复与变化形成了丰富的视觉节奏与旋律，画面与声音之间更构成同步、平行、对比、对立、冲突的多种声画对位关系。不同于伯奇的分析，这种重复与变奏不仅仅是十二音阶往复变化的视觉对应，也是意义循环生成的基本途径。

在这方面，影片不仅远离普多夫金的叙事蒙太奇时空衍进方法，也与爱森斯坦的方式似近实远，甚至与新浪潮的大量影片差异甚大。它的时间结构首先不属于线性结构，没有通过单向性的时间过渡和信息积累来达成意义的效果；它也不是一般的以某主观视点为依据的时空穿插结构，通过叙述主体的心理逻辑来形成时空关系和主题蜕变。在《地中海》中，被拍摄的人物、静物与空间场景均体现出"物自体"自我展呈的特征，其镜头间排列与重复性结构都体现出一种非时间性。这种非时间性使伯奇所需要的时间推进与意义生成无法实现，却使形式成为主题直接的显现。不同于爱森斯坦的杂耍——理性蒙太奇，在爱森斯坦的实践中，除了早期的戏剧作品杂耍蒙太奇体现出颠覆性和意义不确定性外，成为电影导演之后的创作，其异质片段冲撞的情绪效果和意义表达都非常明确，甚至单一。事实上，理性观念表达的清晰度正是其理性蒙太奇追求的目标之一。但波莱的蒙太奇观念恰恰相反，他瞩目于蒙太奇的不可预见性和多义性：

> 真正的蒙太奇开始于我们无法确知将发生什么的时刻。在中空地带、接合的地方，在一个镜头到另一个镜头的过渡中。我们都充满悬念——为什么呢？为正在来到的一瞬间，此时此刻。[①]

在此，三部影片中各自具备的一个蒙太奇要素可以将格里菲斯、爱森斯坦和波莱联系在一起，又区分开来：格里菲斯曾在《党同伐异》中以莉莲·吉许晃动摇篮的画面贯穿不同的时代，以表现人类发展的连续性。这一手法被爱森斯坦认真讨论，他认为这一画面意义表达的含糊性很大程度上源于它的孤立使用，进而提出只有极为有机的蒙太奇结构才能产生清晰的理性表达。《十月》中，克伦斯基的个人遐

① Jean-Daniel Pollet, *Tour d'horizon, Edition de l'œil*, 2004. p.202-203.

想片段是理性蒙太奇的著名实验，异质镜头形成的对比、排列、联想和隐喻清晰地形成了"所有的神都是神"、"君权神授"乃至"复辟在即"的理性概念表达。其中，拿破仑塑像的反复使用起到了将莉莲·吉许的画面有机组织入蒙太奇结构的效果。在《地中海》里循环的手术台上沉睡女孩的镜头，是格里菲斯和爱森斯坦实践的延续与再创新。但这一系列镜头的反复使用，并未形成意义的明确表达而是体现出强烈的不透明性和多义性。

必须强调的是，这种意义的不透明性和多义性贯穿于《地中海》全片。影片中总体的蒙太奇关系都堪称异质元素连接的例证；但在影片244个镜头中，布满铁丝网的海岸、埃及的神像、金字塔、果园、古代剧场的废墟、城堡的墙面、冶炼的熔炉、荒原上的石头、古代神庙的石柱，还有周而复始的大海涛声……异质镜头不断反复的使用并未带来任何清晰而单一的主题。如果说主题存在的话，那就是异质的文化与人生的并存，以及其中绽放的多义性。但这多元的、多义的现象，却又处在一种共同的目光与一个唯一的舞台（世界）之上。而手术台上沉睡的女孩贯穿全片，她并未使影片的意义清晰化，而是深化了主题——不变的沉睡，处在生命与死亡的临界点，处在已消逝的历史与正在涌现的生命共有的混沌空间。极其重要的是，影片以最高的重复率将姑娘极度宁静的

面孔与强烈而血腥的斗牛场景加以并置，使得生命之
静美与生命之酷烈并存，死亡之深邃与死亡之暴力并
存，成为片中所说的"几千年舞台上反复上演的戏
剧"中最痛苦，最神秘的时刻。这种几千历史的重复
性使我们想到布罗代尔的"圣父的视点"：

　　我很早就提出了圣父的视点这一说
法。对于圣父而言，一年什么都不算，一
个世纪只是一眨眼，逐渐地，在浮动的历
史之上，在事件历史之上，在表面历史之
上，我对不变的历史产生了兴趣——历史
是动态的，但它动得非常慢——那是一种
重复性的历史。[1]

　　《地中海》的蒙太奇因此成为一种静观的蒙太
奇，或曰"冥想蒙太奇"，其中多元的场景呈现在同
一的目光中。对这一目光，影片作者并不尝试将其加
以分析、总结、理念化，而是令其中各种异质的状况
同等地显现。波莱说：

　　在我印象中，我在那里旅行时状态很
好，因为它是封闭的。在这海上旅行——

① Fernand Braudel, *Une leçon d'histoire de Fernand Braudel, Châteauvallon/octobre 1985*, Arthaud-Flammarion, 1986, p.7.

那海如同子宫、母亲、生育——在围绕着它的国家旅行，就如同一个女性的躯体呈现在一千个映像中、一千个侧面里、一千种芳香中，而在其中死亡并非人类的尺度。①

是的，死亡并非人类的尺度，但却是人类历史周而复始的共同归宿与背景，因为它将所有的现存变成了遗迹、沉积物和不断新生的人类生活舞台；因此，死亡与生命不仅仅是周流不息、彼此循环的，也是两位一体的。

---

① Jean-Daniel Pollet, *Tour d'horizon, Edition de l'œil*, 2004. p.95.

让-达尼埃尔·波莱生平创作年表

徐枫 编译整理

让-达尼埃尔·波莱（Jean-Daniel Pollet），法国电影导演、编剧、摄影师、剪辑师。

1936年6月20日生于法国北部省里尔周边的玛德莱娜（La-Madeleine-lez-Lille）一个富庶的中产阶级家庭，父亲为建筑设计师，姐姐雅尼·波莱（Jenny Pollet）后来成为他的导演助理、美术与服装设计。

1954年，他在中学会考后进入巴黎政治学院（Sciences Po）学习，但两年后出于对电影的爱放弃了学业。

1956年，作为著名导演朱利安·杜维维尔（Julien Duvivier）的助理导演，参与拍摄影片《穿雨衣的人》（*L'Homme à l'imperméable*）。

1956年至1957年，服兵役时期，他为军队电影部门拍摄新闻片。

1957 年，在军队中抽周末时间拍摄短片《但愿我们

都醉了》（*Pourvu qu'on ait l'ivresse*），20分钟，黑白
35毫米，法语故事片。主演：克洛德·麦尔基（Claude
Melki）。此片为"莱昂系列"首部影片，讲述巴黎郊区
一个小舞厅里一个小伙子隐秘的爱情，获得1958年威尼斯
电影节最佳短片奖。

1960年，编导《瞄准线》（*La Ligne de mire*），74分
钟，35毫米，法语故事片。主演：克洛德·麦尔基。影片
从未在院线发行过。

1962年，编导影片《欢宴》（*Gala*），20分钟，黑
白，35毫米宽银幕，法语故事片。主演：克洛德·麦尔
基。影片为"莱昂系列"作品。

1963年，编导影片《地中海》（*Méditerranée*），
45分钟，彩色，法语纪录片，1967年发行。副导
演：维尔克·施隆多夫；旁白：菲利普·索莱尔斯
（Philippe Sollers）；音乐：安托万·杜阿麦尔（Antoine
Duhamel）。影片富于沉思和诗意地组合了地中海沿岸不
同地区的影像，是波莱的代表作之一。同年，编导集锦影
片《巴黎见闻》之《圣德尼街》，12分钟（全片总长92分
钟），16毫米，彩色，法语故事片，1965年发行。主演：
克洛德·麦尔基、米歇琳娜·达克斯（Micheline Dax）。
"莱昂系列"作品。

1964年，编导《巴萨艾》（*Bassœ*），9分钟，35毫
米，彩色，法语纪录片。关于希腊古城巴萨艾的影片。

1965年，编导《子弹穿心》（*Une Balle au Cœur*），

90分钟，35毫米，彩色，法语与希腊语故事片。主演：萨米·弗雷（Sami Frey）、弗朗索瓦丝·哈迪（Françoise Hardy）。一个年轻人被人从他的城堡驱逐后，打算复仇的故事。

1966年，编导《奥尔拉》（*Le Horla*），38分钟，35毫米，彩色，法语故事片。主演：洛朗·特尔泽夫（Laurent Terzieff）。改编自莫泊桑小说，表现一个海滨青年的癫狂内心。

1966年至1967年，为电视台拍摄《叮当咚》（*Dim Dam Dom*）。

1967年，编导《你想象鲁滨逊》（*Tu imagines Robinson*），86分钟，35毫米，彩色，法语故事片。联合编剧：雷默·福尔拉尼（Rémo Forlani）；主演：托比亚·英格尔（Tobias Engel）。影片将笛福的故事移植到了当代。

1968年，编导《爱的甜与涩》（*L'amour c'est gai, l'amour c'est triste*），90分钟，35毫米，彩色，法语故事片。联合编剧：雷默·福尔拉尼（Rémo Forlani）；主演：克洛德·麦尔基、贝尔纳特·拉芬（Bernatte Lafont）、尚塔尔·格雅（Chantal Goya）。"莱昂系列"作品。同年，编导《捕鳕者》（*Les Morutiers*），20分钟，35毫米，彩色，法语纪录片。

1970年，编导《时间的主人》（*Le Maître du temps*），彩色，35毫米，法语与葡萄牙语故事片。联合编剧：皮埃尔·卡斯特（Pierre Kast）；主演：马丁诺·德·维拉（Martinho da Vila）、居依·格拉（Ruy Guerra）。

1971年，编导《血》（*Le Sang*）。

1973年，编导《秩序》（*L'Ordre*）44分钟，35毫米，彩色，法语与希腊语纪录片，1974年获格雷诺贝尔电影节（Festival de Grenoble）评委会奖。联合编导：莫里斯·伯恩（Maurice Born）。影片对希腊斯皮那落迦岛（Spinalonga）被隔离的麻风病人进行了充满关怀与深思的寻访。

1975年，编导《杂技演员》（*L'Acrobate*），35分钟，35毫米，彩色，法语故事片。联合编剧：雅克·鲁尔赛尔斯（Jacques Lourcelles）；主演：克洛德·麦尔基、劳伦斯·布鲁（Laurence Bru）。"莱昂系列"作品。

1978年，编导《为了记忆》（*Pour mémoire*），62分钟，35毫米，彩色，法语故事片。联合编导：莫里斯·伯恩、玛丽文娜·亚迪奥（Maryvonne Jattiot）；主演：吕西安·多杨（Lucien Doyen）、雷内·杜尚（René Duchamp）。

1986年，编导《在贝尔拉雪兹公墓》（*Au Père Lachaise*），13分钟，35毫米，彩色，法语纪录片。联合导演：皮埃尔-玛丽·古雷（Pierre-Marie Goulet）。

1988年，编导《意外变故》（*Contretemps*），110分钟，35毫米，彩色，法语纪录片。旁白：菲利普·索莱尔斯、茱莉亚·克里斯托娃（Julia Kristeva）。影片是对时间、工作、光与电影的讨论。

1990年，编导《树与阳光》（*L'Arbre et le soleil*），73分钟，录像，彩色，法语纪录片。联合编剧：马斯－菲利普·德拉吾埃（Mas-Félippe Delavouët）。影片是对普罗旺斯诗人德拉吾埃作品的探索。拍摄《希腊三日》（*Trois jours en Grèce*），90分钟，35毫米，彩色，法语纪录片。旁白：马斯－菲利普·德拉吾埃（Jean Tibaudeau）。

1991年，《特立独行》（*Contre courant*），11分钟，录像，彩色，法语纪录片。

1992年至1993年，编导《上帝知道什么》（*Dieu sait quoi*），87分钟，35毫米，彩色，法语纪录片，对神学／形而上学的电影思考。

2000年，编导《对面的一切》（*Ceux d'en face*），92分钟，35毫米，彩色，法语故事片。主演：马考尔·罗斯达尔（Michael Lonsdale）、瓦伦汀娜·维达尔（Valentine Vidal）、阿兰·贝格尔（Alain Beigel）。一位老艺术家瘫痪后的日常生活与思考，波莱晚年的自传性故事片。

2004年，开始拍摄《日复一日》（*Jour d'après jour*），影片最终由让－保罗·法尔吉尔（Jean-Paul Fargier）于2006年完成。65分钟，彩色，法语纪录片，是波莱晚年对艺术与人生的总结。

　　2004年9月9日，让–达尼埃尔·波莱逝世于沃克卢斯省（Vaucluse）的卡得耐（Cadenet）。

电影是转换成影像的真理

——谢尔盖·帕拉杰诺夫访谈[①]

吴萌 译

罗恩·霍洛威（以下简称"霍洛威"）： 您是怎样成为电影导演的？

谢尔盖·帕拉杰诺夫（以下简称"帕拉杰诺夫"）： 我相信电影导演必然是天生的。就像孩童的探险——在同龄人中，你采取主动，成为导演，

---

① 本次访谈为我们的纪录片《安魂曲》（*Parajanov, A Requiem,* 1994）奠定了基础。我们采用Parajanov这一美式拼法，而非英、法两国通用的拼法Paradjanov，以区别于其它众多关于这位亚美尼亚-格鲁吉亚导演的纪录片。访谈于1988年7月1日晨在帕拉杰诺夫所入住的酒店房间中进行，时值《吟游诗人》（1988）在慕尼黑电影节首映的前夕。这个项目被耽搁至1989年6月，之后无法完成。我们将这次访谈视作纪录片的补充。这部关于帕拉杰诺夫的纪录片时长57分钟，副标题"安魂曲"是在洛杉矶和威尼斯电影节放映时所加。——访谈者

本文根据英文原文翻译而成，其中包含对特殊历史时期的描述和判断，是因导演本人特殊的个人经历而形成的，仅代表他个人的理解。本书在选编和翻译过程中，出于学术研究的严谨性，认为文献翻译不能因噎废食，故而保留了这些观点，请读者以批判和客观的态度去理解。——编者

创造出神秘的事物。你将事物塑造成形，你造物。你用你的艺术才能戏弄他人——在午夜时吓唬你的母亲和祖母。你装扮成查理的姑姑[①]或是安徒生童话中的主人公。用箱子中的羽毛，你将自己变形为公鸡或火鸟。我总是着迷于这些，而这就是导演（directing）。导演（director）不可能被训练出来，就算是苏联国立电影学院（VGIK）这样的电影学校都不可能培养出导演。你学是学不来的。你必须天生就会。你在母亲的子宫中就得拥有这项能力。你的母亲一定要是个演员，你才可以得到遗传。我的父母都颇具艺术天赋。

霍洛威：您在电影学院的毕业作品是关于什么的呢？

帕拉杰诺夫：那是一部关于儿童的短片，《摩尔达维亚童话》（1951）。亚历山大·杜甫仁科（Alexandr Dovzhenko）在看完后说："让我们再看一遍。"审查委员会决定第二次观看一部毕业作品，这在国立电影学院历史上可是首次。现在已经是知名电影评论家、艺术评论家的罗斯季斯拉夫·尤列涅夫（Rostislav Yurenev）当时说："帕拉杰诺夫抄袭杜甫仁科。这部电影有着巨作和史诗的气质。帕拉杰

[①] 《查理的姑姑》（*Charley's Aunt*, 1892），是英国剧作家布兰登·托马斯（Brandon Thomas）的三幕滑稽戏。

诺夫铁定看过《忍尼戈拉》。[①]"杜甫仁科回应道："你这爱嚼舌根的家伙！坐下听我讲。他没看过《忍尼戈拉》。"然后他问："你在哪儿，年轻人？"我站起身来，他问道："说实话，你看过《忍尼戈拉》吗？"我说："没有。""看！真是胡扯！"尤列涅夫当时还没什么名气。他是个瘦小的年轻人，在各位导演面前来回献殷勤。也许，我的毕业作品相当接近于我作为电影导演想要表达的。

霍洛威：但您的毕业作品已佚失……

帕拉杰诺夫：不，它在我家中。

霍洛威：那为何此次回顾展未放映该片呢？

帕拉杰诺夫：我只不过是忘了。只有更长的版本——《安德里耶什》（1954）在这儿放映。可惜不针对儿童，而只是对成年观众放映。

霍洛威：参加由亚历山大·杜甫仁科和伊戈尔·萨甫琴科（Igor Savchenko）指导的课程是怎样的感受？

帕拉杰诺夫：杜甫仁科和萨甫琴科是死对头。

---

① 《忍尼戈拉》（Звенигора/Zvenigora, 1928），是杜甫仁科的电影作品，该片通过改写神话的方式，歌颂乌克兰的自然景观和工业化进程。

他俩总是在掐架，合不来。两人都有才华、有地位，都非常杰出。其中一位以波兰画家杨·马特义科（Jan Matejko）的风格、以文艺复兴风格来做电影实验。另一位则描绘苹果、老人、死亡、秋去春回的鹳鸟——他的艺术从他史诗般的童年中汲取养分。一个是唯美主义者，一个是古代先知，二者的分歧在杜甫仁科工作室内部引发了冲突。萨甫琴科去世得早——仅活到43岁。躺在棺材中的他看上去就像个老头。比起他，我们都多活了20岁。他的学生们现已超过他去世时的岁数——弗拉基米尔·纳乌莫夫（Vladimir Naumov）60岁，我64。我们比他多活了20岁。萨甫琴科的逝世令杜甫仁科很是悲伤，这种悲伤直抵他灵魂深处。他负责我们的考试并签署我们的毕业证书。他十分慷慨。他对亚历山大·阿洛夫（Alexander Alov）、纳乌莫夫以及已故的费利克斯·米罗纳（Feliks Mironer）都特别热情。

霍洛威： 看来那个时期的苏联国立电影学院到处是青年才俊。

帕拉杰诺夫： 我们中有不少有趣的人。当然，包括杜甫仁科。同学们的离世使我感到悲伤。有4个同学已经离开了我们。我们最近刚聚过一次，在桌上摆了4个空盘子，就像是放了4支蜡烛，以悼念那些离开我们的朋友——阿洛夫，他一生都在和纳乌莫夫一起拍电影；米罗纳和马林·胡茨耶夫（Marlen Khutsiyev）一起制作了《滨河街之春》（*Spring on Zarechnaya Street*, 1956）；还有格里沙——格里戈里·阿罗诺夫（Grigori Aronov）和谢瓦——弗谢沃洛德·沃罗宁（Vsevolod Voronin）。四个朋友离开了我们，天知道谁将是下一个。我们是萨甫琴科选中的，他很有天赋。他热爱并崇拜我们。因此，他激励我们。他等待着我们创造奇迹的那一天。当胡茨耶夫和米罗纳两人就他们第一部剧本《滨河街之春》与苏联国立电影发行中心（GLKVK）签订了合同时，他非常高兴。敞着自己那辆奔驰的顶篷，萨甫琴科载他们沿高尔基大街兜风。胡茨耶夫说他们买了新袜子。萨甫琴科让他们脱掉破破烂烂的袜子，就在车里换。他们将旧袜子扔到车外，穿上新的。他们不仅仅是学生，也是能赚到钱的电影制作者。阿洛夫和纳乌莫夫共同执导了《不安的青春》（*Restless Youth*, 1955）和《保尔·柯察金》（*Pavel Korchagin*, 1957），还有《风》（*The Wind*, 1958）。他们开创了先锋派。

霍洛威：导演电影对您意味着什么呢？真实生活？一个梦？一个谜？

帕拉杰诺夫：从本质上来讲，导演电影就是将真实转化为影像：悲伤、希望、爱和美。有时，我和其他人讲我剧本中的故事，然后我会问："这是我编的吗？或者说，这是真实的？"所有人都说："这是虚构的。"其实不然，这就是我所感知到的真实。

霍洛威：您早期的电影延续了现实主义脉络。是什么使得您改变风格？

帕拉杰诺夫：那时，我的工作环境、工作状态和作品等都使我自己相当满意。那个时代——那一辈人、那种时代背景以及我在上面作画的画布——是现实主义的。在此期间，克里姆林宫历经了三代专制统治者[①]，而我工作，我受难。现如今，改革（perestroika）正力图成为时代的心电图。也许，未来某天会出现一本书，全面地详述那段历史，就像一张心电图。斯大林在逐步掌权时，降低了袜子的价格。一双袜子便宜两戈比，人们就满足了。每隔半年，他就会降低袜子和背心的价格。但面包的价格没有变过。一张心电图……我的电影，那个时期所有的苏联电影，像是一张关于那个恐怖时代的心电图。它们是记录下恐惧的心电图。害怕会失去自己的电影，害怕挨饿。你因你的作品而感到恐惧。

霍洛威：您是电影制作者还是平面艺术家？

帕拉杰诺夫：我是平面艺术家，也是试图使影

[①] 帕拉杰诺夫所谓的专制统治者指的是斯大林、赫鲁晓夫和勃列日涅夫这三任苏联领导人。

像成形的导演。萨甫琴科，我们的导师，鼓励我们根据自己的想法画素描，赋予想法以可塑形式。在电影学院，我们都必须画出自己的思考。入学考试时，我们被带到一个房间并被要求"想到什么就画什么"……

霍洛威：您的平面作品在慕尼黑电影节颇受欢迎。对此，您满意吗？

帕拉杰诺夫：我很高兴。他们在一个研讨班展览上展出我的一些作品。采取我的展览风格，用一些墙板。我带来了大概20部作品，不是很多，但足以让观众有个概念。这其中，有件拼贴作品献给慕尼黑那些在战争中丧子的母亲。它是放置在一面镜子上的一束花，相当罕见的设计。这些母亲就像那些苏联母亲一样，在上一场战争中受尽磨难。我将会带走一些画，带一些真正出色的画回家。在慕尼黑，我受邀去了希腊正教（乌克兰东仪天主教）教堂。我参加礼拜仪式，和牧师聊了聊。会客室墙上有个儿童画小展览。他们画的是弗拉基米尔大公和圣奥丽加。所有的画都描绘这一主题，它们是绝妙的、稚拙的。它们打破了社会主义现实主义的规范。弗拉基米尔大公甚至被呈现为他真实的样子——他的腿又瘸又短。它们是令人愉悦的画。它们，这些孩子们的画，是我来德国最好的纪念品。

霍洛威：通过"艺术才能"这个词，您想表达什么意思？

帕拉杰诺夫：我崇拜列宁，这是情不自禁的。作为导演，我不得不钦佩他的艺术才能——他的艺术冲动，他作为演讲家所具有的能力。他的头脑是宏伟、庞大的，如先知一般。对他而言，世界不够大。他的艺术才能曾驱使他攀上装甲车车顶，好像那是个舞台。他站在那儿，如同磐石。他是天生的演员。我欣赏艺术才能、艺术天赋。远至政治家，近到你的一个朋友，任何人都可能有天赋。我不喜欢浑浑噩噩的人。勃列日涅夫（Leonid Brezhnev）曾为了释放我，从中活动，但他死气沉沉。我们需要有天赋的演讲家。我们喜欢艺术才能。我们喜欢脱稿演讲的政治家。我们喜欢他们的夫人站在他们身边。但有些圈子不喜欢女人站到政治家身旁。富有才智和天赋的女人。我们的领导人不习惯于此，他们总是将妻子藏起来。这些女士是怪物，病态的怪物。我知道我在说些什么。瞧瞧外交部部长（爱德华·谢瓦尔德纳泽）的夫人，她是多么和蔼、迷人，尽管她只是出席活动，从未说过一个字。她来自高加索。这位女士懂得如何戴帽子。作为导演，我会留意帽子这类物件。帽子是品质、艺术才能的标志，它表明对艺术的爱好。更关键的是，它彰显出了礼节。

霍洛威：社会主义现实主义对您意味着什么呢？

帕拉杰诺夫：事实上，社会主义现实主义无法被定义。它不是概括了众多实存事物的观念，它只存在于我们的书本中，是一个空洞的概念。怎么能将社会主义现实主义作为标签，贴到诸如《夏伯阳》（*Chapaev*, 1934）、《马克辛青年时代》（*The Youth of Maxim*, 1935）、《革命摇篮维堡区》（*The Vyborg Side*, 1939）、《彩虹》（*The Rainbow*, 1944）、《她在保卫祖国》（*No Greater Love*, 1943）等作品之上呢？难道我们那些激动人心的纪录片也是社会主义现实主义的吗？那是我们的电影文艺复兴，要来震撼世界！但是，个人崇拜扼杀了这一切。我们只得赞美天堂、强权以及专制体制。有才华的导演制作这样的电影是出卖他们的灵魂——米克海尔·齐阿乌列里（Mikheil Chiaureli）的《宣誓》（*The Vow*, 1946）和《攻克柏林》（*The Fall of Berlin*, 1949）都是宫廷艺人奴颜婢膝的创作。清算的时刻已经到来。

霍洛威：米克海尔·齐阿乌列里被公认为是杰出的格鲁吉亚电影人，他为什么会成为斯大林的银幕诗人？

帕拉杰诺夫：有些艺术家可以出卖自我，就像齐阿乌列里和弗拉基米尔·彼得罗夫（Vladimir Petrov）所做的一样。另外一些艺术家有官方职位。他们是担任政府职务的脑力工作者，就像米哈伊尔·布莱曼（Mikhail Bleiman）和格里戈里·泽尔多维奇（Grigori Zeldovich）。尽管有才华，但他们使得我们的电影艺术，和我们重要的电影人一起，跌至谷底。所以，伟大的爱森斯坦去世时，只实现了他极少量的潜能；伟大的米哈伊尔·罗姆（Mikhail Romm）去世前，被恐吓，被打垮；甚至苏联新现实主义流派的创始人，创作了《彩虹》和《不可征服》（The Unvanquished, 1945）的马克·顿斯阔依（Mark Donskoy），也未能发挥其潜力。这是可怕的灾难。

霍洛威：社会主义现实主义是广为人知的术语，但苏联新现实主义呢？

帕拉杰诺夫：还没有书籍或期刊或会议讨论那一时期。每个人都讳莫如深。这一切可能都会被下一代遗忘。或者会有热衷于此的人在档案馆中爬梳洗剔，将这一时期写成书。如果能查看我的档案，你会发现三份剥夺我自由的判决书。有份是法庭对我作出的有罪裁决——它判定我是将社会结构视作喀迈拉①

————

① 喀迈拉（chimera），希腊神话中小亚细亚地区的一种吐火兽，一般为狮头羊身蛇尾。也指虚幻或不可能实现的希望。

的超现实主义者。就好像我是一只栖息在巴黎圣母院顶楼的喀迈拉，狮鼻巨蹄，鸟瞰巴黎。我就是这样一只喀迈拉，穷目望远，欣羡于新一天的来临。

霍洛威：您在乌克兰制作了几部电影？

帕拉杰诺夫：当时，我在乌克兰已经制作了8部电影。我的第9部电影是《被遗忘的祖先的阴影》（1965）。就是在那时，我找到了我的主题、我的兴趣所在：一个民族所面临的问题。我聚焦于民族记忆、上帝、爱和悲剧。这就是文学和电影对我之所是。在我制作完这部电影后，灾难降临。

霍洛威：在苏联电影主管部门观看《被遗忘的祖先的阴影》的时候，发生了什么？

帕拉杰诺夫：当官员们观看这部电影时，他们意识到它打破了社会主义现实主义的原则、抛却了统治着那个时期电影艺术的垃圾。但他们什么也做不了，因为太晚了——米哈伊洛·柯秋宾斯基（Mykhailo Kotsiubynsky）①的纪念日就在两天后。那是他的百周年纪念。因此，他们说："随他去吧！让他放他的电影。"电影获准公映。他们可以之后再禁映。接下来，他们多少就没再掺和这整件事了。然

---

① 米哈伊洛·柯秋宾斯基（Mykhailo Kotsiubynsky），乌克兰著名作家，《被遗忘的祖先的阴影》就是他的代表作。

而，当知识分子看到这部电影时，他们被震撼了。这部电影激发起一连串反应，引发了风潮。官方要求我再做个俄语版。这部电影不仅是用乌克兰语，还是用赫特索尔（Hutsul）方言拍摄的。他们要求我用俄语给这部电影配音，但我明确地拒绝了他们。

霍洛威：然后您离开乌克兰，在亚美尼亚制作《石榴的颜色》（1969）。

帕拉杰诺夫：我很喜爱那部电影。我为之骄傲。我感到骄傲，首先是因为它未被授予金狮（威尼斯）或银孔雀（印度）奖。此外，还因为我是在最艰苦的条件下完成这部电影的。我没有制作电影所必需的技术，没弄到柯达胶片，没办法在莫斯科冲洗。我绝对是一无所有。我既没有足够的灯光设备，也没有风力效果机，没有任何做特效的可能。然而，这部电影的质量是不容置疑的。它的场景看上去朴素、逼真，像是在一个典型的村庄中或是在普通的草原上拍摄的。所有的一切都被处理得很真实，看上去如其所是……从现实情景中塑造出来的童话……制造出"高度写实主义"效果的与众不同的方法。如果我需要一头老虎，我会用玩具做出一头老虎。效果会比真实的老虎还要好。布头做出的老虎能吓唬到主人公，这不更有趣吗？

霍洛威： 说《石榴的颜色》是一部高加索电影，您会同意吗？

帕拉杰诺夫： 我认为《石榴的颜色》就像波斯首饰盒。从外观看，它琳琅满目，你能看到精美的细密画。然后你打开它，在其中你看到更多波斯饰品。事情是这样的：男主角的母亲为我们制作了15件库尔德式长裙。她是个库尔德人，一个清扫大街、看管房屋的女工。这些打褶的裙子是先套头再穿袖子。其效果很像帕索里尼的电影。我并不想隐藏这一点，我想强调它。

霍洛威： 《石榴的颜色》看上去的确受帕索里尼影响。

帕拉杰诺夫： 很多人喜欢仿效风尚，而罔顾这风尚是什么。可是，一旦他们开始仿效，他们的下场就是沦为乞讨者。然而，每个人的确都追随着他人的步伐。如果有人说，"你的电影类似于帕索里尼的"，我会觉得自己登上了巅峰。我可以呼吸得更畅快。因为帕索里尼对我来说，就像是神祇——审美的神祇，风格的大师，他创作出一个时代的病况。以电影中人物的服饰，他超越了自我；以电影中的姿势，他超越了自我。看看他的《俄狄浦斯王》（*Oedipus Rex*, 1967），他的演员以及他对阳刚和阴柔气质的感觉，我相信这完全是一部天才之作。帕索里尼不仅仅是神祇。他离上帝更近。他也更接近于存在——我们在大地上的存在——的病况，更接近于我们这一代人。我刚刚看过他的《一千零一夜》（*Il fiore delle mille e una note*, 1974）。在我看来，这是对《圣经》有力的阐释。铸成它的成分和圣经相同，它和圣经也都塑造自相同的可塑形式。

霍洛威：您欣赏费里尼的电影吗？

帕拉杰诺夫：费里尼电影中的魔力令人惊诧。他营造幻想的天赋极为强大、令人惊奇。但他的天赋只朝一个方向发展，那就是神秘化。选取、设定具有传奇色彩的人物角色已成为他的一种偏执。瞧瞧他的《船续前行》（*E la nave va*, 1983），一部关于时代悲剧的宏大的电影……关于一名歌剧演唱家［艾德梅阿·泰迪阿（Edmea Tetua）］……关于战争（第一次世界大战）。一切都发生在船的甲板上：为斯卡拉大剧院著名的歌唱家举办的撒骨灰仪式。真是巧思！人们怎么能说他已经江郎才尽了呢？恰恰相反，这是费里尼最棒的电影之一。想想他的《卡萨诺瓦》（*Il Casanova di Federico Fellini*, 1976）。

霍洛威：从《被遗忘的祖先的阴影》开始，您的电影都具有鲜明的民族特性。这是当局找您麻烦的缘由吗？

帕拉杰诺夫：我们的本性造就了我们自己。本性，她将我们带回她的怀抱。你必须崇拜她：她的真实、她的原则、她的身份和她的家园。为了维护她的统治原则，为了让我们满怀柔情地去热爱国家，她囊括了爱国精神和爱的迷狂。我是一个身处乌克兰的亚美尼亚人，所应对的是乌克兰的问题。因为《被遗忘的祖先的阴影》，我被授予23个金奖。第一次是在马德普拉塔（阿根廷），最后一次是在加的斯（西班牙）。我在乌克兰有了名气，成就也得到承认。乌克兰人喜爱我。我妻子是乌克兰人，我儿子是乌克兰人。但有些圈子却因此厌恶我。我被逮捕，并被关押5年。一次严酷的判决。

霍洛威：监狱里发生了什么？您是怎样存活下来的？

帕拉杰诺夫：苏联劳改营所施行的隔离政策令人难以忍受。但最不堪回首的是，我有可能会崩溃，再也无法工作。我在这样的环境中本可能成为罪犯。那里有惯犯、累犯、危险分子。我落在这样的环境中，但我的艺术拯救了我。我开始画画。4年又11天之后，我出狱了。感谢路易·阿拉贡（Louis Aragon）和爱尔莎·特里奥莱（Elsa Triolet），感谢我的好友赫伯特·马歇尔（Herbert Marshall），感谢约翰·厄普代克（John Updike），我获得了自由。

相较于服满刑期再被释放，我提前11个月零18天结束了自己的牢狱之灾。此外，狱友们喜欢我，我承担起了倾听他们忏悔的职责。每个罪犯都向我低诉他们的忏悔、悲剧和罪恶。这些就像是伟大的剧作或杰出的小说。它们是被赠予我的礼物。我"收到"了100部小说和6个剧本——其中的4部剧本将在不久后拍成电影。剩余的，仍会是我的秘密。将来某天，它们可能会被公之于众——出版、被搬上银幕；或者，它们可能会被我带进坟墓，永远埋葬。

监狱中的日子很是艰难。但出狱时，我并未垮掉，作为4部剧本的作者，我反而更为富有。这些剧本中，有1部已经开始制作。导演尤里·伊利延科（Yuri Ilyenko）会拍摄《天鹅湖禁区》（*Swan Lake: The Zone*, 1990），我描绘罪犯处境的剧本。它描写罪犯所处的环境，分析其病况，并指出是隔离使人们变得病态。他们把你关上10天，你仅仅是为了生存，就会在精神和情欲上变得病态。因为隔离是恐怖的。如果你将2000人关在劳改营中，在一个"区域"中与世隔绝，悲剧就会发生。悲惨的情境和病况。

霍洛威：所以，您做了什么？

帕拉杰诺夫：我开始画画。我转向了平面艺术。我创作了一些有趣的东西并带了出来，也就是我在劳改营中创作的绘画。我的朋友们相信在那全然的污秽之中，我获得了一种令人惊奇的纯净。这种纯净不仅体现在我的作品中，也存在于我的精神上。当我陷入最为糟糕的监狱境况时，我明白自己有选择：要么沉沦，要么成为一名艺术家。因此，我开始画画。我从狱中带出800幅作品。其中有许多近期已在埃里温展出。展览持续了3个月。在5月15日，展览闭幕当天，看展的观众排出1公里长的队伍。

霍洛威：您的新作《吟游诗人》是一部拍给儿童的电影，和您第一部电影《安德里耶什》一样。

帕拉杰诺夫：是的。在很大程度上，《安德里耶什》近似于《吟游诗人》。但它们不同：电影技术、经验以及时代。那时候，我还存有青年的稚拙和炽热。《安德里耶什》是我赶制出来的。

霍洛威：拍摄《吟游诗人》的想法是如何产生的？

帕拉杰诺夫：我7岁时犯过心绞痛。生病时，我母亲给我读了《吟游诗人》（*Ashug-Karibi*, 1837），莱蒙托夫所写的童话。它不太有名，学校已不再教授这篇。一位高加索地区的土耳其妇女给莱蒙托夫——这位和普希金一样伟大的诗人——讲了这个童话。我当时被莱蒙托夫的故事深深打动了。我记得我哭了。我哭了，因为马古尔·米格丽（Magul Migeri）在等着她的爱人。她被迫要嫁给另一个男人，因此想要了却自己的生命。为了不背叛她的爱人，她准备了剑与毒药。但阿舒格·克里布（Ashik Kerib）回来了。它和美国电影一样，有着美满的结局。我开始寻找我的阿舒格·克里布。为了赚取足够的钱去换得马古尔·米格丽的自由，这位穆斯林吟游诗人在世间游荡。我找到了这样一个年轻人，一个库尔德人，我的邻居。22岁时，他是一个小混混，他袭击过警察。因为屋顶渗漏，他殴打房屋管理员。他偷窃汽车，与人斗殴。然后，我遇到了他。我问他："我只要求你接下来的一年不作恶，你能做到吗？"他说："我可以永远不作恶，这取决于你能给我什么。"库尔德人不是穆斯林。他是一个基督徒，但他在银幕上扮演穆斯林。

霍洛威：《吟游诗人》的音乐很特别。

帕拉杰诺夫：那是穆斯林音乐。它不是泛高加索地区的音乐。它是穆斯林木卡姆（Maqām），一种古老的狂想曲。穆斯林吟游诗人在世界各地流浪，唱着狂想曲。这位穆斯林来到基督教世界，在"被污辱的寺院"一章中来到格鲁吉亚。这里的观念就是"上帝是一"①，只有一个上帝。这就是格鲁吉亚主题——格鲁吉亚唱诗班以及拯救他的格鲁吉亚孩子们——的意义。这些孩子将他从他自己的同胞手中救出来，当时，他正在被异教徒殴打，这证明"在敌人的土地上，你就是敌人"。可能你是我们的教友，但你擅自进入敌人的土地，这就使得你成为我们的敌人。这就是此处的音乐大体上所要传达的含义。我雇了一位才华横溢的阿塞拜疆作曲家。他的名字叫作贾万希尔·库里耶夫（Dzhavanshir Kuliyev）。他懂得我需要什么。工作很有挑战性。我给他提出了很多难题，但他全部解决了。我们甚至运用欧洲音乐：圣母颂、舒伯特、格鲁克、来自《马太受难曲》的核心旋律。音乐美妙地流淌着，赋予电影一种现代感。

霍洛威：但我觉得我在电影配乐中也听到了教堂音乐……

帕拉杰诺夫：是的，管风琴，基督教教堂音乐。它在"上帝是一"这一章中，地点是格鲁吉亚，我们听到多声部的阿卡贝拉教堂音乐。其余的是穆斯林木卡姆。公众是否会理解这部电影又是另一件事情了。来自一家孤儿院的孩童们在电影中合唱。孩童

---

① "上帝是一"（God is One），这句话的格鲁吉亚语"ღმერთი ერთია"亦出现在《吟游诗人》这一章的间幕上。

们从外省、从山区、从草原来到一间学校，就是为了学习如何唱木卡姆。童音合唱可以为电影增添情感深度。只有少数电影跨越了两个世界间的界线，只有少数导演。尤马兹·古尼（Yilmaz Güney）是其中之一。作为一个来自东方的导演，他能够为欧洲制作电影，这令人惊奇。这种文化横跨了东方和西方世界之间的边界。

霍洛威： 您近期的三部作品——《石榴的颜色》、《苏拉姆城堡的传说》（1985）、《吟游诗人》——是否在主题或风格上形成了三部曲？

帕拉杰诺夫： 只有为了赢得列宁奖以及公众赞许，你才会把电影打包成三部曲！这在钦吉兹·阿布拉泽（Tengiz Abuladze）身上发生过。他杰出的三部电影——《祈祷》（*The Plea*, 1969）、《愿望树》（*The Wishing Tree*, 1977）和《忏悔》（*Repentance*, 1986）——被列为三部曲，但这三部电影其实完全不相关。它们没有任何共同之处。它们被联系在一起，充当颁给他列宁奖的理由。他们把这些电影捆绑在一起，不是因为它们有相似的风格，也不是因为它们有相似的图像表达力度。我不需要那样肤浅的赞誉。我的电影只有一个共同点：风格上的相似之处。我的一生足以证明这点。我不想创建学派或教任何人任何东西。不管是谁，要是试图模仿我，就是走进了死胡同。我们有一大群平庸的青年导演，年轻的暴发户类型，他们挤进电影圈，等着要当导演。事实上，他们应该考虑他们怎样才能终生做一名导演。

霍洛威：您筹备您的新电影《忏悔》已经有一段时日了。

帕拉杰诺夫：我应向亚美尼亚作忏悔——一封电影形式的自白书，有点像一本个人的圣经。它讲述我的母亲、我的父亲、我的童年、我在狱中的茕茕子立，梦的幻象。此外，它还会讲述一个悲剧：为了建造纪念谢尔盖·基洛夫（Sergei Kirov）的文化公园，一处墓园被夷为平地。为了共产党人基洛夫的荣耀，这处墓园必须消失。苏联爱国者到来，鬼魂们被驱逐。鬼魂们不知要去向何处，所以它们找我——它们仍活在世间的继承人——来寻求庇护。但我不能收留它们。我有义务向当地警方举报，说它们在我这儿过夜了。鬼魂们不知什么是电，什么是保险代理人。它们不知恶为何物。它们那代人更为良善。它们只想留在我这儿。我必须死在他们面前以证明我爱它们。这是我对我的民族所负有的责任。我是一个来自格鲁吉亚的亚美尼亚人。我曾在乌克兰制作电影。我曾在格鲁吉亚和乌克兰锒铛入狱。有时，我在夜间醒来，还会有自己正在被虱子侵扰的幻觉。你进监狱时可能挺干净，但虱子会蜂拥而至，遍布你全身。两小时之内，你就被虱子给覆盖了。

霍洛威： 您接下来计划拍什么呢？一部关于浮士德的电影？

帕拉杰诺夫： 是的。但在此之前，我想去美国，根据朗费罗（Henry Wadsworth Longfellow）的《海华沙之歌》（*The Song of Hiawatha*, 1855）制作一部电影。《海华沙之歌》是一部杰作。在当代俄国，它依然家喻户晓。但是，很难找到这本书的俄文译本，而且没人费心要去重印它，这很可惜。我想在美国，在朗费罗描绘的风景中拍摄这部电影。我需要大自然、印第安人、羽毛、马匹、棕色皮肤的少女以及英俊的主角。在美国，这部电影可以很快拍完，而且成本极低。精明的制片人会知道哪儿有潜力，如何打点好关系。剩下的问题就交给大自然解决。它已经创造出美好的布景，而海华沙服装也是现成的。我只需要决定酋长服上羽毛的数量。我的电影会有几分像圣经故事，《海华沙之歌》就是圣经主题的变奏。与此相似，考虑到《吟游诗人》的主人公对大自然、幽默、女人、罪恶和美所表现出的态度。

霍洛威： 那浮士德呢？

帕拉杰诺夫： 浮士德是德国的问题，是东德和西德，或者说德意志民主共和国和德意志联邦共和国政府的问题。我相信德国人民是伟大的。尽管有堵墙隔开了他们，但他们共享历史和未来。我希望拍摄《浮士德》时可以考虑周密。它不应被视作商业项目。它应是为自己的艺术价值而作。对下一代而言，浮士德很重要。当前这一代人无法接受再教育。电视支配着他们的生活，他们喜爱嚼口香糖，他们穿特定的服装。但下一代人会推翻这一切。我们这些艺术家、导演、政治家必须确保下一代人茁壮成长。未来的德国人仍还在孕育之中。如果这些"小德国人"要成长为"伟大的德国人"，他们就需要浮士德。

霍洛威： 您为何选择慕尼黑电影节来首映《吟游诗人》？

帕拉杰诺夫： 我更愿意在慕尼黑公映《吟游诗人》，而不是其他哪个城市。对于我的电影，我有些重要的话要说。我很喜欢这部电影。每个艺术家都必须知晓自己的死期。我愿意在这部电影完成后死去，因为我为之骄傲。我将这部电影献给我的朋友安德烈·塔可夫斯基。上帝是一……我提议，为电影导演安德烈·塔可夫斯基默哀一分钟。①

---

① 最后一段为帕拉杰诺夫在慕尼黑电影节《吟游诗人》首映礼上的致辞。

审查美学与博物馆陈列式调度

——帕拉杰诺夫与他的《石榴的颜色》

肖熹 文

谢尔盖·帕拉杰诺夫（Sergei Parajanov）[①]的地位，可以用法国导演戈达尔的评价来概括，他说："有一座电影的圣殿，里面有光、影像和现实，谢尔盖·帕拉杰诺夫就是这座圣殿的主人。"[②]帕拉杰诺夫一生特立独行、桀骜不驯，承受了巨大的政治压力，多次被捕入狱，长时间被禁止从事电影创作，但

---

① 谢尔盖·帕拉杰诺夫是亚美尼亚人，他的亚美尼亚名字俄语化之前应该是"Paradjanian Sarkis Iosifovitch"，这个名字的俄语、格鲁吉亚语、乌克兰语拼写方法都不同，且从不同语言转化后，可拼作"Paradzhanov"（音似"帕拉赞诺夫"）或"Paradjanov"（音似"帕拉让诺夫"），如法语的拼写方法为"Sergueï Paradjanov"（音似"谢尔盖·帕拉让诺夫"）。由于本文主要参考了英文材料，故本文统一采用英语拼法"Sergei Parajanov"，音译为"谢尔盖·帕拉杰诺夫"。此外，为避免各种语言译法造成的混淆，文中的作品西文名统一使用英语标注。

② 语出自谢尔盖·帕拉杰诺夫官方网站：https://parajanov.com/maestro/，2017-04-12.

依然以独特的个性和卓尔不群的艺术风格，创作出美轮美奂、享誉世界的杰作。他没有被高压政治和颠沛流离的人生击垮，反而凭借难以想象的毅力和热情，通过为数不多的作品表现出外高加索地区的民族风物，为世界电影带来一种瑰丽、肃穆且震撼心灵的美学。导演尤里·伊利延科（Yuri Ilyenko）评价说："帕拉杰诺夫完成了一件不可能的事——成为也只有天才才配拥有的个性自由的创造者。"①。

　　从1954年乌克兰基辅电影制片厂工作开始，帕拉杰诺夫的创作生涯可以分为三个时期。第一个时期在基辅电影制片厂拍摄了《第一少年》（*The First Lad*, 1959）、《乌克兰狂想曲》（*Ukrainian Rhapsody*, 1961）和《石头上的花》（*Flower On The Stone*, 1962）等影片，帕拉杰诺夫摸索和积累了电影制作的经验。第二个时期拍摄了《被遗忘的祖先的影子》（*Shadows of Forgotten Ancestors*, 1965）和《石榴的颜色》（*The Colour of Pomegranate*, 1969）这两部拔地而起的代表作，标志他个人电影风格的形成

---

① 引自苏联《莫斯科新闻》周刊，1990年8月5日。1990年7月20日，帕拉杰诺夫病逝于亚美尼亚首都埃里温，这位被控诉至少五项罪名的"恶名昭彰"的导演最终被授予"乌克兰人民艺术家"和"亚美尼亚人民艺术家"称号，鹿特丹国际电影节把他评为20位最有资格代表20世纪电影艺术走向未来的"为21世纪的导演"。贺红英：《苏联电影最后的传奇人物——谢尔盖·帕拉让诺夫》，《北京电影学院学报》，2003年第2期，第58页。

与成熟，在国际电影节获得世界性声誉。第三个时期是1984年他恢复电影创作自由之后，拍摄了《苏拉姆城堡的传说》（*The Legend of the Suram Fortress*, 1982）、《吟游诗人》（*Ashik Kerib*, 1988）和纪录片《我是帕拉杰诺夫》（*I am Sergei Parajanov*, 1990）等作品。

　　首先是教育经历，这包括家庭教育、艺术教育以及他与两位导师之间的交往，这都与帕拉杰诺夫令人惊叹的奇思妙想、叹为观止的想象不无关系。帕拉杰诺夫认为导演的艺术天赋是无法学习的，只能靠天生[1]，而他父母的职业都与艺术有关。他的父亲经营一家古玩商店，对亚美尼亚历史和古董艺术很有研究，他的母亲是一位钢琴家。帕拉杰诺夫从小就受到亚美尼亚传统文化影响，父亲那些五彩斑斓、富有民族特色的古玩和工艺品，让他对民族风物充满了好奇。在他的电影中，各种民族特色的器皿、物件、乐器都扮演着非常重要的角色，而《吟游诗人》的故事直接更来自于帕拉杰诺夫七岁时母亲讲述的童话故事。在学校教育阶段，他最初在母亲的影响下决定学习音乐，1943年考入第比利斯音乐戏剧学院声乐系，学习小提琴和舞蹈，并加入了为军队医院巡演的歌舞团。但他逐渐受到绘画和电影的感召，放弃了音乐

---

[1] 请参见本书中谢尔盖·帕拉杰诺夫的访谈。

戏剧学院的学业，于1945年考入苏联国立电影学院
（VGIK）。然而，他在音乐方面的修养和舞蹈方面
的教育为电影创作提供了重要基础，帕拉杰诺夫对民
族音乐的娴熟使用以及场面调度中明显的舞蹈元素，
都与这段经历有关系。

　　与其他同龄电影学生不同的是，帕拉杰诺夫在
读书期间同时接受了两位优秀导演的指导，这两位
导师的完全不同的电影观对他影响非常大。他刚进
入苏联国立电影学校时，导师是伊戈尔·萨甫琴科
（Igor Savchenko），萨甫琴科当时年轻有为，个
性极强。帕拉杰诺夫回忆说，萨甫琴科与杜甫仁科
（Alexander Dovzhenko）都是才华横溢、地位很高
的导演，但两个人在VGIK是"死对头"，总"掐
架"。从1948年起，帕拉杰诺夫以助手身份参与
萨甫琴科导演的《第三次打击》（*The Third Blow*，
1948）和《塔拉斯·舍甫琴柯》（*Taras Shevchenko*，
1951）。帕拉杰诺夫认为萨甫琴科是"以文艺复兴的
风格做电影实验"的"唯美主义者"①，这种对实验
电影的趣味和强烈的艺术个性必然影响了帕拉杰诺
夫。1950年12月14日，萨甫琴科突然去世，帕拉杰诺
夫的课程转由杜甫仁科指导。杜甫仁科是乌克兰"诗
电影"的开拓者，他则要求帕拉杰诺夫要注意观察生

---

① 请参见本书中谢尔盖·帕拉杰诺夫的访谈。

活，不要被书本阅读所蒙蔽，他提出导演对生活的看法比读到的任何东西都有趣，并且这种观察要有洞察力、更清晰、更具摄影性。这些指导必然启发了帕拉杰诺夫把亚美尼亚人的日常生活、工作、宗教礼仪的细节以独具魅力方式呈现出来。由于帕拉杰诺夫生前长期遭受政治打压，研究者与观众无法看到他的作品，加之语言与文化上的障碍，导致对帕拉杰诺夫的学术研究进展缓慢。苏联解体后，有关历史材料不断解禁，他的电影也以DVD的形式在世界范围重新发行和传播，让越来越多的人重新发现这位传奇导演。新世纪以来的研究主要围绕这几个方面展开，其一是关于帕拉杰诺夫的创作与生平，重点在他的交游、行事、创作与牢狱生活；其二是他的电影作品研究，尤其结合亚美尼亚地方文化对他电影中的风格要素展开分析；其三是研究帕拉杰诺夫与俄罗斯电影、格鲁吉亚电影的历史传承关系。①

1988年，帕拉杰诺夫在接受法国《世界报》（*Le Monde*）采访时曾说，我是苏联唯一在斯大林

---

① 在帕拉杰诺夫研究方面，首推美国埃默里大学（Emory University）学者詹姆斯·史蒂芬（James Steffen）的一系列研究成果。国内的相关研究多数为研究生发表的资格论文，吴小丽、张成杰的《苏俄电影教程》中第九章《民族身份的自我确认：帕拉让诺夫和阿布拉泽》中有对帕拉杰诺夫生平较为详尽的介绍，黄宝福发表在《当代电影》2010年1月号的《我是一位生活和内心充满痛苦的人》中述及了帕拉杰诺夫的生平细节和风格。

时期、勃列日涅夫时期和安德罗波夫时期都坐过牢的电影导演[1]。因此，他的电影创作——无论是有意识或无意识、突显的或暗藏的，必然与当时的审查发生关系。本文力求在已有研究基础上，结合他生平中的特殊经历，以《石榴的颜色》（*The Colour of Pomegranate*, 1969）为例，分析帕拉杰诺夫的风格实验在苏联艺术审查体制下形成了一种"审查美学"。

一、从牢狱之灾到艺术友谊

帕拉杰诺夫生平中有两段经历与"审查美学"有关系。首先，帕拉杰诺夫经历过三次牢狱之灾，这些经历通常被解读为出于政治原因对他迫害的表面理由。第一次被捕是在1948年夏天，当时他还在莫斯科苏联国立电影学院（VGIK）读书，他在第比利斯因涉嫌与苏联国家安全委员会官员尼古拉·米卡瓦（Nikolái Mikava）违反同性恋禁令案而被捕。他被判处五年，同年12月因上诉成功而获释。帕拉杰诺夫承认了与米卡瓦发生了同性性行为，原因是米卡瓦帮助帕拉杰诺夫考上了第比利斯音乐学院（1943年）。[2]

---

① Sergueï Paradjanov, *Interview, in Le Monde*, 1980.01.27.
② 亚历山大·高尔琴斯基：《关于审判帕拉杰诺夫的全部真相》，《今日报》，2008年1月29日。http://www.segodnya.ua/ukraine/vcja-pravda-o-cudimoctjakh-cerheja-paradzhanova.html 2017年4月16日引用。

第二次被捕是1973年11月，帕拉杰诺夫在乌克兰基辅被捕，被指控犯有强奸、同性恋和投机倒把罪等。当时《被遗忘的祖先的阴影》和《石榴的颜色》已在国际电影节上获奖而备受瞩目，所以这次被捕引起了国际电影界关注。1974年1月，特吕弗、戈达尔·雅克·塔蒂等多位导演联合发表了声明，要求释放帕拉杰诺夫[①]。但乌克兰法庭依然以同性性侵行为和传播淫秽物品的罪名，判处帕拉杰诺夫五年劳动改造，在第聂伯罗彼得罗夫斯克（Dniepropetrovsk）服刑[②]。在路易·阿拉贡（Louis Aragon）、爱尔莎·特里奥莱（Elsa Triolet）、赫伯特·马歇尔（Herbert Marshall）、约翰·厄普代克（John Updike）等多位作家、艺术家的努力下，帕拉杰诺夫于1977年12月30日被提前释放。在四年零十一天的刑期中，帕拉杰诺夫承受了难以想象的身心迫害，但他依靠顽强的毅力和朋友们的鼓励，在恶劣的苏联劳改营严密的看管下继续艺术创作，完成了绘画、拼贴画和剧本写作等工作。同时，帕拉杰诺夫还在狱中倾听狱友们的忏悔，把每个罪犯的忏悔作为他剧本创作的源泉，在此基础上创作完成了四个剧本，其中《天鹅湖禁区》

① 参与这次声援的具体名单，请参见本书中《谢尔盖·帕拉杰诺夫生平创作年表》。
② 包括乌利希·格雷戈尔在内的许多学者对这次审判的刑期不确定，有人认为是六年，从塔可夫斯基日记以及帕拉杰诺夫的访谈来看，当时法庭宣判的刑期是五年。

（*Swan Lake: The Zone*）在1990年被尤里·伊利延科拍成了电影。帕拉杰诺夫在监狱中完成的绘画和拼贴画于1988年在埃里温民间艺术博物馆举行了展览。

释放之后，帕拉杰诺夫一直被禁止从事电影创作，因此他获得了来自国际世界的支持。1980年5月18日，在第三十三届戛纳国际电影节上，法国电影导演协会（Soiceté des Réalisateurs de Film）与国际声援被迫害艺术家协会（AIDA）联合举行了"行动自由与观点自由"（Liberté d'action et liberté d'opinion）主题活动，公开支持遭到不公正对待的导演。除了帕拉杰诺夫，还有西班牙导演皮拉尔·米罗（Pilar Miró）①、土耳其导演尤马兹·古尼（Yilmaz Güney）和巴基斯坦导演哈米尔·德拉维（Jamil Dehlavi）②，活动放映了他们的电影作品，包括皮拉尔·米罗的《昆卡的罪行》和帕拉杰诺夫的地下短片《时代的信号》（*Signe du temps*）③。然而，1982年2月，帕拉杰诺夫再次在第比利斯因涉嫌行贿罪第三

---

① 皮拉尔·米罗（Pilar Miró, 1940—1997），西班牙电影导演，1981年，他因拍摄纪录片《昆卡的罪行》（*El crimen de Cuenca*, 1981）被西班牙政府传唤，西班牙军方禁止影片在国内和国外放映，影片讲述了20世纪10年代发生在西班牙昆卡地区的一起冤案。

② 哈米尔·德拉维（Jamil Dehlavi, 1944— ），巴基斯坦导演，哥伦比亚大学电影学系毕业，他1980年指导的讲述巴基斯坦家族的传记电影《侯赛因的血》（*The Blood of Hussain*, 1980）遭到了巴基斯坦军方的禁映。

③ Journée contre la répression à Cannes, in Le Monde, 1980.05.10.

次被拘留。直到1982年10月，在前格鲁吉亚总统爱德华·切瓦德纳兹（Edouard Chevardnaze）的干预下，法庭最终宣判缓期执行，帕拉杰诺夫因此被苏联电影家协会开除。但他可以工作，被邀请拍摄了改编自格鲁吉亚作家丹尼尔·琼卡泽（Daniel Chonkadze）小说的《苏拉姆城堡的传说》（*The Legend of the Suram Fortress*）。

在相同的审查制度下，帕拉杰诺夫与安德烈·塔可夫斯基结下了友谊。帕拉杰诺夫在访谈中经常表达对费里尼、帕索里尼等同时代导演的敬佩，但对他影响最大的精神挚友是塔可夫斯基。

塔可夫斯基的命运遭际与帕拉杰诺夫有很多相似之处，两个人都是毕业于苏联国立电影学院的才华横溢的学生，他们都主要生活在勃列日涅夫执政时期（1964—1982），他们都因拍摄古代文化名人传记片而遭到了冷遇或迫害（《安德烈·卢布寥夫》与《石榴的颜色》），他们是精神上的同路人，都创造出与当时苏联倡导的"社会主义现实主义"完全不同的唯美主义风格，我们可以把他们的这种风格视为"审查美学"某种典型的中立形式。

帕拉杰诺夫与塔可夫斯基有许多私人交往。1973年12月，当帕拉杰诺夫第二次被捕时，安德烈·塔可夫斯基写信安慰在狱中的帕拉杰诺夫。他在信中写道："莫斯科的人民被你伟大的事迹所震撼，事实上，没有先知会被自己的国家所接受！"①
同时，塔可夫斯基联合著名文艺理论家什克洛夫斯基
（Viktor Shklovsky），给乌克兰党中央第一书记谢尔
比茨基写信，在信中写道："过去十年，谢尔盖·帕
克赞诺夫只拍了两部电影：《遗忘的祖先之影》和
《石榴之色》。它们首先影响乌克兰电影，其次影响
整个国家，然后遍及世界。"②这封信件受到乌克兰
的重视并让乌克兰检察院于1974年6月向塔可夫斯基
正式回信。塔可夫斯基不仅在国内声援帕拉杰诺夫，
还向欧洲国家推荐帕拉杰诺夫的作品。他曾在法国
《解放报》（Libération）上给帕拉杰诺夫发了公开
问答，其中就有这样的问题："是什么促使您拍电
影？"帕拉杰诺夫的回答是："我想在艺术中延续
塔可夫斯基的生命。"1981年，帕拉杰诺夫被释放之
后，曾邀请塔可夫斯基到格鲁吉亚来度假（1981年12
月28日），塔可夫斯基带着妻子和儿子来到第比利斯
探望帕拉杰诺夫，帕拉杰诺夫专门借了一辆伏尔加轿
车到车站迎接他们，他们共同度过了帕拉杰诺夫的生
日（1月9日）并住到1982年1月13日才离开。在帕拉
杰诺夫的安排下，塔可夫斯基在格鲁吉亚举行了多场

---

① 安德烈·塔可夫斯基，《时光中的时光：塔可夫斯基日记》，周成林译，广西师范大学出版社，2007年，第126页。
② 安德烈·塔可夫斯基，《时光中的时光：塔可夫斯基日记》，周成林译，广西师范大学出版社，2007年，第125页至第126页。

讲座[1]。

同时代的两位个性鲜明的艺术家能保持这种彼此钦佩的艺术友谊非常罕见。塔可夫斯基逝世后，鲁宾·格沃克杨茨（Ruben Gevorkyants）拍摄讲述两个人友情的纪录片《岛》（*Islands*, 1987），帕拉杰诺夫在朋友面前说塔可夫斯基的《伊万的童年》是天才般的作品，可以做他的老师，而塔可夫斯基则坦言自己最钦佩的导演是让·维果（Jean Vigo）和帕拉杰诺夫。帕拉杰诺夫的最后一部作品《吟游诗人》的最后一个镜头，一只鸟儿落在摄影机上，鸟是天才的象征，帕拉杰诺夫在此处写道：谨以此片深切悼念塔可夫斯基。

二、审查美学与晦涩有罪

米克洛什·哈拉兹蒂认为，简单否定苏联时期的艺术审查，会忽视艺术创作与政治之间微妙的互动关系，审查本身已构成了一种介入艺术创作的力量，不能把艺术家简单分为合作与抵抗、顺应与叛逆等立场或阵营，也在作品层面形成复杂的美学征候。在"审查美学"的框架下，帕拉杰诺夫似乎同时承受了哈拉兹蒂所说的"军用／强硬"的审查（被捕与入

---

① 蒂埃里·茹斯等，《电影光幻100年》，蔡秀女、王玲琇译，广西师范大学出版社，2003年，第282页至第284页。

狱）与"民用／温和"的审查（作品被修改）①。

许多研究者聚焦于纯粹政治的原因。帕拉杰诺夫去世后，曾有文章认为，1974年对帕拉杰诺夫的指控，在于他在1973年拒绝为指控乌克兰民族解放运动领袖瓦伦汀·莫洛兹（Valentin Moroz）而作证②。但是，帕拉杰诺夫本人不是政治异见分子，也不热衷于传播自由主义观念，从来不在电影中探讨政治问题。更需要强调的是，对他的审查显然不是开始于1974年镇压乌克兰民运这起政治事件，而始于1965年的《被遗忘的祖先的阴影》。这部讲述喀尔巴阡山脉胡楚尔部落（Hutsul）的爱情悲剧故事，曾在阿根廷马塔布拉塔国际电影节（International Film Festival Mar del Plata）获得了最高奖。但在影片上映后，却突然下令禁映，同时，当时正在筹备的为庆祝战胜纳粹德国胜利二十周年的电影《基辅壁画》（Kiev's Frescoes, 1965）也被中止，理由是影片具有"资产阶级的神秘主义和主观主义"，"意识形态倾向"，"对伟大的卫国战争进行神秘化和主观化的歪曲再现。"③当局没收并销毁了影片拷贝，只留下将近十五分钟的片

---

① 米克洛什·哈拉兹蒂：《天鹅绒监狱》，戴潍娜译，中央编译出版社，2015年，第99页至第107页。

② Jean-Luc Douin, *Dictionnaire de la censure au cinéma*, Presses Universitaries de France, 1998, p.338.

③ Jean-Luc Douin, *Dictionnaire de la censure au cinéma*, Presses Universitaries de France, 1998, p.338.

段。接下来，帕拉杰诺夫根据米哈伊洛·柯秋宾斯基（Mykhailo Kotsiubynsky）小说改编的电影《间奏曲》（*Intermezzo*）也被迫中止。

《被遗忘的祖先的阴影》没有触犯任何政治问题，那么到底在哪里让审查感觉不适呢？帕拉杰诺夫与塔可夫斯基一样，他们的电影在政治上是中立的。如果说他们的风格有什么共通之处，就是"去政治化"，他们很少像安杰伊·瓦伊达那样在作品中谈论政治。一般来说，中立的艺术不会对国家造成任何威胁。《石榴的颜色》能成为禁片就更让人难以理解。《石榴的颜色》讲了亚美尼亚诗人萨雅·诺瓦（Sayat Nova）的一生。"阿什克"（ashugh）是一种亚美尼亚游吟诗人，这种诗人善于把诗与歌融合，内容多数是关于民族神话、宗教和爱情等。影片以独特的美学形式展现了外高加索地区的服饰、民俗、教育、手工业、建筑、音乐、纺织、宗教活动等内容，不含有对苏联任何政治形象（如领导人、党组织、政府和革命历史等）的批评或讽刺，也没有对萨雅·诺瓦这位伟大的诗人进行歪曲和侮辱，更没有对地方宗教信仰的亵渎。借用乌利希·格雷戈尔的评价："《萨雅·诺瓦》（《石榴的颜色》为《萨雅·诺瓦》的重新剪辑版）在发展实验性的画面语言方面确立了苏联电影中迄今为止最前列的地位……属于电影史中少数几部真正重要的作品之列。"① 与戛纳电影节声援的其他三位政治异见导演不同，人们对《石榴的颜色》的评价主要集中在艺术风格上，影片没有任何政治性内容，也不会产生政治性解读。

帕拉杰诺夫被审查的罪名是"抽象"与"晦涩"。让-吕克·杜安（Jean-Luc Douin）提出，《被遗忘的祖先的影子》上映时，赫鲁晓夫提出了反抽象绘画的观点，于是文化部门把矛头对准了当时所有的形式主义作品，《被遗忘的祖先的影子》因此成为这场清抽象艺术的牺牲品。而《石榴的颜色》被删改和禁映的原因是晦涩。亚美尼亚文化部长看完影片后，对帕拉杰诺夫说："你拍的到底是什么？我们根本看不懂。"帕拉杰诺夫回答说："我的电影就这样！"②

因此，与苏联当时被审查的多数文学艺术作品有很大区别，《石榴的颜色》带来了一种令人费解的美学。如果说影片触犯了什么戒律，那就是"晦涩"。抽象与晦涩引起了审查的不安。帕拉杰诺夫因为激进、抽象、晦涩的美学实验而遭到审查，这在欧洲电影审查史上都是非常特殊的个案。在电影史上，

---

① 乌利希·格里高尔，《世界电影史》，第三卷（上），中国电影出版社，1987年，第393页。
② Jean-Luc Douin, Dictionnaire de la censure au cinéma, Presses Universitaries de France, 1998, p.338.

激进的美学实验曾被认定为对社会的挑衅。20世纪30年，布努埃尔与达利合作的超现实主义电影《黄金时代》（*L'âge d'or*, 1930）宣传放映时，激怒的民众冲进电影院，捣毁了座椅并用刀片割碎了萨尔瓦多·达利的油画①。但自从现代民族国家的电影审查普遍建立后②，电影审查的主要对象集中在政治、宗教、两性、种族和暴力这五个问题上③，而《石榴的颜色》则完全不存在这些方面的问题，它被审查则是因为影片以超出理解的方式完成了美学创新。

三、博物馆陈列式场面调度

电影审查不只生产顺从与抵抗两种美学，《石榴的颜色》代表了审查制度下的另一种可能的风格。影片完全不以政治讽刺或政治对抗的形式引发当权者的不满，而是用强烈而陌生的形式去撼动内容在电影中的中心地位，而"内容中心主义"恰恰是社会主义现实主义的美学基础，而这种精英式的唯我主义创作

---

① 路易斯·布努埃尔、何塞·德拉·科利纳、托马斯·佩雷斯·图伦特：《危险，切勿把头伸进来——布努埃尔谈话录》，何丹译，新星出版社，2010年，第46页。
② 从世界范围来看，国家电影审查制度建立于20世纪30年代初，其标志是苏联、意大利、德国普遍建立了国家电影管理体制，美国在天主教会的推动下，推出了《制片法典》。
③ 参见Kendall R. Phillips: *Controversial Cinema: the Films that Outraged America*, Praeger, 2008.

让审查者们感到不安。抽象、晦涩与实验，让审查者感到"自我审查"（autocensure）已失效，在御用艺术价值观的正反立场之外，存在一种新的逃避美学。

乌利希·格雷戈尔依据英国《视与听》（*Sight and Sound*）杂志作家赫伯特·马歇尔（Herbert Marshall）的观点[①]，提出了几个关于《石榴的颜色》当时无法证实的信息，比如影片在苏联上映的时间和帕拉杰诺夫对尤特凯维奇剪辑的版本的态度等[②]。为了研究这部电影的审查美学，我们先研究一下由于审查导致的影片版本问题。《石榴的颜色》共有三个版本，帕拉杰诺夫的原始版本、亚美尼亚版（1969亚美尼亚公映版）和"尤特凯维奇版"（1973苏联公映版）。苏联电影史学者詹姆斯·史蒂芬（James Steffen）对这三个版本进行了比较[③]。1969年，《萨雅·诺瓦》在亚美尼亚首府埃里温上映，片长为77分钟。但这并不是原始版本，在亚美尼亚版中，在亚美尼亚共产党[④]的建议下，把萨雅·诺瓦的

---

① Herbert Marshall, *The Situations of Sergei Parajanov, in Sight and Sound, 1974-1975(Winter)*, p.8.

② 乌利希·格里高尔，《世界电影史》，第三卷（上），中国电影出版社，1987年，第392页至第393页。

③ James Steffen, *The Cinema of Sergei Paranjanov*, The University of Wisconsin Press, 2013, pp.134-136.

④ 亚美尼亚共产党（Armenian Communist Party, 简称ACP），在苏联时期是苏联共产党在亚美尼亚的分支委员会，最早创立于1920年，接受苏联共产党领导。1991年苏联解体之后独立成为亚美尼亚的政党。

诗句从电影中全部删除，其理由是影片本身不是"关于"诗人萨雅·诺瓦的，他们认为帕拉杰诺夫只是在诗人的生平中汲取灵感而进行了自由改编，融入过多的个人幻想①。影片在亚美尼亚上映时，政府邀请畅销作家赫兰特·马特沃斯阳（Hrant Matevosyan）重新改写了影片的章节标题。比如帕拉杰诺夫原作剧本中写道："微雕展现诗人萨雅·诺瓦为了安娜公主的爱而永远离开了修道院。"②亚美尼亚版本被改为："我怎样才能在你炽热的火焰中保护这座蜡做的爱之城堡？"③原作中的诗句字幕全部被换掉。但这个"亚美尼亚版"在苏联也无法通过审查。1970年，苏共宣传部让著名导演谢尔盖·尤特凯维奇（Sergei Yutkevich）重新把"亚美尼亚版"剪辑为71分钟版本，并把片名改名为《石榴的颜色》（*The Color of Pomegranates*），1973年才在苏联上映。2006年意大利国家电视台（RAI）发行的DVD版《石榴的颜色》就是"尤特凯维奇版"，也是中国互联网上广为流传

---

① James Steffen, *The Cinema of Sergei Paranjanov*, The University of Wisconsin Press, 2013, pp.134-136.
② 来自帕拉杰诺夫的剧本手稿，关于其手稿信息来自詹姆斯·史蒂芬的《谢尔盖·帕拉杰诺夫的电影》。
③ 这个章节标题取自公开发行的《石榴的颜色》的DVD，被公认是马特沃斯阳（Matevosyan）撰写的章节标题。

的版本[1]。

从两次审查和删改中，我们发现审查没有集中在政治、宗教、性爱和暴力这些内容上，而集中在诗（诗句修改）与结构（章节标题）。对《石榴的颜色》的审查看上去更像是美学上的修改而不是政治上的删除。帕拉杰诺夫用了一种反常规的传记叙述手段，用近乎散文化的方式把诗人生活中的片段描绘出来，形成一种"博物馆陈列式场面调度风格"。

这种风格首先表现为一种"橱窗效果"。博物馆向公众陈列器具和艺术品时，往往通过通透、明亮的橱窗把被观看的陈列品呈现出来，橱窗建立了观看者与展品之间基本的视觉关系。在帕拉杰诺夫的电影中，稳定的画框把每个镜头中的事物以近乎完美的构图、最低观看障碍的方式呈现出来，建构最佳的观看（或聆听）人物、风景和物品的效果。明确、稳定的画框意识在《石榴的颜色》的场面调度中占据核心地位，摄影机不再模拟某个具有指定情绪的观看者，相反，成为视线高度恒定、观看位置适中的呈现工具，就像博物馆中的橱窗。《石榴的颜色》与其他作品不同的地方在于，摄影机始终处于静止状态，深焦镜头

---

[1] 这个版本总共分八小节，标题分别为："诗人的童年""诗人的青年""诗人进入王子公园，狩猎前的祈祷""诗人的梦：回到童年并哀悼父母的死亡""诗人进入修道院""诗人的老年""遇到死亡天使，诗人埋葬了爱人""诗人之死"。

把前景与后景都清晰地呈现在视野中，低反差布光让形式与色彩以最为贴切的方式呈献给目光，摄影机作为形式要素的意指性被降到最低，尽可能避免使用移动镜头和推拉镜头，甚至微小的焦距变化都被抑制。这就是典型的观众在博物馆隔着橱窗观看的视觉形态。

第二个特征是"物向画面会聚"，镜内的人物、风景与器物都朝向画面／观众。帕拉杰诺夫的人物都面对着画面，不回避观众的目光，形成与观众对视的效果。但这种对视并非一种交流，而是把面孔向着画面敞开，仿佛戏剧演员在舞台上必须面对观众表演，他们与观众的目光相对，但又不一定与他们交流。在《石榴的颜色》中，人物以近乎活动标本的方式被安置在"摄影机陈列装置"中，人物的位置、物品的陈列与拜访、建筑立面的选择，都不符合现实中的实际情况，而是向着画面汇聚，画面完全以观众视觉的有效性（看见）和经济性（即刻）为原则去构图：人物、动物、器皿、服饰、道具完全摊开，在稳定的摄影机前铺展与排布，每一格画面都像在平面上铺展开的风物陈列。正如博物馆经常举行的展览，影片穿插了大量外高加索地区的绘画和雕塑的直接呈现，在强烈的色彩中（石榴的颜色在影片成为爱的象征），萨雅·诺瓦的生平插图与东正教绘画的局部，直接插入画面中，与格鲁吉亚中世纪建筑立面上的雕塑、室内装饰一样，被摄影机按照画面构图的需要而截取、再构图。

与这种博物馆陈列般的视觉风格相呼应的，是影片连续不断的诗性独白。影片始终伴随着旁白、吟唱和诵经，与民族乐器的演奏构成了影片富有诗意的声音特质，近乎诗人的沉吟或倾诉的民族音乐。卡尔拉·奥勒（Karla Oeler）认为这种手法源自詹姆斯·乔伊斯（James Joyce）的小说通过语言／声音去延展无尽的内心世界，建构了一种集体式的内心独白[①]：既属于主人公，也属于整个民族，更通过主人公传达给观众，在三者之间形成一种独白的共鸣。人物几乎都以默剧或舞蹈的形式表演，对话很少，但是强烈的音效（雨声、脚步声、铃铛、石刻声）打开了博物馆陈列式构图的扁平空间感，民族乐器演奏的音乐填补了声画疏离的分裂感，打开巨大的心理空间，让人感觉画面近在眼前，声音却远隔几个世纪。

服装、道具、物品的博物馆陈列式的完整呈现，把故事中的具体的造型，变成展示整个民族文化的标本，把博物馆中静态的陈列，转换为时间轴上18世纪吟游诗人的生平片段，因此，《石榴的颜色》创造了一种完全向着摄影机和眼睛敞开的风格，观众与

---

① Karla Oeler: *A Collective Interior Monologue: Sergei Parajanov and Eisenstein's Joyce-Inspired Vision of Cinema*, in *The Modern Language Review*, Vol. 101, No. 2 (Apr., 2006), pp. 472-487.

剧中人物仿佛隔着历史的画框彼此对望，剧中人转过脸来，对着画框／观众不断地凝视，或者通过默剧舞剧的形式演绎风俗文化，电影画面因此成为连通现代与历史、观看与投射的空间，一个遥远、神秘的民族呈现出来。这就是学者们称道的帕拉杰诺夫的"诗电影"风格，与塔可夫斯基的诗意完全不同。

本文不想完全否认《石榴的颜色》以及帕拉杰诺夫电影中可能蕴含的反抗强权的意味，比如帕拉杰诺夫通过陈列社会历史的风格，以告诉人们萨雅·诺瓦之所以能成为优秀的游吟诗人，不仅因为他从人民的生活中汲取灵感，更因为他把诗歌本身变成人民的声音。这也可以成为我们理解帕拉杰诺夫的方式：他之所以能成为优秀的导演，不仅因为他从亚美尼亚的历史和文化中汲取灵感，更因为他把电影作品本身变成一座亚美尼亚民族艺术的博物馆。

谢尔盖·帕拉杰诺夫生平创作年表

肖熹 编译整理

　　1924年1月9日，谢尔盖·帕拉杰诺夫生于格鲁吉亚第比利斯。父母皆为亚美尼亚人。帕拉杰诺夫的父亲经营一家古玩寄卖商店，曾多次入狱，并被频繁抄家。帕拉杰诺夫的母亲是钢琴家，在音乐方面颇具天赋。

　　1941年至1943年，在位于第比利斯的苏联玩具工厂工作，并短暂地在第比利斯铁路运输学院建筑系学习。

　　1943年至1945年，在第比利斯国立音乐戏剧学院声乐系学习，同时，接受小提琴和舞蹈训练，参加为部队医院巡演的歌舞团。

　　1945年，被苏联国立电影学院（VGIK）录取，在伊戈尔·萨甫琴科（Igor Savchenko）的指导下学习。

　　1948年夏，身陷知名作家尼古拉·米卡瓦（Nikolái Mikava）涉嫌违反同性恋禁令一案，帕拉杰诺夫与其朋友们一齐被捕，同年12月，上诉成功而获释。

　　1948年至1951年，担任萨甫琴科助手，参与《第三次打击》（*The Third Blow*, 1948）以及《塔拉斯·舍甫琴柯》（*Taras Shevchenko*, 1951）等的拍摄。

1950年12月14日，萨甫琴科去世，电影学院的课程由亚历山大·杜甫仁科（Alexandr Dovzhenko）接任指导。

1951年1月，与鞑靼族姑娘尼歌娅·塞莱娃（Nigyar Seraeva）结婚。次月，因帕拉杰诺夫未能支付聘礼，塞莱娃被自己的族人杀害，尸体在铁轨附近被发现，身上有多处刀伤。

1952年，从国立电影学院毕业，毕业作品为短片《摩尔达维亚童话》（*A Moldavian Tale*, 1951），48分钟，改编自叙事诗《安德里耶什》。毕业后，前往基辅电影厂担任导演。

1954年，首部长片《安德里耶什》（*Andriesh*）公映，这部电影重拍了他的毕业作品。

1958年至1960年，拍摄传记纪录片《纳塔利娅·乌什丽》（*Natalia Uzhvy*, 1959），黑白，35分钟；拍摄乌克兰民间叙事歌曲杜姆卡题材短片《杜姆卡》（*Dumka*, 1957），黑白，26分钟；拍摄乌克兰传统手工艺纪录片《金手》（*Golden Hands*, 1960），35分钟。

1959年，喜剧《第一少年》（*The First Lad*）公映，该片为帕拉杰诺夫在票房上最为成功的一部电影。

1961年，根据亚历山大·莱瓦达（Alexander Levada）的剧本拍摄《乌克兰狂想曲》（*Ukrainian*

Rhapsody）。作为知名剧作家，莱瓦达此前曾撰文批评过
《第一少年》。

1962年，父亲去世，与第二任妻子离婚。同年拍摄
《石头上的花》（*Flowers On The Stone*），黑白。

1965年，改编自柯秋宾斯基同名小说的《被遗忘的
祖先的阴影》（*Shadows of Forgotten Ancestors*）上映。
9月，在基辅首映式上，有抗议者号召观众反对当局对知
识分子的迫害，遭到活动举办方阻拦，帕拉杰诺夫在现场
为抗议者辩护。帕拉杰诺夫在这部影片中取得突破，开
始建立自己的电影风格，该片为他赢得国际声誉的同时，
也开启了乌克兰诗电影流派。10月，开始制作《基辅壁
画》（*Kiev's Frescoes*），苏联官方于次年取缔该片拍摄
许可，该片于2011年由基辅的亚历山大·杜甫仁科国家中
心修复，现存13分钟。

1966年，受邀前往亚美尼亚电影厂拍摄《萨雅·诺
瓦》（*Sayat Nova*），剧本取材于18世纪亚美尼亚诗人、
音乐家萨雅·诺瓦的生平。

1967年，撰写自传剧本《忏悔》（*Confession*）；
拍摄短片《哈可布·赫夫那坦杨》（*Hakob
Hovnatanyan*），9分钟。

1968年，拍摄《孩子：献给柯米塔兹》（*Children: to
Komitas*）。该片记录了致敬著名亚美尼亚音乐家柯米塔
兹（Komitas）的一次儿童画展。帕拉杰诺夫将此片赠予
联合国儿童基金会（UNICEF），现已遗失。

1969年，《萨雅·诺瓦》在埃里温上映。原为77分钟，次年由谢尔盖·尤特凯维奇（Sergei Yutkevich）重新剪辑为71分钟版本，改名为《石榴的颜色》（The Color of Pomegranates）后，在莫斯科上映。同年，完成根据普希金叙述长诗《巴赫奇萨拉伊的喷泉》（The Fountain of Bakhchisaray, 1824）改编的《沉睡宫殿》（The Dormant Palace），该项目未能投拍。

1973年，与苏联著名文论家、编剧维克多·什克洛夫斯基（Viktor Shklovsky）合作关于安徒生的剧本《欧登塞奇迹》（A Miracle in Odense）。同年11月，离开第比利斯前往基辅，并在基辅被捕，被指控犯强奸、同性恋和投机倒把罪。

1974年1月，瓦尔达、特吕弗、戈达尔、塔蒂、里维特、布努埃尔、马勒、费里尼、维斯康蒂、罗西里尼、安东尼奥尼、帕索里尼、莱翁内、贝托鲁奇等导演联合署名，要求释放帕拉杰诺夫。4月，法庭认定帕拉杰诺夫曾有同性性侵行为，并犯有传播淫秽物品罪，判处5年劳动改造。从当年7月开始，先后关押在乌克兰佩列瓦利斯克（Perevalsk）等3处劳改营。帕拉杰诺夫的好友、导演米基哈尔·瓦塔诺夫（Mikhail Vartanov）为其请愿而被开除。但在包括路易·阿拉贡（Louis Aragon）、约翰·厄普代克（John Updike）在内的多位文学艺术界人士的推动下，1977年12月30日，帕拉杰诺夫终被提前释放。

1980年1月27日，法国《世界报》刊登帕拉杰诺夫访谈。

1982年2月，在第比利斯，帕拉杰诺夫因涉嫌行贿再次被拘留，直至当年10月法庭宣判缓刑。11月，受邀拍摄改编自格鲁吉亚作家丹尼尔·琼卡泽（Daniel Chonkadze）小说的《苏拉姆城堡的传说》（*The Legend of the Suram Fortress*）。

1985年1月15日，在格鲁吉亚电影工作者协会大厅开设展览，这是帕拉杰诺夫首次正式展出其平面艺术作品。同年春，《皮罗斯马尼主题上的蔓藤》（*Arabesques on the Pirosmani Theme*）上映。7月，《苏拉姆城堡的传说》进入莫斯科电影节展映单元。

1986年，完成根据亚美尼亚圣舒莎尼克事迹撰写的剧本《舒莎尼克受难记》（*The Martyrdom of Shushanik*），但因剧本引发了政治争议，项目被迫取消。

1987年，开始拍摄改编自莱蒙托夫同名长诗的《恶魔》（*Demon*）。早在1971年，帕拉杰诺夫已完成该片剧本。该项目最终未能完成。同年，关于帕拉杰诺夫和塔可夫斯基的纪录片《岛》（*Islands*）上映。

1988年1月15日，在埃里温民间艺术博物举行个人艺术展；4月，在埃里温筹办谢尔盖·帕拉杰诺夫博物馆。为亚美尼亚地震所影响，该馆直至1991年才建成开放。同年2月，生平首次出国，参加鹿特丹电影节，放映《皮罗斯马尼主题上的蔓藤》；6月，携《吟游诗人》（*Ashik*

Kerib）参加慕尼黑电影节并举行首映仪式，该片根据莱蒙托夫同名作品拍摄而成，此外，第一次举办电影回顾展；9月，参加威尼斯电影节和纽约电影节；11月，参加在巴黎举行个人电影回顾展。

1989年1月，开始改编俄罗斯12世纪史诗《伊戈尔远征记》（*The Tale of Igor's Campaign*）。按照帕拉杰诺夫的计划，他将与谢尔盖·格拉西莫夫（Sergei Gerasimov）合作拍摄该片，由他完成超现实主义部分，后者则负责拍摄现实主义部分。该剧本未能完成。同年4月，参加伊斯坦布尔电影节，因其对当代艺术的杰出贡献获特别评审奖；回国后，在第比利斯家中开拍《忏悔》，但项目仅拍摄两天就因帕拉杰诺夫被诊断出肺癌而中止。该片现存影像可见于米基哈尔·瓦塔诺夫拍摄的纪录片《帕拉杰诺夫最后的春天》（*Paradjanov: The Confession*, 1992）以及帕拉杰诺夫侄子格奥尔吉·帕拉杰诺夫（Georgi Paradzhanov）拍摄的传记片《我在童年时已死去》（*I Died in Childhood...*, 2004）。同年，莱奥尼德·奥苏卡（Leonid Osyka）根据帕拉杰诺夫剧本拍摄的俄国象征主义画家米哈伊尔·弗鲁贝尔的纪录片《弗鲁贝尔研究》（*Studies About Vrubel*）上映；尤里·伊利延科（Yuri Ilyenko）根据帕拉杰诺夫剧本拍摄的《天鹅湖禁区》（*Swan Lake: The Zone*）制作完成。

1989年12月至1990年7月，在埃里温民间艺术博物馆展出新作。

　　1990年2月，被授予乌克兰人民艺术家称号；6月，被授予亚美尼亚人民艺术家称号。在此期间，病情不断恶化，于7月20日晚在埃里温医院去世。

在物中收集失落的情感

——杨·史云梅耶访谈[①]

王继阳 译

早期经历与创作

彼特·哈姆斯（后简称"哈姆斯"）：您能描述一下您在布拉格应用艺术学院和布拉格表演艺术学院（DAMU）的早期训练吗？

杨·史云梅耶（后简称"史云梅耶"）：我认为学习的意义并不仅仅是学东西，而是通过学习，你获得了做学术的研究时间。这个时间你可以用来做感兴趣的事，简而言之就是自我教育。我是在最糟糕的那几年，也就是1950年至1958年间读的大学。在那个年代，是不允许你谈论现代艺术的，更不用说教了。我记得教授向我们展示一本"非法出版物"——毕加索的著作，卡雷尔·泰格（Karel Teige）的书被

---

① 本文根据英文原文翻译而成，其中包含对捷克和斯洛伐克特殊时期艺术教育的表述，这来自于导演特殊的个人经历与艺术趣味，仅代表他个人的理解。本书在选编和翻译过程中，出于学术研究的严谨性，认为文献翻译不能因噎废食，故而保留了这些观点，请读者要以判断和客观的态度去理解。——编者

从公共图书馆清除，所以，我们努力通过阅读现代艺术的书籍中字里行间的意思来了解现代艺术。我第一次看到达利的复制品是在一本书里，书名是《西方资产阶级艺术的苏维埃批判》（*Soviet Criticism of Western Bourgeois Art*）或类似的标题，达利的《三个穿比基尼的斯芬克斯》（*The Three Sphinxes of Bikini*）的画作被复制用来作为反面教材。那时我沉迷于苏联先锋派戏剧和电影。梅耶荷德（Vsevolod Meyerhold）[①]、亚历山大·塔伊罗夫（Alexander Tairov）和谢尔盖·爱森斯坦以及吉加·维尔托夫是我心目中的英雄。但我也喜欢奥斯卡·施莱默（Oskar Schlemmer）[②]的作品。但要知道，在20世纪50年代，这些艺术家的资讯实际上是很难获取的。只有在朋友经营的二手书店，才可能买到零星的书籍。直到第20次苏联共产党代表大会之后，解冻的苗头才开始出现，关于两次世界大战之间的先锋艺术的第一本出版物开始出版。由此我开始熟悉路易斯·布努埃尔的电影，以及战前的超现实主义者马克斯·恩斯特（Max Ernst）[③]、达利和米罗（Joan Miró）的作

---

① 梅耶荷德（Vsevolod Meyerhold），苏联著名戏剧导演、戏剧理论家。
② 奥斯卡·施莱默（Oskar Schlemmer, 1888—1943），德国著名画家、雕塑家
③ 马克斯·恩斯特（Max Ernst, 1891—1976），德裔法国画家，超现实主义绘画代表人物之一。

品，托恩（Toyen）[①]的画作《斯蒂尔斯基与西玛》（*Styrsky and Sima*）再次出现在国家美术馆。

哈姆斯：我知道您最开始在木偶系工作，木偶传统在捷克斯洛伐克的意义是什么？您怎么看待您与木偶传统之间的关系？

史云梅耶：我在布拉格应用艺术学院学习布景和设计，之后在布拉格表演艺术学院，我在木偶系开选修课程（这在当时非常罕见，许多外国人也在那儿学习）。我也学习导演和布景设计。木偶剧有自己的特殊的魔力。我能看到正宗的民间木偶艺人是如何用他们精彩的修辞和天赋去幽默地工作。我必须说，我从现代木偶剧里看不到能与传统民间木偶艺术相提并论的东西。或许是因为固执地试图满足大剧院的标准，供他们支配的技术阻碍了他们可能做出的传统的东方戏剧，如日本歌舞伎和中国京剧等真正有风格的尝试。我在许多电影中的工作根植于这个传统：《棺材屋》（*The Coffin House*）、《唐璜》（*Don Juan*）以及最近的《浮士德》（*Faust*）。

哈姆斯：您在布拉格萨马福尔剧院（Semafor

---

① 托恩（Toyen, 1902—1980），原名"Marie Čermínová"，捷克著名女性超现实主义艺术家，她使用笔名 Toyen 为了让人无法分辨她的性别，这个词源于法语单词"citoyen"，意为"公民"。

Theatre）工作过，也在"魔灯剧院"（Laterna Magika Theatre）[1]工作过，那时的工作的重要性在什么地方？我记得米洛斯·福尔曼（Milos Forman）曾经形容魔灯剧院的创始人阿尔弗雷德·雷铎（Alfréd Radok）[2]是天才，他说过：当不可能让事情引起注意时，就把它做得有趣和别出心裁。

史云梅耶：当我服完兵役，我在布拉格为萨马福尔剧院组建了一个叫作"面具剧院"（Theatre of Masks）的剧组。这也包含了黑光剧场技术[3]，这在当时的布拉格是相当时髦的技术。我热衷于把前卫的方法融入我的工作，并且用维迭兹斯拉夫·奈兹瓦尔（Vítězslav Nezval）[4]和马亨（Mahen）[5]的剧本。这个时候，我第一次以"面具剧院"的名义筹划了民间木偶剧《浮士德博士》（*Doctor Johann Faust*）。在准备我们的第一部作品《硬壳头》（*Starched Heads*）时，我遇到了我的妻子伊娃（Eva

---

[1] 魔灯剧院（Laterna Magika），布拉格一家多媒体剧院，演出内容为舞蹈、影视和黑光剧。

[2] 阿尔弗雷德·雷铎（Alfréd Radok, 1914—1976），捷克著名的舞台导演。

[3] 黑光剧场技术，利用黑色背景和灯光营造出出人意料的奇幻的视觉情境。

[4] 维迭兹斯拉夫·奈兹瓦尔（Vítězslav Nezval, 1900—1958），捷克著名先锋艺术家，超现实主义画家。

[5] 伊里·马亨（Jirí Mahen, 1882—1939），捷克戏剧家。

Švankmajerová）①。然而，萨马福尔剧院很快就定位为音乐表演，我们公司和先锋项目不仅与剧院的管理相冲突，还与观点整齐划一的大众相冲突，所以我不得不离开剧院。我把团队带到了魔灯剧院，直到1964年，我都是导演和布拉格黑光剧的负责人。当我到达"魔灯"时，阿尔弗雷德·雷铎已经被赶走。但幸运的是，他弟弟埃米尔·雷铎（Emil Radok）——Polyecran②的"发明者"留下来了。尽管他比我大很多岁，但很快就发现我们有许多共通之处。作为木偶系的新毕业生，受民间木偶艺术的启发，我和他在他的电影《浮士德博士》中一起工作。这部电影和其他由雷铎发起的项目，对我来说意义很大。我们发现我们有很多共同的观点，我们开始定期会面，撰写电影剧本以备不时之需。在魔灯剧院做导演工作异常乏味，每隔几年才会有项目，导演的工作就是对作品的进展情况进行"执导检查"。所以我不得不看300个霍夫曼的故事或400个变奏曲。在我在魔灯剧院与埃米尔·雷铎工作期间，第一次接触到电影的世界。我们一起执导了《变奏曲》（Variacel/Variation）中的几个片段，其中一个又是来自传统木偶剧的《浮士德

---

① 伊娃·史云梅耶洛娃（Eva Švankmajerová, 1940—2005），原名"Eva Dvořáková"，捷克超现实主义艺术家，捷克超现实主义小组的成员，杨·史云梅耶的妻子。
② Polyecran，捷克自主研发的摄影机品牌。

博士》（*Doctor Johann Faust*）。正如你所见，浮士德伴随了我的一生。

哈姆斯：电影中的木偶传统显然来自伊里·特恩卡（Jiri Trnka）①的开创性工作。尤其是后期作品如《手》（*The Hand*, 1965）和《电动阿嬷》（*Cybernetic Grandmother*, 1962），他转向更有争议的领域。特恩卡和捷克动画的传统对您的影响有多大？

史云梅耶：我记得当我还是一个学生，我第一次观看了特恩卡的木偶电影《捷克四季》（*The Czech Year*, 1947）。我很着迷。直到那时我才知道沃特·迪士尼（Walt Disney）的动画电影和一些捷克漫画，但这是完全不同的东西。它给我留下了那些只有新鲜、意想不到的事物才能留下的深刻印象。然而，那时我的想法并不在电影上。正如我刚才说过的，我正徘徊在俄罗斯建构主义舞台剧（Russian Stage Constructivism）的世界里。然而我必须说，当我开始对动画电影产生兴趣的时候，伊里·特恩卡的作品没能让我非常着迷，他被大量他的追随者毁了，成为捷克动画学校事实上的官方信条，我对此不感兴趣。

---

① 伊里·特恩卡（Jiří Trnka, 1912—1969），捷克木偶艺术家、动画电影导演。

哈姆斯：您和著名动画师例如弗兰斯塔·博斯彼斯洛娃（Vlasta Pospísilová）和贝德利赫·格莱瑟尔（Bedrich Glaser）一起工作。他们在最后的作品中起到什么作用？与他们合作对作品的贡献有多大？

史云梅耶：我曾与很多动画师一起工作，有些电影是我自己做的动画。一些艺术家，例如博斯彼斯洛娃和格莱瑟尔，是在捷克斯洛伐克以及海外最好的动画师。我对我的电影投入很多，与其他动画师的合作总是功利的。我想我不能容忍过于主动的动画师。与贝德利赫·格莱瑟尔合作有一个主要好处，他除了是一位有能力的动画师，还是一位艺术家，具有优秀的空间记忆能力，这让他能很快评判出三维动画需要什么。除此之外，我们彼此非常了解，不需要向对方解释太多。所有的动画镜头中，我都会出现。一些片段我画我自己，比如《厄舍古厦的倒塌》（*The Fall of the House of Usher*）。其他时候我又协助要求体力的镜头，比如《对话的维度》（*Dinmensions of Dialogue*）的第二场戏。

哈姆斯：您在许多大众媒体工作过，最先把您带到电影的是什么？媒体的什么特性最吸引您？

史云梅耶：电影与戏剧相比有一个很大的优势，它可以等待观众，而戏剧不能。当我参与"面具戏剧"时，我确信了这一点。观众在表演期间不理解，于是离开了——然而我的电影等了观众20年。电影的另一个重要好处是剪辑的过程允许艺术形象有更大的活力。在电影中，不再是需要更长的时间从一个场景过渡到另外一个场景，这放慢了节奏，赶走了观众。

哈姆斯：哪些艺术家和电影人给您的印象最深刻？

史云梅耶：如果按顺序来，那些我已提到的：梅耶荷德、亚历山大·塔伊罗夫、施莱默……电影界有爱森斯坦、维尔托夫，然后在某种程度上，路易斯·布努埃尔和萨尔瓦多·达利执导的《一条安达鲁狗》和《黄金时代》。费德里科·费里尼的电影《我记得想当年》和那些靠近动画的电影——乔治·梅里爱、查尔斯·鲍尔斯（Charles Bowers）。

哈姆斯：说到20世纪50年代，安东尼·里姆（Antonín J. Liehm）①曾经把动画描述为一个文化监管机构很难渗透的世界。这在后来的时期，特别是1969年至1989年，在多大程度上是真实的？有人曾跟我说，《对话的维度》曾被作为不应该被制作

---

① 安东尼·里姆（Antonín J. Liehm, 1924—），捷克作家、出版商，电影历史学家。

的电影类型的例子给党务工作者放映。您是如何设法脱离影响了20世纪70年代和80年代故事片导演的盲目娱乐的陷阱？

史云梅耶： 特恩卡的例子不如说是赞成了安东尼·里姆的观点。但特恩卡从未尝试"介入艺术"（也许《手》除外，但在那部电影出现的时代，各种事情都被允许，包括在故事片里）。他的艺术从来没有成为"最喜欢"的那种，像赫米娜·齐蒂洛娃（Týrlová）①媚俗的甜蜜，或杨·泽曼（Jan Zeman）②人物的怪诞风格（显然这导致这三个人被授予"国家艺术家"的称号，而特恩卡是最后一个接受这项荣誉的）。在20世纪50年代，动画电影被当作是给孩子的艺术（90%的时间是这样的），所以调查机构并不在此浪费时间。然而，它最终变得更加"有毒"。在20世纪60年代，与故事片和纪录片一起开始反映时代的问题。在正常化时期，动画电影开始受到与故事片和纪录片电影一样的审查。我能为我在电影《纳骨堂》（*Kostnice*, 1970）中自己的问题发声，为此不得不制作了一个不会引起非议的版本，只有音乐，没有评论。电影《公寓》（*The Flat*, 1968）被束之高阁，同样还有《花园》（*The Garden*）、《莱昂

---

① 赫米娜·齐蒂洛娃（Hermína Týrlová, 1900—1993），捷克女动画家，捷克木偶剧的开山鼻祖。
② 杨·泽曼（Ján Zeman, 1942— ），斯洛伐克导演。

纳多的日记》（*Leonardo's Diary*, 1972）被禁，《荒唐童话》（*Jabberwocky*, 1971）或《稻草赫伯特的衣服》（*Straw Hubert's Clothes*, 1971）也被禁。在《奥特兰多城堡》（*The Castle of Otranto*, 1977）的问题后，我直到1980年才被允许拍电影，即使在那时，我选择文学名著作为我的主题，因此有了《厄舍古厦的倒塌》。即使在20世纪80年代，审查还是一如既往地严苛。我的《对话的维度》（*Dimensions of Dialogue*, 1982）也被禁止，《钟摆、深坑和希望》（*The Pendulum, the Pit and Hope*, 1983）也受到严格的审查。因为我心直口快，被迫再次结束在布拉格克拉迪克制片厂（Kratky Film）的工作。作为要回避的一个典型，《对话的维度》给捷克斯洛伐克共产党中央委员会意识形态委员会放映。在本质上，这不是我个人的问题，而是电视台领导与克拉迪克电影制片厂之间的恩怨。可当然，这影响到我后来的工作。正如我曾写过的，不论何时他们禁止我的电影，我从来没有把这当作是一个悲剧，我继续做其他的事，我花很多时间在触觉实验（tactile experimentation）上。我做拼贴画、造型和各种雕塑与物件。作为一位动画师，让我的生活成为"不寻常的道具"的生产者。我还为巴兰多夫电影制片厂（Barrandov Film Studios）创建了字幕。

哈姆斯: 在1990年，您制作了《斯大林主义在波希米亚的终结》(*The Death of Stalinism in Bohemia*)，一部鼓动宣传的作品，像其他人的电影一样，但我认为更成功的是，它似乎提供了一种终结，并说出了没有说出的话。虽然在不同变体下，斯大林主义生活为您的作品提供了无法回避的背景，您认为这部作品在多大程度上蕴含着政治功能？

史云梅耶: 斯大林主义在我工作整体的背景中，《斯大林主义在波希米亚的终结》既是也不是一部特殊的电影。BBC有人问我，会不会制作一部反映在波西米亚正发生的事件的电影，我拒绝了。这似乎是不可能的。然而，尽管事实是这部电影与我的其他电影一样，按照相同的想象路径出现，我从没有假装这部电影不是宣传工具。因此，我认为这部电影将比任何其他电影会更快老去。

超现实主义小组

哈姆斯: 我知道您是在1970年第一次加入超现实主义小组(Surrealist Group)，那时，您已经制作了12部电影。您是不是已经不只是名义上，而是彻底的超现实主义者，或者您是因为某些特殊事件而产生这样的动机？

史云梅耶： 成为超现实主义小组的成员，结束了我生命中的一个阶段，开启了另一阶段。本质上我认为自己是一个超现实主义者，我之前就这么做了。但直到遇见弗拉提斯拉夫·艾芬伯格（Vratislav Effenberger）[①]和小组的活跃力量，我才意识到我之前对超现实主义的观念真的非常肤浅。艾芬伯格是真正意义上的大师，一个来自"被诅咒的遗产"的伟大诗人，"十一月革命"（November Revolution）之后四年，在捷克都没有出版商敢发表他的作品，这个事实就足以证明这一点。

哈姆斯： 在两次世界大战间的超现实主义运动与泰格、奈兹瓦尔、托恩、斯蒂尔斯基这些名字尤为相关。围绕诗性主义（Poetism）[②]、山菊花团体（Devĕtsil）[③]和超现实主义的一群人似乎感到了困惑与动摇，产生了从奈兹瓦尔和泰格到弗拉季斯拉夫·万裘拉[④]、沃斯科维奇（Voskovec）、韦里希（Werich）的不同形式的艺术。超现实主义是以何

[①] 弗拉提斯拉夫·艾芬伯格（Vratislav Effenberger, 1923—1986），捷克文学理论家

[②] 诗性主义（Poetism），20世纪20年代到30年代发生在捷克的先锋派文艺运动。

[③] 山菊花团体（Devĕtsil），捷克先锋派的艺术团体，于1920年成立于布拉格，20世纪30年代停止活动。

[④] 弗拉季斯拉夫·万裘拉（Vladislav Vancura, 1891—1942），捷克编剧、导演。

种方式将其与其他先锋派潮流区别开来的呢？

史云梅耶：捷克超现实主义与法国超现实主义有着截然不同的根源。捷克超现实主义是由泰格的诗性主义（Poetism）发展而来，法国超现实主义是由达达主义发展而来。在最初泰格是拒绝超现实主义的。直到20世纪30年代，捷克的诗性主义与第二篇宣言《为五官写的诗》（*Poetry for Five Senses*）和《第二超现实主义宣言》在概念上非常接近，泰格、奈兹瓦尔看到他们之间的差异非常细微，因此加入了国际超现实主义运动。布拉格超现实主义小组成立于1934年，发表了《超现实主义在捷克斯洛伐克宣言》（*Surrealismus v Ceskoslovensku*）。因此"山菊花"不复存在了。那时，超现实主义者是捷克斯洛伐克唯一的先锋派群体。在20世纪30年代，捷克斯洛伐克共产党变得斯大林化，部分前先锋派成员加入成为社会主义现实主义者，其余的感到纳粹主义的威胁，屈服于民族主义压力。伴随着泰格的小册子《反抗当前的超现实主义》（*Surrealismus proti proudu*）（这是对奈兹瓦尔逃避成为斯大林主义者的反映），唯一的超现实主义则坚持立场，反对源于民族主义的体制和对斯大林主义的献媚。

哈姆斯： 皮特·克诺（Petr Kral）[1]提及，捷克的超现实主义比法国的更为活跃。但在我看来，在战后时期，它已经更接近于法国和国际传统，而且似乎更悲观。

史云梅耶： 捷克在两次战争之间的超现实主义与法国超现实主义是不同的。例如，泰格的个性与安德烈·布勒东（André Breton）是如此不同，正如我所说，他们的起源不同。我认为捷克超现实主义对幻想的表达更为冷静，它更强调研究的诗意，直到今天仍保留这一特性。的确，超现实主义在二战后被迫变成非法组织，并被20世纪50年代和80年代的斯大林主义和后斯大林主义包围。它无法应对这种非理性的现实，因此在此期间所有的创作明显缺少"诗意"和"抒情"，而更"讽刺"，充满黑色的、客观的幽默和神秘化。它仅仅是比布勒东风格（Bretonesque）更佩雷特[2]（Peretesque）一点。

哈姆斯： 捷克超现实主义在纳粹占领时期和斯大林主义下被压制。这有什么秘密的历史吗？

史云梅耶： 我不认为秘密的历史是一个问题，

---

① 皮特·克诺（Petr Král, 1941—），捷克作家。
② 本杰明·佩雷特（Benjamin Péret, 1899—1959），法国诗人，巴黎达达主义运动发起人和法国超现实主义运动代表人物之一。

而是一个等待详细描述的丰富多彩的历史。例如,在斯大林时期(20世纪50年代),超现实主义者的圈子实际上是官方文化荒漠唯一真正的替代品。当代文学和艺术史科学并不急于附和这段历史的标准。事实上,这个群体被忽视甚至被回避。超现实主义总是捷克文化中的"胃溃疡"。当然,这从来没有让捷克的作者们(作家和艺术家)担忧,他们试图隐姓埋名地开发这一运动。因此,我们看到了埋葬超现实主义的伟大尝试。把肉从实体上剥离总是更容易,它从来没有试图为自己辩护。老一代也不喜欢超现实主义,原因是让他们看到了镜子里的自己,看到了他们与极权体制的合作。

哈姆斯:超现实主义在1968年出现,重新建立了国际联系。"布拉格之春"的影响和苏联入侵后的镇压政策对超现实主义活动的影响是什么?

史云梅耶:自1967年起,特别是在1968年期间,超现实主义浮出水面了一段时间,艾芬伯格有几部作品,小组出版了《超现实主义起源》(*The Surrealist Origin*),还出版了《阿纳洛贡》(*Analogon*)的第一期。在巴黎和布拉格的超现实主义者在捷克首都会面期间,共同宣布"布拉格平台"(The Prague Platform)的成立。在20世纪70年代,超现实主义小组再度受到质疑。然而,与两年前的情况相比，有一个明显的变化。国际交往的重新建立和进一步发展，小组被剥夺了在国内的公开性，与在巴黎的超现实主义出版物 [《超现实主义分裂》（*Deliaison surrealiste*）、《超现实主义》1 号和 2 号（*Surrealisme 1, 2*）、《超现实主义文明》（*La Civilisation Surrealiste*），等等]、日内瓦的《超现实者》（*Le-La 11, 12*）和瑞典《邓甘嫩》（*Dunganon 4*）及其他合作。超现实主义团体改变其结构，成员开始紧密合作，出版地下刊物 [《文档》（*Dokumenty*）]，想象空间展览项目——直到 1991 年才得以实现，主题为"第三方舟"（Treti Archa）。还非法出版了文集《运动战》（*Otevrena hra*）和《镜像》（*Opak zrcadla*）、第一期《北非石鸡》（*Gambra*）杂志，以及最终没能举行的主题为"梦的领域"（Sfera snu）和"幽默的转换"（Promeny humoru）的展览目录。集体处理的题目包括：阐释、色情、类比、精神形态、恐惧和游戏等。然而，与新超现实主义相反，它自己维持了一个独立的空间。就像我们的前辈在 1938 年"逆流"（against the current）政策时一样，我们也继续感受到新的超现实主义的夺权，对我们看来过于温顺、难以定义的不同观点的矜持感到厌恶。我们称这种态度为"双重孤立"（double isolation）。

哈姆斯：您说艾芬伯格对您有重要的影响，虽然他很高产，但在捷克斯洛伐克之外还不太为人所知。他的重要性在哪里？他在超现实主义小组里的角色是什么？

史云梅耶：艾芬伯格可以被归为20世纪50年代 "被诅咒"的诗人，其他还有哈利切克（Zbynek Havlicek）、卡雷尔·希内克·马哈（Karel Hynek Mácha），是被下一代人发现的（哪怕在波西米亚）。艾芬伯格是整合型人格，对于把一群直言不讳的个体组合在一起，他的存在不可或缺。在斯大林主义奴役下的世界里，他是一个道德坚定的人，被他直面态度的那些人所憎恨。他和小组那些人的一致观点被折中主义作为教条而反对，可这也是自然的。

哈姆斯：20世纪60年代的许多新浪潮电影似乎受到了超现实主义的影响。我想，尤其是杨·涅梅茨（Jan Nemec）的《夜宴》（*The Party and the Guests*）和《殉爱者》（*Martyrs of Love*, 1967）、维拉·希蒂洛娃（Věra Chytilová）的《雏菊》（*Daisies*, 1966）、斯蒂芬·乌赫尔（Štefan Uher）执导改编自塔达卡（Dominik Tatarka）的《创造奇迹的女人》（*The Miraculous Virgin*, 1967）、帕维尔·祖拉契克（Pavel Juracek）和扬·施密特（Jan Schmidt）的《约瑟夫·基里安》（*Josef kilian*）、亚罗米尔·伊雷什（Jaromil Jires）执导改编自奈

兹瓦尔的《瓦莱莉和她奇迹一周》（*Valerie and Her Week of Wonders*），另外还有朱拉·亚库比斯克（Juraj Jakubisko）的作品。伊雷什曾经谈起过他改编的纳兹瓦尔，他说过"捷克的文化受到了超现实主义风格和实质的双重影响"，然而，你曾经表达过你对这部作品的否定态度。

史云梅耶：关于超现实主义，还存在很多误解。艺术史学家们认为超现实主义是发生在先锋派内部斗争中的一次艺术运动，其他人则将超现实主义描述为超越逻辑和现实的东西。而政治家则已经将这个词用作胡说八道的同义词。另有人分不清楚超现实主义和荒诞。作为一场艺术运动，超现实主义运动被认为是一些假装内行的人跟着时代进步。首先，超现实主义不是艺术。它是某种神道。这种神道既没有随着1942年第一篇超现实主义宣言的出现而开始，也没有跟着第二次世界大战（或者说布勒东之死）而结束。超现实主义是深入灵魂的一次旅行，就像点金术，也似精神分析。然而，和上述两者都不同，超现实主义不是个人旅行，它是一场集体冒险。因此，我对受超现实主义影响的人并不感兴趣（也有几个例外）。对于这些人来说，超现实主义总体上就意味着美学；更进一步说，它意味着从某些超现实主义名人（例如达利、马格里特和唐吉）生发出来的美学。在无知的大众眼中，他们符号性的人格特点和超现实主义美学相互联系。超现实主义是除此之外的一切：世界观、哲学、意识形态、心理学、魔法。与超现实主义自身相矛盾的是，所有的后现实主义艺术都受到超现实主义美学和超现实主义者方式方法的影响，却没有受到超现实主义精神内涵的影响。从艺术史学方面来看超现实主义，它确实属于历史。超现实主义中永远活跃的因素是它对世界、对生命态度（此处，或许可以与点金术相比）；所有新的浪漫的复苏都将以某种永恒重回超现实主义本身。超现实主义作品也许可以划分为两个趋势，一是心理自动主义（视觉和造型上的自动主义），二是内在精神模式（对梦和幻想观念的忠实再现）。第二种创作形式更接近于我自己的“理性自我”（rational me）。

我从没表达过对捷克新浪潮的态度，我只是让我的作品与这场运动保持距离。原因是，我认为捷克新浪潮电影根植于不同的精神资源，尽管它外表看起来或许可以找到某些相匹配的内容，比如《公寓》与《约瑟夫·基里安》、《花园》与《夜宴》等。就像我之前在别的场合说过的，我的作品与捷克新浪潮电影的共同之处是一种“反对”的态度。

哈姆斯：您曾经描述您的作品为超现实主义深入考察的一部分，后来很多作家都用“炼金术”（alchemy）这个词与之相联系。

史云梅耶：在一次超现实主义小组召开的座谈会上，我是这样描述灵感的。我创作的精髓是一种由意识和无意识两者共同塑造的精神模式（internal model）。从（真实）周围世界来的冲动被放在精神实验室中的无意识烧杯中，而这个精神实验室是我没法进入的。灵感，它就是一座房子门上的门铃，它告诉我精神模型已经准备好了，现在我可以出来收集灵感了。在这个过程中，筹备工作在意识中瞬间出现几次，这构成了进一步的真实冲动；如此，它也许又一次将自己淹没在无意识的表面之下，但是它在这无意识之下，也依然工作着。直到那个小门铃响起来了，我才可以控制这个过程的节奏。在我的作品中，我就像一个年迈的炼金术士，不断地从我的个人经历之水中蒸馏灵感——我的童年生活、我的困扰、我的喜好（idiosyncrasies）与焦虑，伴随这个过程，让知识的"重水"（heavy wather）——生命演变的本质，开始流动。

哈姆斯：*伊里·库贝克（Jiri Koubek）曾把超现实主义描述为一种引导人类普适性（humain university）进入到存在的自然状态（natural state of being），是开放意识所必需的诗。这样来说，超现实主义是一种已经失去的状态或者只能靠近的条件吗？*

史云梅耶：伊里·库贝克的这个说法是在他还支持超现实主义运动时期写下的，这本质上表达了他对原始民族的个人观点的状态。人们必须意识到人类普适性曾被适应化所腐蚀，这个适应化是由文明带来的。同样，艺术也曾是人们日常生活的一部分。日常生活的必需品也是用来完成美学要求的祭仪用品。超现实主义是一种革命，它想把魔力效果还给生命与物。

哈姆斯：多大程度上您同意超现实主义的概念是试图用梦渗透日常生活？

史云梅耶：梦总是创造超现实主义的一个常数。梦与现实是"连通器"（vases communicants）。我相信我电影的特征完整记录了这一点。如果我把梦与其他东西相比较，我会与童年相比。梦是童年的延伸。对我来说，当然是一个讯息（message）或者是预兆（augury），有时是一个谜（puzzle），甚至一个被分析的主题。这取决于这是什么样的梦。首要的是，它"神秘"的内容如何让我这样一个醒着的人感到兴奋，不是所有的梦都有同样的情感负荷。在我拍摄《爱丽丝》（*Alice*, 1988）这部电影时，以及当刘易斯·卡罗尔（Lewis Carroll）在纸上构思这个故事时，还是一个幼稚的梦。我在制作电影时，严格遵守它的"逻辑"。如电影《去地牢》（*Down to the Cellar*）、《钟摆、深坑和希望》或最近的《浮士德》，梦的飞翔与残酷的现实在这种"容器联通"（united vessels）的原则下融合。

哈姆斯：捷克与斯洛伐克超现实主义之间的联系是什么？

史云梅耶：斯洛伐克超现实主义（nad-realism）形成于20世纪30年代末，法布里（Fábry）、布雷齐纳（Brezina）、本卡克（Buncak）、雷塞尔（Reisel）以及其他人，其传统继续影响着今天的斯洛伐克的艺术。

哈姆斯：许多当代批评家支持"流行文化"，因为在作品和普通人的价值观和需求之间有一个真正的辩证关系（例如，肥皂剧帮助人们放松，解决他们的问题，和别人相处，等等）。然而正如乔治·福朗瑞（Georges Franju）所说，大多数超现实主义者似乎为未知的支持者工作。您会把您的工作描述为精英主义吗？

史云梅耶：（从超现实主义的观点来看）当代文明不需要艺术。它所需要的一方面是大众文化，因为其功能是让大众从离开工厂大门的那一刻起转移他们的注意力，直到他们再次回到生产过程中，另一方面它需要的是广告。广告取代了教堂的肖像艺术，当代社会按照消费主义的理论建构起来，需要可靠和有效的广告。这是真正的"官方"的艺术（因此是最容易支付的）。如果广告无效，人们不再消耗不必要的产品，经济就会崩溃并拖垮整个当代社会。（因此我们对广告艺术家，如安迪·沃霍尔很崇拜）。当处理艺术神奇功能的持久本质时，对超现实主义来说，精英主义这个问题其实无关紧要。

影片

哈姆斯： 您早期的电影《最后的把戏》（*The Last Trick of Mr Schwarzwald and Mr Edgar*）、《棺材与天竺鼠》（*Punch and Judy,* 1966）、《唐璜》（*Don Juan,* 1969），似乎更与传统木偶剧有关，它们以什么方式突破了戏剧传统，独特的吸引力又是什么？

史云梅耶： 我在什么地方曾经写过，木偶是植根于我的精神形态。首先，在我的工作中，它似乎联系着我与周遭世界，我创作傀儡人（golems）在现实的杀戮中保护我。其次，我就读于布拉格表演艺术学院的木偶系。第三，在波西米亚的民族复兴（National Revival）时代，流动木偶戏就是捷克唯一的戏剧表演，至今仍保持着木偶剧的强大传统。第四，我认为木偶是当代人性格最完美的象征，一个被操控的世界。所有这些特点就造就了我痴迷于木偶戏的内核，并都反映在《浮士德》中。

哈姆斯： 您在20世纪60年代末制作的电影至少在主题上似乎很接近捷克新浪潮电影：《花园》（The Garden）之于杨·涅梅茨荒诞主义的《夜宴》，《公寓》（The Flat）之于《约瑟夫·基里安》里的异化世界。这是否是对20世纪60年代回应的一部分？在这个过程中，也见证了塞缪尔·贝克特（Samuel Beckett）的作品和哈维尔（Vaclav Havel）、约瑟夫·托波尔（Josef Topol）的第一部戏剧，您对这些荒诞派的表现方式有何感觉？

史云梅耶： 我已经说过一些关于我与捷克新浪潮电影的关系，但我希望能再提出一些关于"灵感来源"的事情。没有人能逃避他所生活的时代，我的电影也无法从20世纪60年代某种卡夫卡式的精神中摆脱出来（《公寓》《花园》）。即使如此，我认为在这些恒定的主题中，某些"个人介入"远远超过了"时代气味"。相反我认为，从本质上说，电影《花园》更接近于艾芬伯格的文本——《布鲁尔的反抗》（The Brewer's Revolt）、《无能者》（The Inept）的文本。在当时（尽管我还不认识他们），而不是贝克特的作品（尽管尤奈斯库或佩雷特的独幕剧比贝克特更靠近我的思维方式）。

哈姆斯： 在20世纪70年代，您电影的灵感来自一些作家——路易斯·卡罗尔（Lewis Carrol）、霍勒斯·沃波尔（Horace Walpole）、埃德加·爱伦·坡（Edgar Allan Poe）、维利耶·德莱尔·亚当（Villiers de l'Isle）。这是您恪守超现实主义的直接结果吗？显然您不是试图再现原作，在《奥特兰多城堡》中，原来的故事是彼此相关的电视采访，《厄舍古厦的倒塌》的文本是与完全由物体、树木和泥土构成的世界保持平衡。

史云梅耶： 我20世纪70年代的电影所解释的作品，其作者都是靠近我心灵的作家，是我个人神话的支柱。我与这些作者的关系一直是基于源自"结合他们"我个人经验的记忆。我的记忆在这方面非常有选择性。因此看似次要的、非主体的情形在我对他们作品的解释中扮演着重要的，而不是具有宗旨的和虔诚的改编。我创造了主观的证据，原作者为我个人的进发很好地担任了导火索的角色。尽管如此，我认为，自己内心的感觉，我对坡或卡罗尔的主观解读，在相同的地下水中游泳。因为这是捕捉一个相同的单词的问题，它背后的恐怖、梦想和幼稚。

哈姆斯： 在《对话的维度》中，朱塞佩·阿尔钦博托（Giuseppe Arcimboldo）的影响是非常明显的；但是在早期作品如《石头的游戏》和

《厄舍古厦的倒塌》中也是这样。在鲁道夫二世时期（Rudolf II），他的珍奇屋（cabinet of curiosities）以及对炼金术的兴趣，是您很重要的灵感吗？

史云梅耶： 凭着拟人化和堆积的方法，阿尔钦博托成为我迷恋的画家之一，尽管我无法找到令人满意的阐释方法。阿尔钦博托的方法的所有方面，对我来说都是无法抗拒的诱惑，我甚至不会在模仿中畏缩。也许，鲁道夫二世施了魔法的城市为布拉格怪癖主义（Prague Mannerism）留下了深深的痕迹，这是一个新赫耳墨斯神（Hermes Trismegistus），似乎他从最开始就知道谁有能力掌控志趣相投的人几百年。或者，这是精神分析中所提出的童年时期自慰的升华，是在阿尔钦博托方法中堆积物品、动物和水果时，收集外在表现的热情？我在鲁道夫精致风格主义上的弱点是众所周知的：我与布拉格及鲁道夫二世的关系，以及体现在这座城市每一块石头上的鲁道夫鼎盛时期，以及这一魔法般氛围跨越时间的持续辐射的宿命般的印象。会有人补充说，当前的商业化和旅游业威胁永远打破这一纽带，而以迪士尼的仿制品取而代之。真正的魔法将被平凡的纪念品代替。

哈姆斯： 似乎在您的电影中有着强烈的物质性，以及诸如吃饭、破坏和解体之类的主题内容，还有对收藏品和物品的持续关注。

史云梅耶：早在我的学生时代，我就因某种病态、疾病、消极和悲观而受到批评。我对这种指控的自我辩护感到厌倦。我的电影中不存在抽象的毁灭，它总是一种明确的否定（如同艾芬伯格所说，这不是消极）。我电影中的毁灭有着意识形态和哲学的根源。否认这一点是虚伪的，当我制作电影时，某些破坏性的态度（特别是与食品有关的）唤起隐藏在我内心的欲望和情感。但在这里，我们将回到我童年时的挣扎。我是一个收藏家，但我杂乱无章。我收集那些我在特定物品中发现的散落的情感，不管这个物品有没有价值，或者它是否是一件作品或艺术品，还是一种深刻的本质或偶然的发现。这些物品对我来说不是没有生命的人工制品，我愿意让它们在我的电影中扮演角色。

哈姆斯：您的作品总是有触觉的特性，但这是您1968年之后的电影中所强调的。然而电影是一种视觉媒介。在触觉与视觉的彼此交叉中，您看到了什么问题和／或优势吗？

史云梅耶：自20世纪70年代中期以来，我一直在关注触觉实验。从一开始，它仅仅就像是一场碰运气的游戏，我为我的集体触觉实验在解释这一主题的范围内创造了一个物体，这种解释，我们在超现实主义团体中讨论过。然而，结果是令人鼓舞的，所以我在被禁止制作我自己的电影的那七年里一直继续这个实验。20世纪80年代初，当可能重新制作动画片时，很自然地，我一直在想，怎样才能把我的触觉实验很好地运用到电影中。乍一看，这似乎是自相矛盾的。毕竟，电影是一种极度视听的制作方式。当我后来开始制作爱伦·坡的故事《厄舍古厦的倒塌》，我开始探究爱伦·坡想象的复杂世界时，我发现触觉在他的心理研究中起着至关重要的作用。我们在现实生活中几乎没有意识到的触觉，在精神紧张时变得非常敏感（正如在我关于敏感性的论文中令人信服的结果所显示的）。爱伦·坡意识到了这一点（显然他有过体验），因此他的故事充斥着对触觉的描述。当然，对于读者来说，这些都是传递的感觉，他自己并没有体验过，但是触觉想象能够改变这些感觉并使之极度增强。

我研究的结果显示，确实存在某些类似于"触觉记忆"的东西，穿越我们久远的童年，它以一种类比的形式反映，这种类比形式鼓励沟通的"触觉艺术"，激发细腻的触觉刺激或触觉想象。触觉在我早期电影中扮演着非常重要的角色（例如对电影物体结构细节的强调），但自从20世纪80年代以来（《厄舍古厦的倒塌》《对话的维度》《钟摆、深坑和希望》等），我一直致力于唤起过去或分散的触觉感受。在电影中，我试图丰富情感的表达方式。我越来越意识到这一事实，为了恢复我们文明中已经枯竭的情感资源，触觉可能起到非常重要的作用，因为就目前而言，它并没有在"艺术"领域内受到质疑。毕竟，我们从我们出生的那一天起，就在与母亲的触觉体验中，一直寻求情感安全联系。这是我们在能够看到、闻到、听到或尝到之前，第一次与这个世界接触。

哈姆斯：在很多超现实主义艺术中（我在想，比如马克斯·恩斯特的拼贴画），客观（物体）艺术在新的关系中重新结合，布勒东也谈到了功利主义的挑战。

史云梅耶：超现实主义拼接的定义听起来或许是这样：两个或者更多异构元素在一个与之无关的环境中汇合。这次汇合点燃了非理性的、震撼的美的火花。尽管可能会说，在我的许多电影里，我使用物体拼接（组合），在我看来，这个定义并不完全适用于我的电影。我认为我的"偶然相遇"取决于一个特定的逻辑，我总是努力确保观众有一种"日常生活中的现实"的感觉，就是感觉这是有可能发生的。我的目标是让观众的功利主义习惯不稳定。我动画物体的对话（相遇）的非理性只是表面上的，它总是包含一个理性的核心（即便是偏执的理性）。然而，在我的电影中，物体对话的非理性在于对功利主义的反叛。比起"震撼美",这其中有更多的"意识形态"的概念。

哈姆斯：您经常谈及物体的潜在内容。

史云梅耶：我喜欢的物体在我看来,有某种内在的生命。除了与世隔绝的科学,我相信物体中"保存"特定内容,人们只有在极端敏感的条件下触碰时才能感觉到。充满了"情感"的物体在一定的条件下能够揭示这些内容,触摸它们为我们提供了对我们自己潜意识灵感的联想和类比。因此,在我的几部电影中,我经常使用我"听到"的一个物体或者一组物体。

哈姆斯：如果潜在的概念是重新指向梦想,弗洛伊德认为潜在的内容通常是隐藏的。

史云梅耶：梦的潜在内容以及我创作电影来源的现实的碎片,即使对于我来说,当然也完全难以辨认。很多人看待一个富有想象力的词(无论是电影、绘画或诗歌)如同看待一份"间谍报告",他们认为将正确的破译网格用于作品之上就足够了,然后就有可能把想象转录成一种"可以理解"的语言。然而,这么对待是错误的。观众只有通过他们自己精神形态中的联想、类比,才可能破译充满想象力的作品中潜在内容,只有这样才能实现创作者和观众之间的主观

292 嘲讽在静默中冷却——欧洲电影大师访谈与研究续编

沟通功能。我已经讲过物体"雄辩"和蕴涵在其投入的时间、触觉和"操控人类情感"中潜在的意义。我也许应该承认衰败的民间艺术种类特定的缺陷：木偶和民间皮影戏的布景、旧玩具、射击场、游乐场的标靶，以及文学中的黑色小说（电影中乔治·梅里爱、路易·费雅德①）。这与大多数超现实主义者的弱点并非截然不同。我很高兴地积累这些物体，然后让它们在我的电影中释放。

哈姆斯： 您的很多电影中有许多喜剧角色。漫画对您的特别影响是什么？您是怎么看查尔斯·鲍尔斯的电影的？

史云梅耶： 我认为我所有的电影（即便是最邪恶的）都有自己的幽默方式。这不是"喜剧元素"的问题，而是"幽默作为武器"——黑色幽默和客观幽默。艾芬伯格是这样描述客观幽默的：在幽默最纯粹的形式中，最高级、最复杂的幽默是客观的幽默。客观的幽默不从逻辑和理性的干扰中浮现，但是会从它自己的秩序中浮现，从某种对位中浮现。在这里，虽然有着定义实事的困难，但是它离理想的幽默最近。我们可以在它的身上看到对非理性幽默的反讽和讽刺，正如我们可以看到黑色幽默的想象犬儒主义，

―――――――――――――

① 路易·费雅德（Louis Feuillade 1973—1925），法国著名导演。

尽管这些因素并不刻画它，因为其他人以独特的方式对待它。它并不否认理性和意义的逻辑：它包含理性和意义逻辑。如果这两者都以惯例的定义为基础，那么客观幽默的原则就促进逻辑和理性的联系，这种联系超出主流传统的限制，主流传统所关心的是推测的形式和维度，也指出客观的方向；此中，客观的方向出乎意料地站在了它的逻辑和理性界限的对立面或者它的外围。这个原则成了一种新想象、新客观的血液，形成并且脱离现实自然主义者的描述。思想构建中理性和非理性作用的方言促进了更发达更美好的幽默形式的成熟，理性和非理性作用应用于意识的和本能的，以及概念的和修饰的过程之对立因素的综合化。

从捷克电影的这个方面来看，我认为具有最大吸引力的是福尔曼（他在捷克期间）和卡雷尔·瓦伊克（Karel Vachek）的纪录片；更老一辈的作者中，有无意识幽默大师梅里爱。在查尔斯·鲍尔斯身上，我发现了我的现实以及仿真动画的最接近的前辈。在他的美国卡通片中（他的原创作品），我运用仿真动画来实现神秘化，为了干扰观众功利主义的习惯，使观众心神不安，从而达到破坏的目的。

哈姆斯：您对音效的重视程度如何？您和两位重量级电影作曲家合作过，分别是利斯卡和克鲁萨克，然而您最近的片子完全不使用音效了。在《对话的维度》中，克鲁萨克的音乐更像是蒙太奇。

史云梅耶：和作画一样，运动中的影像总是更接近现实（现实的表象）。一个人越是深层探究幻想，他就越需要形式的现实。我重复了无数次，我的心愿是创造"幻想的纪录片"。我越是接近这个目标，我的电影就越具有颠覆性。在这个概念里，没有位置留给音乐（除非是作为艺术品）。真实的噪音更有效。

哈姆斯：您的作品中，听觉和触觉质量似乎是总体概念的一部分。在您开始拍摄之前，您脑海里已经有作品了吗？

史云梅耶：如果我脑子里没有清晰的思路，我是不会开始拍片子的。真正的拍摄只不过是寻求以痛苦最少的妥协来完成最初的想法。因此，我从不是编剧的奴隶。我即兴创作，重新改写，我让自己被内容、环境、事物、演员、道具甚至剪辑的过程所激励。我的拍摄多种多样，然后我将自己调和成自己片子的新版本。

哈姆斯：您的影片都是非常细节化并且情节紧凑的。您在拍摄《爱丽丝》时调整了自己的方式吗？在电视播放这部片子，既像是一部电视剧又像是一部故事片。这反映了某些特殊的问题吗？

史云梅耶：《爱丽丝》和《浮士德》都是我用拍摄短片的方式拍摄的。也就是说，它们是一些短镜头，非常短并且是单帧镜头拍摄的（《爱丽丝》使用了2000个左右镜头，《浮士德》的镜头数更多）。显然这样拍摄花费的时间非常多，不仅是拍摄的时间长，剪辑的时间也不短。我认为拍摄短片、长片或者电视连续剧，这其中没有本质的区别。有的不过是技术上的差别。

哈姆斯：卡罗尔的《爱丽丝漫游仙境》更多地涉及语言学，并且带有反中产阶级背景的意思。您是特意选取了不同的侧重点吗？

史云梅耶：我所有改编自经典文学的作品都不是真正意义上的改编，而是纯粹的对作者的诠释（此诠释为创造性活动）。《坡》（有可能是爱伦·坡）、《爱丽丝》和《浮士德》也是一样。我并不追随作者的意图，我追随我自己。我对于"作者想表达什么"不感兴趣，而是纯粹地对主旨与我的经历（感受）有怎样深的联系感兴趣。《爱丽丝》和《浮士德》早已是我生命的一部分，尽管它们是别人创造的故事。

哈姆斯：《爱丽丝》在捷克和国际上的反应如

何？

史云梅耶：《爱丽丝》在捷克发行的时候，正赶上极端的政治剧变，因此对于这个抽象的主题的兴趣微不足道。说到它的国际反响，我知道在瑞士，这部片子让家长们暴怒，并且威胁要采取行动反对发行。在德国，还没有找到发行方。似乎《爱丽丝》在英国最受欢迎，尽管那是我最担心的一个国家。卡罗尔的《爱丽丝漫游仙境》实质上是侵蚀英国人民的思想（同捷克作家哈塞克的《斯夫耶克》）。它是一种狂热信徒的价值观。然而，我的电影不充斥对这个主题的崇敬，尽管我相信我的爱丽丝和卡罗尔的爱丽丝在精神上的契合。

哈姆斯：是什么吸引了您做《浮士德》这个主题？

史云梅耶：《浮士德》（和《爱丽丝》一样）是一个让我沉迷多年的主题。1962年，在布拉格萨马福尔剧院，我演出了民间木偶戏版本的《浮士德》。1980年初，我为魔灯剧院准备过《浮士德》，但那部作品没有成型，但是我的电影版延续了其想法和剧本。当任何一个文明感觉自己快到终点了，它就会返回到它的起点并且探查当初它建立的神话基石是不是能够用新的方式诠释。新的诠释是否能够给予它们新的能量并且帮助它们避开即将到来的灾难。《浮士德》的神话是这个文明中关键的神话之一，对它的诠释浩瀚如海。我的《浮士德》期望成为这些诠释性回报中的一员。我相信《浮士德》是形态的和原型的基础处境之一，在这基础处境之中，个人和文明都能找到自我。每个人早晚都要面对同样的困境——是在有组织的幸福中与模糊的诺言中始终如一地生活下去，还是不管结果如何，都去反抗并且找一条离开文明的路。第二条路总是以个人的失败而结束，然而第一条路却是以整个文明的失败而告终。或者，还有其他的路吗？当人类的命运悲剧来临的时候，这种矛盾情绪什么也改变不了。在拍摄过程中，我感受到极大的驱策将我自己着迷的主题带入到工作中去：操纵的主题。操纵不仅仅是极权主义政体的原则。说到这点，我变得越来越深信不疑。

哈姆斯：《浮士德》中哪些方面是您选择要着重讲述的？在使用不同的类型和观点时，您是否展现的是矛盾或者综合的形象（portrait）？

史云梅耶：《爱丽丝》是一个充满秘密祝福的幼稚的梦，但她也是我第一次遇见后在脑海里腐蚀我的焦虑。《浮士德》将梦境和现实结合起来。例如，环境的变化和梦境通过一条最短的线相联系。同样地，从浮士德的一种形式转变为另外一种。或者是从一种类型转变为另外一种。同时，整个故事不可逆转地发展成为被操纵的现实，直到它到达悲剧的结局。以相同的方式逃脱出来是不可能的，正如从一个梦中逃脱出来是不可能的。事实上，流派在电影中不断地被改变。在舞台剧中，（歌德、马洛、格拉贝）庸俗的民间玩偶喜剧，中世纪的仪式，古诺的歌剧和其他每天都上演的真实，意味着拍摄电影的真实过程是非凡地困难。这种风格的改变是为了制造拼接布艺一样的多样性。不需要任何明显的接缝，这种风格的改变应该将观众引领到奔流不息的故事（梦境）激流当中去。在这里，像一条焊接线一样，梦境逻辑参与到游戏中去，在这个游戏中，似是而非的巧合被给予不可逆转的命运的形式。对演员来说，表演一个在梦境与现实边缘的角色是很难的。这个角色没有逻辑发展可言（就像我们在梦境中的角色）。在他的蔑视中，自相矛盾地，浮士德是操纵的受害者。

哈姆斯： 您最喜欢自己的哪部作品？

史云梅耶： 在回答这个问题时，我得从《去地牢》（*Down to the Cellar*）这部片子开始谈起。这部片子是我所有电影中最具自传性的一部。通常来说，电影人自己不能评价自己的片子。个人观点会影响我的评价。在拍摄过程中，每一部电影都不可分割地与一定数量的"故事"联系在一起（当然包括古老的经历），而影片的场景立即唤醒了一系列联想，以阻止对电影采用一种分离的态度。

工作背景

哈姆斯：与大多数电影制作人不同，我想您在1989年之前没有直接被电影行业聘用。您是否经常发起和提议您自己的项目？

史云梅耶：我一直都不是国家电影公司的雇员。我一直在做我向克莱基（Kraiky）影业提出的我自己的项目。他们要么接受我想法，然后我进行拍摄；要么束之高阁，等待更好的时机。例如《食物》（*Food*，1992）等了20年；其他的仍在等待。项目是否能够实现取决于剧本编辑，他们在一定程度上是国家审查体系的一部分。我不是克莱基影业的雇员就意味着我对他们没有任何义务，他们对我也没有义务。我们彼此的关系仅仅只是"专业上的"。这本身不会有很多的问题。然而，当随后审查员的"意识形态"参与进来后，问题就出现了。由于国家垄断，不同意他们的决定意味着完全禁止拍摄。因此，在我的电影作品年表中有"时间差"。在捷克斯洛伐克，直到1989年11月，我的电影只在俱乐部中放映，完全没有在电视上播出，在那之后［除了《斯大林主义在波西米亚的终结》（*The Death of Stalinism in Bohemia*）之外］，也只是非常零星的。

哈姆斯：您为不同的公司制作了三部电影：《石头的游戏》、《与魏茨曼野餐》（*Picnic with Weissmann*, 1968）和《去地牢》这是怎么回事？

史云梅耶：在林茨汉斯·普鲁耶（A.Hans Puluj）先生的制片厂里，我拍摄了《石头的游戏》和《与魏茨曼野餐》。我是在曼海姆的一个节日中遇见了普鲁耶先生，他给了我在他的制片厂拍摄电影的机会。伊娃和我去了那里，但我们惊恐地发现，尽管制片厂配备了最新的技术，我除了要负责摄影外，还要自己制作整部电影。我在我们的制片厂娇宠惯了，那里到处都有人，负责每一项具体工作。每个行当都有"专家"。所以，在林茨的拍摄是对我很好的训练。《去地牢》是一个不同的故事。在他们禁止了《对话的维度》之后，我一直在寻找其他的拍摄机会。这部电影被国家电视公司拒绝，该公司同时设立了一个动画电影制片厂，所以我把电影提供给了斯洛伐克短片公司。起初似乎没有问题，但是，电影提交批准时出现了困难。他们的保留包括了在现实和小女孩想象力之间的界限没有划分清楚。他们希望我改结局。当然，必须有一个愉快的结局。我对他们说，这部电影是完整的，我不会再做更改。于是这就结束了我在斯洛伐克短片公司的工作，并把《去地牢》封存了一段时间。

哈姆斯：当我第一次在当代电影作品观察中看到您后期的作品（《钟摆、深坑和希望》《去地牢》）时，我感到惊讶的是，似乎在其他人的电影作品里是完全妥协的，而您的电影却是完全不妥协。在业内有人特别同情您吗？

史云梅耶：不，恰好相反。即使那个同情我的人出现，他也不能为我做任何事情。事实上，我的电影在正常化期间不妥协是因为我拒绝做他们想要的。很自然地，压力就加在我的身上——事实上是每个时期的每部电影。这些电影中的很多被封存起来，或者仅仅是不能放映。在1937年至1980年间，根本不准我拍电影。在《对话的维度》被送往共产党中央委员会批准之后，《钟摆、深坑和希望》之后，我被再次列入黑名单好几年。

哈姆斯：多年来，您一直倾向于与同一个团队合作：贾罗米尔·卡里斯塔（Jaromir Kallista）担任制片人，斯万托普鲁克·马雷（Svatopluk Maly）担任摄影。他们在您的作品中起到了怎样的作用呢？

史云梅耶：我现在合作的团队是在我们拍摄《爱丽丝》的时候建立的，即使，例如我已经与斯万托普鲁克·马雷制作了我的第一部电影。在我为魔灯剧院工作时，我已经认识了卡里斯塔，从20世纪80年

代初以来，我一直在和贝德李奇·格拉瑟（Bedrich
Glaser）一起工作，当时他为我的电影《厄舍古厦
的倒塌》创作了动画。在我们结婚以来我就认识伊
娃。这不仅仅只是单纯的工作关系。没有真正的友
谊纽带，像《爱丽丝》或《弗洛伊德》这样的电影是
根本无法尝试的。当你做一个长期项目时，总会受到
"潜艇病"爆发的威胁。

哈姆斯： 作为您作品的"艺术合作者"，伊
娃·史云梅耶发挥了什么作用？

史云梅耶： 伊娃有她自己的计划。她是一位艺
术家，她也写作。除非你知道你想从她的项目那儿得
到什么，或者你的工作与她的工作一致，你才能和
她一起工作。所以你要依赖于她的艺术分享，永远都
不可能增加"既定任务"，这有时可能会更加困难。
经过多年的生活和一起工作，我清楚地知道我能"利
用"伊娃什么，不能"利用"什么。在我"允许"她
与我合作的情况下，我可以肯定她会做得比我更好。
对她来说，对我的模仿是一种自发的真实表达，即使
我有时不得不去习惯这一点。

哈姆斯： 您和迈克尔·哈瓦斯（Michael
Havas）和凯斯·格里菲斯（Keith Griffiths）的合
作是如何发生的？

史云梅耶：迈克尔·哈瓦斯和凯斯·格里菲斯为拍摄《爱丽丝》找到了资金，在那个时候，这钱对我来说非常重要。再次强调一下，我不是说单纯的专业关系。

哈姆斯：您是如何提出剧本的最初想法的，以及如何在呈现作品时进行细化的？

史云梅耶：我已经说了一些关于我开始创作过程的方法。我想补充一点，我不会因剧本的写作而受精神上的折磨。创作或者很顺利，或者不顺利，不顺利时，我会把它放在一旁一段时间，等待再次顺利时接着进行。我不相信那种强制性的创作。在我开始工作之前，我几乎总是准备一个详细的技术脚本（除了在摄像机前面即兴创作的作品），《巴赫幻想曲》（*JS Bach: Fantasy in G Minor*）、《石头的游戏》等；我有时甚至准备了完整的剧本（《爱丽丝》）。唯一的问题是我从来不固守剧本，而是这里那里、时不时地重写。就准备工作而言（木偶、布景设计、服装等），当我们做一部比较复杂的电影时，如《爱丽丝》或者《浮士德》，各种背景和服饰的制作总是"忙个不停"地完成。

哈姆斯：国际上的成功使您有机会建立自己的特点。您是否觉得有更大的压力来关注自己的作品价值以及观众的品位是什么？

史云梅耶：这要么是一个真实的创作的问题，要么是观众的品位的问题。你不能把它们放在一起。你要作出选择。然而，我从来没有让任何制片人质疑我的创作意图。

哈姆斯：捷克共和国的电影行业似乎暂时被摧毁了，许多电影比标准化最后几年的电影更糟糕。自斯大林主义消除以来，也存在着一个主题危机，因为文化往往具有对抗的作用。您对现在的情况和对自己的未来创作前景有何看法？

史云梅耶：波希米亚目前正在参与"建设"新的资本主义。每个人都想要尽可能快地富裕起来。我猜想，恐怕这种恐惧已经影响到大多数捷克导演。我希望它不会持续。我从来没有幻想过，随着斯大林主义的衰落，我们将在现实中拥有天堂。文明问题越来越深刻。如果整个文明本身没有患病，斯大林主义的溃烂就不会出现。所以在我看来，一个幼稚的概念是现在没有什么可以抗争的，主题危机已经出现。我的电影的颠覆性总是针对诸如斯大林主义现象表面之下的一点。这就是为什么我不需要改变主题的方向。

哈姆斯：您觉得资本主义的重生和冷战的结束暗含着什么？

史云梅耶：它是经济功利主义（基础）和根植于商业的非理性（上层建筑）的混合体。最后，我们将"生态专政"视为人类生存"唯一可能的政治制度"，"起源"改变的崇高目标在实践中变成了"终结"的极权主义。划分为"社会主义阵营"和"自由西方"的世界适合于每个人，一种制度支持另一种制度的存在。世界有它的规则。人们习惯了这种虚伪。一半的世界玩起了"社会正义"的游戏，并以自己的名义快乐地谋杀人民；另一部分玩起了"个人自由"游戏，用广告的骗局，创造出大批没有自我意识并快乐地吞噬陈旧糟粕的统一消费者。这两个世界作为不可调和的敌人相互创造，使他们能够快乐地武装自己，确保人民有足够的工作和双方军事工业综合体获得足够的收益。"社会主义"的瓦解是这个文明棺材上的最后一个钉子。资本主义似乎很快就会因为"社会主义"的灭亡而死亡。

十诫[①]

杨·史云梅耶 文　李洋 译

1. 记住，"诗"的形式只有一种。诗的反面是专业知识。在你开始拍摄一部电影前，先写一首诗，画一幅画，创作一幅拼贴画，写一部小说、散文，等等。只有培养运用多种方式进行一般表达的能力，才能保证让你创作出一部好电影。

2. 服从于你所钟爱的事，除此外没有更好的方法。这些迷恋来自于童年，深埋于童年的是巨大的财富。你需要永远向着童年敞开大门。那不仅有特殊的记忆，还有感受。那不仅是意识，更深藏于潜意识中。让这条内河在你的身体里真实地流淌。专注于

---

① 本文英文版首次于2006年发表于《眩晕》（Vertigo）杂志秋季号，英文翻译为Tereza Stehlikovsá，后收入《杨·史云梅耶的电影》（The Cinema of Jan Švankmajer），彼特·哈姆斯主编（Peter Hames），壁花出版社，2008年版，第140页至第142页。

此，但同时完全释放自我。当你拍电影时，你需要24小时沉溺其中。只有如此，你所有的痴迷、你的童年才能不知不觉融入你的电影。你的电影就成为"童真"的胜利，这就是它的意义所在。

3. 像魔术操作那样来使用动画。动画不是让不动的物体运动起来，而是让它们获得生命。在你给一个物体带来生命之前，先要试着理解它。不是它的使用功能，而是它的内在生命。物品，尤其是老旧物品，是一些事、人们的活动、他们曾有的财富等的见证。人们在变动不居的情绪中行动，通过不同情境接触它们，把不同的精神状态刻印在物品上。如果你想用摄影机揭开物品某些隐蔽的特征，你需要倾听。这有时甚至会耗去数年。你要先成为一个收集者，才能成为一个导演。通过动画给物赋予生命必须是一个自然的过程。生命必然从物中来，而不是你的奇思妙想。千万不要通过你的故事来讲述它们，要讲述物自己的故事。

4. 保持梦境与现实的交流状态。其实二者之间没有符合逻辑的转换。只有一个非常细微的生理行为把梦与现实区别开：睁眼与闭眼。在白日梦中，甚至连这个区别都不需要了。

5. 如果你想要判定眼的经验与身体的经验哪一个更重要，一定要相信身体，因为与视觉相比，触觉更原始，因此身体的经验更加本质。除此以外，在我们当代视觉文明中，眼睛已经迷乱且疲惫不堪。身体的经验更真实，没有被审美化所束缚。而且还要考虑到联觉的存在。

6. 你进入幻想的故事越深，在细节上你越需要更多真实。在这一点上，你需要彻底依靠你的梦境体验。不必担心会变得"不厌其烦地描述"，或对"无足轻重的细节"产生学究式的纪录片式的沉迷。你需要让观众相信，他们在电影中看到的一切都与他们有关，是他们所处世界的一部分，他们的耳朵所沉浸但没有意识到的这个世界。你需要让他们相信你所有使用的技巧。

7. 想象是颠覆性的，因为它让反抗现实成为可能。这就是你为什么一定要尽可能地运用你最狂野的想象。想象力是人类最宝贵的财富。想象让人成为人，而不是工作。想象、想象、想象……

8. 选择那些让你感到矛盾的主题。这种矛盾必须强大到让你可以在边界上行走而不会堕入任何一方，或同时兼顾双方。唯有这样你才能避免最大的原罪：命题电影（film à la thèse）。

9. 把创造力培养为一种自我治疗的方法。这种反美学（anti-aesthetic）的态度让创造力更接近自由之门。如果在创造力中存在什么目的，那就是解放我们。没有哪部电影（绘画、诗歌）可以解放一个观众，如果它没有先解放它的作者。其他的都是"共同主体性"（common subjectivity）的问题。创造力是一个解放人民的永久过程。

10. 总是把你内在视觉的连续性或心理自动行为置于一个观念之前。一个观念，即便是最伟大的，也不应该成为拍摄一部电影的唯一动机。创造过程并不意味着跌跌撞撞地从一个想法到另一个想法。只有在找到你想表达的主题并且充分理解了它时，一个想法才能成为一个创造性过程的一部分。只有正确的想法出现，一个想法才成为创作过程的一部分，而不是一个冲动突然变得有创造力。不要工作，总是即兴发挥。剧本对于制片人来说才是重要的，对你不重要。当你的想象让你臣服时，它只不过是一个你需要回到、但毫无约束力的文档。

尽管我在纸上写下了十诫，但不意味着我会有意识地遵照它们。这些规则脱胎于我的作品，而不是事先存在的。无论如何，所有的规则都是用来被打破的（而不是绕进去）。但是有这么一条规则，一旦打破（或绕进去），对于艺术家都是致命的：只让你的创造性服从于自由。

杨·史云梅耶生平创作年表

李洋 编译整理

　　1934年9月4日，杨·史云梅耶出生于捷克第一共和国的布拉格，他成长在第二次世界大战后的捷克斯洛伐克，小时候身体羸弱，患上厌食症，父母不得不把他送进医院强制进食。1948年2月，经过"二月事件"，捷克共产党从爱德华·贝奈斯（Edvard Benes）领导的流亡政府手中夺取政权，捷克从纳粹德国的"保护国"变成社会主义苏联的"保护国"。

　　1951年，史云梅耶就读于布拉格应用艺术学院（School of Applied Arts in Prague），学习雕塑和绘画，在此期间，他接触到了西方现代艺术，尤其阅读捷克斯洛伐克超现实主义小组创始人卡列·泰格（Karel Teige）的著作影印本，接触了超现实主义艺术。1954年，史云梅耶继续就读于布拉格表演艺术学院（Academy of Performing Arts in Prague，简称DAMU），学习木偶创作、表演和导演专业。在这段时间，他接触了苏联先锋戏剧和电影，开始对电影创作感兴趣。

1956年，苏共第二十次代表大会召开，捷克斯洛伐克的政治形势发生重大变化，进入"文化解冻"时期，大批的现代派艺术和思潮开始涌入。

1958年，在先锋艺术的影响下，史云梅耶创作了毕业作品木偶剧《单身国王》（*The single king*），把木偶与真人表演相结合，由演员扮演成木偶，这成为他的创作方法之一。

从布拉格表演艺术学院毕业后，史云梅耶在萨马福尔剧院（Semafor Theatre）工作，让史云梅耶接触到了当时流行的"黑光戏剧"（Black and Luminescant Production），在这种表演形式中，"演员们身穿黑色衣服，只把脸露出来，然后在一片漆黑的舞台上表演"。后来，史云梅耶把这种戏剧形式用在他的第一部电影《最后的把戏》中。

1961年，史云梅耶创建了"面具剧院"（Theatre of Masks），打算与萨马福尔剧院合作。但萨马福尔剧院没有采纳史云梅耶的建议。于是，史云梅耶离开萨马福尔剧院，去了魔灯剧院（Latema Magika Theatre），并结识了埃米尔·雷铎（Emil Radok）导演，拉多克邀请史云梅耶在他的电影《浮士德医生》（*Doctor Johannes Faust*, 1958）中担任木偶师。史云梅耶还在影片中负责了形象设计和雕塑工作。这次经历还让史云梅耶结识了后来的妻子伊娃·克斯特列兹（Eva Kostelec）。

1962年，伴随"文化解冻"，捷克斯洛伐克出现了电影新浪潮，对史云梅耶产生了很大鼓舞。

1964年，他拍摄了第一个动画短片《最后的把戏》。影片由演员们穿着木偶的服装表演，与乔治·梅里爱（Georges Melies）早期作品相似，具有剧场性和魔术表演的色彩。

1965年，史云梅耶创作了两部动画电影，分别是注重节奏感的《巴赫狂想曲》（*J.S.Bach:Fantasy in G Minor*）和偏重质感对比的《石头的游戏》（*A Game with Stones*, 1965）。前者讲述了一个沉默的男人用音乐"唤醒"破败公寓的故事，以影像表现音乐，运用镜头和剪辑突出物体质感。后者表现几组不同形状和颜色的石头共同生活和玩耍的情景。《巴赫狂想曲》获得了1965年戛纳电影节最佳短片奖。

1966年，史云梅耶又接连创作了《棺材屋》（*The Coffin House*）和《其他》（*Et Cetera*）两部影片。《棺材屋》是史云梅耶初期作品的集大成之作，影片使用手偶和活物（天竺鼠）做主角，用滑稽的音乐讲述了两个人偶因贪婪而自相残杀的故事。这部影片将史云梅耶偏爱的拼贴风格首次展现在电影中。《其他》采用了类似皮影戏的形式，结合拼接的组合手法，叙事上采取了环状结构。

1967年，史云梅耶拍摄了《自然史》（*History Nature*），影片共分八个部分，展示自然界八个不同门类的生物，分别为：水生动物（Aquatilia）、六足亚门纲

（Hexapoda）、鱼（Pisces）、爬行动物（Peptilia）、鸟类（Aves）、哺乳动物（Mammalia）、灵长类（Simiae）和人（Homo），并分别配以八种不同风格的乐曲：狐步舞、波莱罗、布鲁斯、塔兰泰拉、探戈、小步舞曲、波尔卡和华尔兹。

1968年，"布拉格之春"爆发，史云梅耶创作了三部短片，分别是《花园》（*The Garden*）、《公寓》（*The Flat*）和《与魏茨曼野餐》（*Picnic with Weissmann*）。从这三部影片开始，史云梅耶转向超现实主义，政治批评元素融入影片中。《花园》是史云梅耶第一部明显的政治讽刺影片，被影评人称为"捷克式政治寓言"，讲述了主人公弗兰克造访久未谋面的老友约瑟夫，到了约瑟夫家，弗兰克发现好友家的篱笆竟然是由活生生的人组成的。他们有男有女、有老有少，看起来来自社会不同阶层……他们心甘情愿当篱笆，因为约瑟夫知道他们的秘密。史云梅耶以夸张的方式表现了斯大林主义时期，捷克社会中的秘密警察和告密者。《公寓》是一部颇具卡夫卡悲观风格的黑白影片。《与魏茨曼野餐》让物品成为影片的主角，魏茨曼实际上是一件白衬衫。

1968年秋，苏联军队进入布拉格，短暂的"布拉格之春"结束。1969年，捷克斯洛伐克进入"正常化时期"，史云梅耶创作了《屋中平静的一周》（*A Quiet Week in the House*）。这部影片主要表现了一个神经质眼中的景象。

1970年，陷入悲观主义的史云梅耶加入了捷克超现实主义小组，创作了《纳骨堂》（*Kostnice*）和《唐璜》（*Don Juan*）。《纳骨堂》通过快速剪辑和形体对比，记录和展现了布拉格的"人骨教堂"。《唐璜》改编自拜伦的同名经典长诗，但是改编很大，影片中的木偶由真实木偶和演员扮演的木偶共同表演，史云梅耶很好地处理了两种木偶的切换。

1971年，史云梅耶制作了《荒唐童话》（*Jabberwocky*），这部影片改编自刘易斯·卡罗尔（Lewis Carroll）的无意义诗歌（nonsense poem）《伽卜沃奇》（*Uabberwocky*）。这部影片被称为"邪异版的爱丽丝梦游仙境"，片中以小孩的水手服、木马、玩偶、积木、拼图等来象征童年。

1972年，史云梅耶创作了《李奥纳多的日记》（*Leonardo's Diary*），这是史云梅耶仅有的手绘动画，影片将达·芬奇的画作进行多种重叠、变形和动画化，同时与战争、体育等真实影像进行剪辑，通过形状的相似性让完全不同的事物展开对比。影片在戛纳电影节展映时受到关注，捷克媒体攻击影片是"一个没有共产主义内容的奇怪的白日梦"，导致史云梅耶正在制作的电影《奥特兰多城堡》（*Castle of Otranto*）遭到政府审查。《奥特兰多城堡》是一部讽刺纪录片，考古学家认为霍勒斯·沃波尔（Horace Walpole）同名英语小说中的哥特式建筑不在意大利，而是在捷克。审查部门认为塑造一个真实的记者会削弱人们对电视新闻的信任,所以让史云梅耶用喜剧演员来代替,史云梅耶拒绝了这个要求,遭到禁拍七年的处罚。这部制作于1973年的影片,最终于1979年才公映。遭到捷克政府禁拍后,史云梅耶专注于雕塑、诗歌和其他静态艺术创作,这些艺术最终成为他"触觉实验"(tactile experimentation)的一部分。"触觉实验"即对不同物体的触摸,唤醒人的原始而纯粹的感知。史云梅耶做了大量类似行为艺术般的触觉实验,成果后来被应用于动画创作。

1979年,史云梅耶重新开始创作,捷克当局只允许他拍摄由经典名著和文学作品改编的影片。1980年,他改编了爱伦·坡(Edgar Allan Poe)的哥特小说《厄舍古厦的倒塌》(*The Fall of the House of Usher*),即《颓废之屋》。在这部影片中,史云梅耶以一把椅子代表主人公,用两分钟的旁白和移动的特写镜头描绘这把精神失常的椅子。

1982年,史云梅耶创作了《对话的维度》(*Dimensions of Dialogue*),这是他的动画代表作。影片分为"趋同对话"、"激情对话"和"真实对话"三个部分,表现了"他人即地狱",以及"人与人难以沟通"的观点。手法上,这部影片可说是之前风格的集大成。"趋同对话"中用各种物品拼凑而成的头像,来自风格主义画家朱塞佩·阿尔钦博托(Giuseppe Arcimboldo)。"激情对话"用黏土动画表现人的激情,"真实对话"将不同属性和质感的物品拼贴，造成视觉和思维的双重震扰，影片获得法国安纳西国际动画电影节的"大奖"，并荣获1983年柏林国际电影节金熊奖最佳动画短片奖。

1983年，史云梅耶创作了《去地牢》（*Down to the Cellar*），这是一部具有自传性的影片。在片中，史云梅耶使用一个女孩指代童年的自己，因为"我的焦虑和男性中的女性部分有关"。同年，史云梅耶改编了爱伦·坡的短篇小说《陷坑与钟摆》（*The Pit and the Pendulum*）。这部名叫《钟摆、深坑和希望》（*The Pendulum, the Pit and Hope*）的影片，被史云梅耶安上了"希望"的尾巴，改变了结局的方式。

1987年，史云梅耶拍摄了第一部长片《爱丽丝》（*Something from Alice*）。影片改编自刘易斯·卡罗尔的代表作《爱丽丝梦游仙境》（*Alice's Adventures in Wonderland*）。这部作品被称为对《爱丽丝梦游仙境》的超现实主义改编，与原作相比，除保留了爱丽丝这个角色外，故事几乎完全不同。史云梅耶解释道："我对原著并没抱有特别敬畏的态度。我和他们的关系完全基于共鸣……这些故事是我童年的一部分，我并不想照搬故事，只是想通过故事表达我自己的感受。"影片获了1989年安纳西国际动画电影节故事片奖。

1988年，史云梅耶制作了两部影片，《男性游戏》（*Virile Games*）和《另一种爱》（*Another Kind of Love*）。《男性游戏》延续了《莱昂纳多的日记》的手法，将真实影像和动画相结合，用"黏土人"代替真人。
原本比赛规则变成了杀人才能得分，影片夸张地表现了
人性野蛮和残忍的一面，生动地反映了足球暴力问题。
同年，史云梅耶应邀为英国摇滚歌手休·康威尔（Hugh
Comwell）创作MTV《另一种爱》，影片夹杂着现代生活
元素：口红、睫毛膏、礼帽、报纸等，是史云梅耶向大众
文化迈出的重要一步。

　　1989年，史云梅耶开始与电视台合作，制作了《肉
之恋》（*Meat Love*）和《花神》（*Flora*）。《肉之恋》
是一则爱情寓言，在短短一分钟里讲述两块生肉相知、相
恋、最终共赴油锅的经历。生肉在史云梅耶的影片中多次
出现，成为他的标志。《花神》描写的是一个扭曲的陶土
人"花神"被牢牢捆绑在肮脏的床上，快速腐败、溃烂的
过程。这部影片只有不到一分钟，在快速蒙太奇和特写镜
头下，时间对物质的摧毁被展现得淋漓尽致。

　　1989年，史云梅耶还创作了备受欢迎的《黑暗光明
黑暗》（*Dark-Light-Dark*）。这是一部极具政治意味的影
片，是史云梅耶献给即将覆亡的捷共政权的礼物。影片表
现了一坨泥渐渐被拼凑成泥人的过程。

　　1990年，捷克斯洛伐克脱离苏联，捷克的艺术创
作复苏，史云梅耶创作了政治性最为突出的影片《斯大
林主义在波西米亚的终结》（*The Death of Stalinism in
Bohemia*），影片浓缩了从1948年苏联接管到1989年"天
鹅绒革命"之间的捷克历史，利用雕塑、照片拼接和物品

的组合，结合蒙太奇手段，表达抽象的政治含义。

1991年，史云梅耶与合作伙伴亚罗米尔·卡里斯达（Jaromir Kallista）创立了Athanor公司，专门创作具有捷克风格的影片，标志着史云梅耶短片创作生涯的结束。1992年，史云梅耶创作了《食物》（*Food*）。《食物》向观众展示了早、中、晚三餐的怪诞用法。"我对食物的困扰要回到我的童年，因为我曾经因为厌食而被送进疗养院强行喂食。"值得注意的是，这部影片强调的不仅仅是"吃"，而是一种"吞没"，它是我们的文明吞没少数文化、多元文化的象征。这部影片之后，定格动画尽管依旧存在于史云梅耶的作品中，但所占的比例大大降低了。

1994年，史云梅耶完成了第二部动画长片《浮士德》（*The Lesson of Faust*）。该片与《唐璜》相似，取材于传统木偶剧，片中真人穿木偶服装的表演占了较大比重，故事主人翁原本只是街上的路人，被引诱到剧场后台，一步步扮演了浮士德，与魔鬼达成交易。影片改编自歌德的同名戏剧，史云梅耶的改编非常自由，与原著差别很大。

1996年，史云梅耶拍摄了长片《极乐同盟》（*Conspirators of Pleasure*）。这是一部关于情欲与恋物，也是关于弗洛伊德和萨德的黑色性喜剧。讲述了在日常生活中几组平常人的情欲故事：男女邻居互相偷情，于是制造对方的假人来发泄性欲；警长沉溺于自制的性虐玩具；报贩暗恋新闻报道员，于是发明自慰机在收看新闻时自得其乐；

邮差小姐爱把面包搓成小团，以满足自己的七孔六欲。在影片中，人们对物件用情比对真人还要深。动画让他们的爱物活了过来，上演了一幕幕性虐游戏。史云梅耶将触觉实验的成果运用到本片当中，创作了一种新的色情形式。

2000年，史云梅耶拍摄了第四部长片《贪吃树》（Little Otic），又名"树婴"，是一部真人电影，影片中只有少量定格动画内容，使用电脑动画来表现树婴的动作。这部影片讲述了一对膝下无儿的夫妇，由于求子心切而抚养树婴的故事。树婴原本只是一块人形树根，在这对夫妇的悉心照料下竟然活了过来，可怕的是，随着它的成长，食欲越来越大，最终开始吃人。影片以树婴为象征深刻刻画了人性欲望的贪婪和恐怖。

2005年，史云梅耶拍摄了《梦魇疯人院》（Lunacy），影片讲述一个被噩梦困扰的男子来到疯人院，试图通过革命的方式解放被囚禁的病人。这部长片是向爱伦·坡和萨德侯爵致敬的作品，史云梅耶在影片开头警告："这是一部考验你视觉极限，挑战你心理极限的反美学的影片。"

2010年，史云梅耶拍摄了《幸存的生命：理论与实践》（Surviving Life: Theory and Practice）。影片采用真人与剪纸动画相结合的形式，通过对沉迷于梦境的中年男子的精神分析，对弗洛伊德、荣格和心理学进行了讽刺。

2018年，史云梅耶拍摄了自称"最后一部作品"的《昆虫物语》（Hmyz），影片采用了平行形式，一方面用定格动画和真人拍摄电影展现一些对昆虫充满崇拜的怪人的故事，一方面是史云梅耶对如何制作这部动画片的采访。影片通过众筹的方式筹措资金拍摄而成。

媒介即讯息

——彼得·格林纳威访谈

蒋含韵 译

马努·卢克施： 您的电影《普罗斯佩罗的魔典》（*Prospero's Books*）或者《枕边书》（*The Pillow Book*），甚至包括您的电视作品《死在塞纳河》（*Deaths of The Seine*）①抑或《但丁TV版：炼狱一至八章》（*Dante TV*）②，都体现了运用当前最先进的数字后期制作设备以实现电影表达的全新可能。数字媒体将会拯救还是取代电影呢？

彼得·格林纳威： 电影先是通过一台摄影机制作，而后通过一架放映机展现，所有关于电影的概念都与一种早在1895年的技术以及1929年剪辑的原声带相关——因而这些都是十分陈旧的技术。我想我们现在可以认为电影艺术（cinema）从物理角度来说已几乎不再是胶片电影（film），因为无论是在蕴含商业

---

① 原片名，*Death in the Seine (TV)*，1991。

② 原片名，*A TV Dante: The Inferno Cantos I-VIII*，1989。

电影制作可能的好莱坞制片厂环境，又或是在制作过程中涉及电视资本（TV money）的欧洲环境，许多的电影制作人都是更多地采用录像带。尽管仍然有人感觉影像制作采用赛璐珞质量更佳，但是很快任何自重的电影制作人或制片人都会转向录像带，在录像带上剪辑。我认为大多数人也都会用录像带观影，而不是进电影院。

马努·卢克施：这意味着在电视上？

彼得·格林纳威：这意味着要么在电视上，要么在一些视频相关的数据中。大约三个月以前从美国而非欧洲得到的一些数据可以说明一些问题——如果数据无误的话——74%的观众在电视上观影，23%通过视频观影，只有百分之三四的观众是在电影院中看电影。相较于五六十年代电影院线发展的高峰时期，还有观众在那时创造的庞大的巨数据，这是一次不可思议的暴跌。

马努·卢克施：那您认为这是一次发展倒退吗？

彼得·格林纳威：它是双向的：我一向认为在某种层面上对电影艺术来说最好的事情就是电视机的发明，就好像对绘画来说最好的事情就是摄影术的发明，因为它让媒介发挥其长处，这与现在时并不相关，而是关乎我们依照过去所找到的，那虚构的过去。但是由于观众以及他们对实现制作和发行中大预算的需求，不幸发生在电影艺术上的事实是现在许多电影艺术都在模仿电视。当电影第一次与电视狭路相逢，20世纪70年代电影艺术的一大特点就是聚焦于使用整个画面空间、探索明与暗的极限，以及精良的原声带。而现在这些焦点已不复存在，要说英国环境，在我看来像肯·洛奇（Ken Loach）这样的电影制作人更多是电视导向型而非电影导向型。

另一方面，我相信现在电视语言自身在后期制作中显然已经很成熟了，以至于它已然超前，让我们都可以变成毕加索，用一种从未试过的方式掌控世界。

不幸的是仍然有人觉得无论电视语言如何精雕细琢，实际的内容却变得愈发因循守旧。

因此虽然你掌握了这门出色的语言，但它实际言说的少之又少，而我们必须用某种方法解决这些分歧，让这门语言成就电影艺术卓越的未来。

此刻我对电影艺术十分悲观，但它的未来是令人乐观的。最终我们将能够融合成一种电影语言，它将真正实现完全的自主，而不再是一个附庸，我将它所从属的称作僭主（tyranni）：文本的奴役（tyrannus）、演员的奴役、画幅的奴役，还有这其中最难以颠覆的——镜头的奴役。

画框（frame）作为一项文艺复兴装置已经有百年历史，涉及绘画、歌剧、摄影、戏剧、电视，当然还有电影，乃至其他所有艺术门类都曾利用画幅，绘画就曾在20世纪中期大量运用画幅。

我想到了圆环形剧场，还有现在的新发明，像虚拟现实、巨幕电影（IMAX）还有全天域电影（OMNIMAX）都在利用画幅。

我们必须努力确保其他所有媒体都在运用画幅，它就在我们四周。

关于画幅多样性的各种见解正兴起——还有关于在漆黑的电影院中不再矗立着一片扁平的荧幕空间，以至于所有人须看向同一方向。这些见解现在都是过去的事儿了。

世界各地都有迹象表明陈旧的形式正在崩溃和破碎，但对于我来说，这一切还不够快。

马努·卢克施： 一方面，您谈到新媒体就是指"录像带—媒介"，它发展极速且利于发行；另一方面，您又有对新媒体的不同认识，包含交互性、3D，可能还包含进化缓慢的嗅觉、触觉感官。

彼得·格林纳威： 我觉得现在这一阶段是一个陷阱。就像约翰·凯奇（John Cage）的一句名言："当我们走得太快，观众便会走丢。"

当你对任何手工艺品注入超过20%的新意，你将立即丢失80%的观众。我并没想到像《枕边书》这样一部电影会具有这样的实验性质。

我也并不想在商业美学上自杀，我无法理解这种做法。约翰·凯奇认为观众最终是会跟上脚步的，他认为这会花费十五年的时间，不过我觉得他太乐观了。

你想想世界绘画：人们现在对世界绘画的欣赏尚且在印象主义的阶段，而印象主义还是1859年的创造——可见要经历很长、很长的时间才能让全新的理念在大众中流行，进而成为常识。

我知道人们对电影的欣赏水平往往会快速得多，因为电影被更广泛地在世界上传播，但我仍然认为人们传统得令人不可思议。

比如很多人，包括知识分子在内，仍然很难理解《普罗斯佩罗的魔典》和《枕边书》中将图像碎裂的想法。他们认为这更像是多媒体光盘（CD ROM）而非电影院，但我不认同这点，我觉得一群被动的观众在一间漆黑的空间观看唯一的画幅在现在来说已经是一件过时的事儿了，我们须让新媒体适应其他所有新的刺激。

在我刚开始做电影的那会儿，并没有电影这样的东西，从某种层面来说电影就是电影。但到我的孩子第一次去电影院的时候，他们将它形容成黑暗中的大电视，可见在他们脑海中已经有了这一媒介可能成为的样子。

因此，想到孩子们现在到了一定年纪，他们通过电脑屏幕、多媒体光盘还有网络拥有了巨大的掌控力，他们可以获得快进、调换和互动等方式是电影院从未做到的。

因为新一批年轻观众的想象力是在其他地方培养而成的，电影院已经无法满足他们想象的期待。所以我们必须要改变它。

马努·卢克施：您现在又在制作一部数字处理的电影……

彼得·格林纳威：你现在坐在荷兰中部的一家视频工作室采访我，而我们正在处理三周后即将举行的鹿特丹电影节的开幕影片。

这部影片花大篇幅礼赞一座新桥，这座伊拉斯缪斯大桥（Erasmus Bridge）位于鹿特丹市，三个月前刚刚完工。早在1929年，一位著名荷兰纪录片制作人埃文斯（Evans）曾为鹿特丹的另一座桥制作过一部三十三毫米黑白默片。从某种意义上，我们正在制作的电影正是对这部原创影片的致敬，它的重要性是被欧洲先锋派肯定过的。

很多人在1929年观看这部影片时，认为其毫无结构、进展过快、剪辑粗糙，但是放到今天，它看起来却是一部极其缓慢和无聊的作品，几乎没有什么真正的效果让我们在其中找到今天看来有可能显得有趣的东西。

这部电影在当时被认为是技术最先进的电影，且被公认具有团结一致和鹿特丹社会主义相关的政治内涵。巧合的是影片的制作人曾在中国呆了三十年左右，而他的电影在世界上拥有最多的观众，仅仅是因为中国人太多了，他们又都对电影饱含热情。由此，埃文斯将自己的名声大多留在了革命中中国电影院所扮演的角色上面。

不管怎么说……拿他作为先进技术的例子，我们现在一直被鼓励要运用技术最先进的设备，我很肯定埃文斯如果看到我们现在做的事情会非常吃惊的。

马努·卢克施：您现在在使用什么设备？

彼得·格林纳威：我们使用这些小型数字录音视频盒式摄像机，如人脑般大小，录像带既不贵还很小，摄像机能够日日夜夜以任何速度同时并全自动地应对室内外环境，它们是如此不引人注目，让你可以四处游走而不被人发现你正在拍摄他们。

影像的质量也一再出人意料，质量绝佳。

我们在这里通过一套全新的系统转换素材，将其在精良的Flame后期制作系统上进行剪辑，之后再将高质量的录像带转化为高质量的电影。

经历此次实验对我意义非凡，因为我们在准备下一部剧情片《塔斯·鲁波的手提箱》（*Looper's Delft Suitcase*）①，片时八个钟头。它将在全世界取景，拍摄从美国开始，到中国东北地区结束，经由西方和中欧的绝大多数国家。长达一年的拍摄在前头等着我，因此我想要保证我的旅伴体积微小。

你在过去用旧的设备绝对无法做到这点，因此这也表明了实际的硬件、摄像机以及这样组织素材的能力对组织电影的可能性产生了巨大改变。

马努·卢克施：你现在正忙于将多媒体光盘应用于寓言……

彼得·格林纳威：是的，在现阶段我们必须用技术先进的电脑制作壮丽而复杂的静态影像，它们的投影要能达到帝国大厦的尺寸。

我们也会为书商生产最壮丽的影像，它会将文字与影像合二为一。我现在对此相当兴奋——见证《枕边书》与印刷术、书法的结合——连同整个战争的伦理，或者也可以说文字与影像的相遇，这就是电影的遭遇。

我认为我们在电影诞生一百年之后未曾看过任何一部电影，其中一个原因就是基本上如果导演是马丁·斯科塞斯、戈达尔、文德斯、斯皮尔伯格……你

———————————

① 影片上映时正式片名为 *The Tulse Luper Suitcases: The Moab Story*。

必须先有文本而后才会有影像。对我来说文本如此作用于电影是不理想的，就好像它不作用于文学一样。

这块革命性的磁盘令人兴奋的一点是你可以操控一件事物，也就是可以让它以不同的形式在世界各地出现。

我正在尝试利用总体艺术（total art）形式这一老问题让所有的艺术门类融为一体。也许从某方面来说，因为特定的技术尚未出现，像《枕边书》和《普罗斯佩罗的魔典》这样的电影在十年前也许是制作不出来的。我是"媒介即讯息"这一观念的坚定信徒。

马努·卢克施：你一方面抱怨被动的观众，而另一方面你又不相信存在一种艺术生产的"民主"方式。这难道不互相矛盾吗？

彼得·格林纳威：确实。所有最棒的想法都是矛盾的，所有优秀的人也都充满矛盾。

我们正处于某种过渡时期。从哲学上来说，我认为将艺术家视为超人是一种文艺复兴式的态度，它可追溯至米开朗基罗，而毕加索和斯特拉文斯基（Stravinskys）也许是艺术上最后的超级英雄。

在米开朗基罗之前，艺术家也处于那样的地位，但是这种态度与文艺复兴时期的人文主义观念密切相关。文艺复兴观念总是与君主制、绝对主义和寡头政治相关，当我们生活在西方民主时代，人类伦理的文化机构总是以某种方式落后于我们的政治系统。

我认为万事的发展都在朝向更多的主动性、更少的被动性，不再将艺术家视为超级英雄，而当代艺术发生的许多事件都在印证这点。

马努·卢克施：*要让交互性变得有价值的条件难道不是双方——观众和艺术家——参与并学习回应……*

彼得·格林纳威：以《枕边书》为例，它就包含了多重影像。在某种程度上，它更多像是人类经验，因为我们不是像穿过一面画幅一样观察这个世界，我们是不断地行走在街道上，经历各种人类活动，在此刻综合我们的回忆与想象。

因此，有一种方式可以让你在看《枕边书》的时候，所在之地亦发生某种交互，因为有多种影像可以选择，这就取决于你或者说观众选择何种顺序或是如何使用这些影像。

马努·卢克施：*但是你无法获取观众选择的数据也就无从得出结论……*

彼得·格林纳威：这不要紧。我一点也不惧怕或是担心这点。我的意思是一直都是如此，哪怕我做了一部传统电影，像《画师的契约》（*The Draughtsman's Contract*），我也并不知道人们具体是如何使用他们的想象力来延伸电影的。当艺术作品完成了，某种程度上艺术家就必须完结他负责的那一部分，因为每个人的期待和文化背景是如此不同。

《画师的契约》被一些人看作是反撒切尔的，另一些人却觉得是挺撒切尔，被一些人看作完全是大男子主义，另一些人却觉得是女性主义路数，被一些人看作英国足球系统的描述，另一些人却觉得它源自那时的美国总统选举，而当它在西班牙放映的时候，又被视作一部反佛朗哥①电影。

我在做这部电影的时候从未有过这些想法，但如果人们想要照此看待它，我不会去否认。

总体来说，我认为重要的事情是每一位创作者都应该试着运用他自己的技术。

从文艺复兴开始，这在过去四五百年来已经作为成为创新而激进的画家的一个条件。像达·芬奇就曾使用子方形（subsquare）和与航海、数学相关的新技术。还有我最爱的画家之一，维米尔在17世纪中期的代尔夫特（Delft）工作的时候会使用所有与磨光和制作透镜相关的技术。几乎可以肯定维米尔用过一种照相机暗箱（Camera Obscura），因此他也是第一位摄影师，三百年后卢米埃尔兄弟（the Lumière brothers）才第一个开始思考如何利用所有的动态图

---

① 弗朗西斯科·佛朗哥（Francisco Franco），1936年发动西班牙内战并推翻民主共和国的民族主义军队领袖。

像。

但是当上个世纪的画家使用摄影术，或者这个世纪的画家已经利用早期的电影，当前的技术活力和刺激总是没有全部被同步应用，这就让电影显得老派。多数电影、大多对生产和发行的预想、有时还包括观众都尚且处于20世纪40年代《卡萨布兰卡》（*Casablanca*）综合征的阶段：故事叙事简单，开头，中段，结尾，唯一的意象，基本依照19世纪末的小说书写结构。

马努·卢克施：对老派、传统的电影特质中您所抱怨的诸多问题：线性、"僭主"……您希望在交互电影中为它们找到解决方法吗？

彼得·格林纳威：在某种程度上，我想人不能操之过急，因为你这样一定会将观众落在后面以至于过多地自我孤立。同时，这个问题的另一种答案是通过为不同的观众制作不同的作品来解决它，因此不要只是为了电影发行去制作电影，而是要去深入电视行业、去出版书籍、去策展，抑或追寻克里斯托（Christo）这样的当代行为先锋们，去将形形色色的共有物作为一座庞大建筑的底座。

同样有趣的是返回讯息自身，我认为新媒体通过运用交互性和画幅的多重性正在形成一种语言。我们正要拍摄的下一部电影《塔斯·鲁波的手提箱》将

要被制作成三十五毫米电影发行，并以多媒体光盘的
形式面向电视，还会被上传网络。

这也是我以独立电影制作人的身份向我的电影
以各种方式被欣赏、承认和讨论表达致谢。

比如我知道有一大群观众是在网络上讨论我的
电影，我想要用他们的媒介直接与他们对话。我认为
有意思和迷人的地方在于去看我们是如何融合和组织
这四种全然不同的数字媒体并将它们完美交互。许多
人会去看电影但绝不会买光盘，反之亦然，因此必须
双管齐下。我必须要让每一种媒体都自主地作用于特
定观众，同时试着找到一种跨界情境。

比如在一部实际电影中，有一条次要情节是关
于打包和拆包"92"件行李。"92"之所以意义非凡
是因为它是铀的原子序数，而它大约发生在1935年至
1942年间原子弹发明前后。

我们一定会在电影中以某种方式提到这些行李
箱，你甚至会看到它们的开阖，但绝没有时间对它们
展开讨论。而在光盘中，行李箱内部的完整内容都将
会被讨论，因此如果你既看电影又看光盘，你对主题
的认知将会更加深刻。

实际上它不仅仅关乎在屏幕上创作影像，还在
于影片是以何种形式被感知、发行和组织的，这也是
同一现象的一部分。

马努·卢克施： 您能再多介绍一点网络的部分吗？

彼得·格林纳威： 非常简短：当我们开始拍摄的时候，我会发布公告，其中一些是虚假的，一些是捏造的，还有一些是用其他语言表述的。

你从《枕边书》中也能看到我对文本和影像交互的兴趣。还有一点非常有意思，我们欣赏万维网、多媒体光盘和电视的视觉质量，但事实上这些都是彻底的文本驱动媒体。

在我小的时候，我父母不让我看电视，因为他们说电视里有太多画面，而我读书不够多，但是现在人们必须足够有学识才能活用这些新技术，而它们从某种层面应当是高度视觉的，而非文本的。因此这是一个非同寻常且饶有趣味的讽刺——当然，尤其当你又是英国人，因为整个技术在世界的主导语言是英语。

我上星期在报纸上读到法国人现在变得如何绝望和失望，因为他们正落后于新技术的原因仅仅是他们说错了语言。

我之后的志向：我非常想要制作全天域电影的多媒体光盘。我想要单一、巨大的屏幕影像铺天盖地，以至于你必须像在世间游走那样伸长脖子。我还想要多媒体光盘拥有网络的能力，永不停歇地制造百科全书，这会让每一位使用者以一种截然不同的方式产生交互性反应……当然，我们还没有掌握这种全天域电影和多媒体光盘的技术。

马努·卢克施：为什么大尺寸对您如此重要？

彼得·格林纳威：电视最大的不足之一就是缩小了屏幕尺寸。我认为电影之所以能这么长时间满足人们的想象力，长达七十年之久——我不认为是一百年，因为近三十年来我们认为电影被电视同化了——正是因为影像的刺激，在于它比人身大，比人声响，因此这种比例十分重要。电视产业妖魔化并压抑了屏幕尺寸的刺激。我相信当技术升级之后，我们最终将再一次回归大尺寸。

有一个很大的问题就是在我去电影院的时候，我希望能独自坐在最佳座位上，而每一间电影院只有一个最佳座位。此外，我还想以多媒体光盘的一对一模式欣赏电影，但是这无论从建筑空间还是经济条件都难以想象该如何实现。

马努·卢克施：您认为3D巨幕电影是否应该向现实模拟不断发展，是因为它有助于艺术表达吗？

彼得·格林纳威：噢不，"虚拟现实"这个概念其实用词不当，我们不想要虚拟现实，我们要的是虚拟非现实。人们为什么要花成千上万的英镑去为

《侏罗纪公园》（*Jurassic Park*）制造人工恐龙？在我看来这完全是浪费时间。

这样的作品只是用传统的态度铺展传统的文本故事线，它与改变媒体毫无关系，它只是想要制造机器人对等物，而这早已存在于画幅之中了，我不知道意义在哪儿，你懂吗，真正的"侏罗纪公园"应当比任何人在画幅之中研发的机器人发明要令人兴奋得多。

马努·卢克施：您会上网浏览吗？

彼得·格林纳威：不，我的助理依莱扎（Eliza）常常代替我做这件事。为了直接处理这个问题，我们现在正在开展一场重要对话。在美国大约有四家格林纳威网站，欧洲五家。我们觉得应该与这些网站联系更紧密一些，我应该继续更加深入它们之中。但这是一场赛跑，我们都需要极速奔跑，因为技术发展太快了，当你觉得你对某物的更新了如指掌，你忽然间就已经落于其后了。

马努·卢克施：所以没有一家格林纳威网站是您授权的？

彼得·格林纳威：十二月网站是以我的名义做的。

有趣的是虚构言论和错误消息愈演愈烈，但你又能做什么呢？讯息在全球如此迅捷地传播应该是令人警惕的。有一次我的一场讲座在三小时前刚被取消就已经有二十五个人在网上得知了这则消息。

马努·卢克施： 您以后会花更多时间上网吗？

彼得·格林纳威： 一段时间之后它确实会变得令人厌倦无比，它的陈词滥调和百无聊赖就好像收听人们的晚间广播谈话节目。我想网络在哲学上并没有改变事物，哪怕可以在网络上通奸，我不知道如何运作，但显然美国有一些诉讼案件想要证实这一点。

马努·卢克施： 谢谢您接受采访。

彼得·格林纳威生平创作年表

王佳怡 编译整理

1942年4月5日，出生于威尔士的格温特郡的新港，他的母亲是名老师，父亲是建筑商人。3岁时举家搬离南威尔士，并在埃塞克斯郡德清福德（后来伦敦的一部分）定居。

1962年，进入沃森斯道艺术学院（Walthamstow College of Art）就读。同年，他拍摄完成第一部短片《情感之死》（*Death of Sentiment*）。

1965年，格林纳威在英国信息中心办公室（COI）担任编辑工作长达15年。

1966年，执导实验短片《火车》（*Train*）和《树》（*Tree*）。

1967年，执导短片《革命》（*Revolution*）和《来自首府城市的五张明信片》（*Five Postcards from Capital Cities*）。

1969年，执导短片《区间》（*Intervals*）。

1971年，执导短片《腐蚀》（*Erosion*）。

1973年，执导短片《字母H代表房子》（*H is for House*），这是一部家庭电影，凸显了他对非常规叙事的偏好，1978年又重新进行剪辑。

1975年，执导短片《窗户》（*Windows*），影片讲述的是1973年有32个人从窗户掉下去的事实。同年，执导短片《水域》（*Water*），该片是一部剪辑练习，也是下一部影片《莱克兹水域》（*Water Wrackets*）的基础。

1976年，执导短片《数字中的古尔镇》（*Goole by Numbers*）。

1977年，执导短片《可爱的电话》（*Dear Phone*）。

1978年开始，他逐渐受到英国电影学院（BFI）的财政支持。执导纪录短片《埃迪·基德》（*Eddie Kid*）、《胜人一筹》（*Cut above the Rest*）、《1-100》（*1-100*）、《重铸地貌》（*Vertical Features Remake*）和《漫步天堂或地狱：一位鸟类学家的重生》（*A Walk through H: The Reincarnation of an Ornithologist*）。

1979年，执导纪录短片《女演员》（*Women Artists*）《利兹城堡》（*Leeds Castle*）和《桑德拉·罗德斯》（*Zandra Rhodes*）。

1980年，执导第一部长片《崩溃》（*The Falls*），该片获得英国电影协会最佳影片大奖。同年，执导纪录短片《拉科克村》（*Lalock Village*）和《乡村日记》（*Country Diary*）。

1981年，执导泰晤士电视台的一档电视节目《神力难违》（*Act of God*）和纪录短片《特伦斯·考伦》（Terence Conran）。

1982年，执导首部故事长片《画师的契约》（*The Draughtsman's Contract*），该片获得第39届威尼斯电影节金狮奖提名。

1983年，执导纪录片《四个美国作曲家》（*Four American Composers*），影片记录了约翰·凯奇、罗伯特·艾思雷、菲力浦·格拉斯和麦瑞底斯·蒙克4位作曲家。同年，执导短片《海岸线》（*The Sea in Their Blood*）。

1984年，执导短片《水中仙》（*Making a Splash*）。

1985年，执导纪录短片《在室内：1985年伦敦和牛津的26间浴室》（*Inside Rooms: 26 Bathrooms, London & Oxfordshire*, 1985）。

1986年，执导《动物园》（*A Zed and Two Noughts*）。

1987年，执导《建筑师之腹》（*The Belly of an Architect*），影片曾获得第40届戛纳电影节主竞赛单元金棕榈奖提名。

1988年，执导《挨个儿淹死》（*Drowning by Numbers*），影片荣获第41届戛纳电影节最佳艺术贡献奖、主竞赛单元金棕榈奖提名和1991年西雅图国际电影节金天线奖。同年，执导纪录短片《害怕淹死》（*Fear of*

Drowning）和电视短片《死于塞纳河》（*Death in the Seine*）。

1989年，执导《厨师、窃贼、他的妻子和她的情人》（*The Cook, the Thief, His Wife and Her Lover*），该片荣获1991年芝加哥影评人协会最佳外语片奖。同年，执导短片《与休伯特·巴尔斯握手》（*Hubert Bals Handshake*）。之后，他又与艺术家汤姆·菲利普斯（Tom Phillips）合作，执导电视系列剧《但丁TV版：炼狱一至八章》（*A TV Dante: Cantos 1–8*）。

1991年，执导《普罗斯佩罗的魔典》（*Prospero's Books*），影片是根据莎士比亚传奇剧《暴风雨》所改编，该片获得第48届威尼斯电影节金狮奖提名。同年，执导电视短片《不是莫扎特》（*M is for Man, Music, Mozart*）。

1992年，执导短片《罗萨》（*Rosa: La monnaie de munt*）和电视短片《漫步普罗斯佩罗的图书馆》（*A Walk through Prospero's Library*）。

1993年，执导《魔法圣婴》（*The Baby of Mâcon*）和电视短片《达尔文》（*Darwin*）。

1994年，执导纪录片《日内瓦的一号阶梯》（*The Stairs 1 Geneva*）。

1995年，与其他39位导演一同拍摄《卢米埃尔与四十大导》（*Lumière et compagnie*）。

1996年，执导《枕边书》（*The Pillow Book*），次

年，该片获得西雅图国际电影节最佳导演奖。

1997年，执导短片《桥》（*The Bridge*）。

1999年，执导《八又二分之一女人》（*Eight and a Half Women*），该片获得第52届戛纳电影节主竞赛单元金棕榈奖提名。同年，执导的电视歌剧片《一位作曲家之死：罗萨，一出马的戏剧》（*The Death of a Composer: Rosa, a Horse Drama*）上映，从1994年至1998年，历时4年，在阿姆斯特丹制作完成。

2000年，执导《博洛尼亚2000》（*Bologna 2000*）。

2001年，执导短片《浴室中的男人》（*The Man in the Bath*）和纪录短片《赖特迪普之旅》（*The Reitdiep Journeys*）。

2003年，执导《塔斯·鲁波的手提箱1：摩押故事》（*The Tulse Luper Suitcases 1: The Moab Story*），《塔斯·鲁波的手提箱》三部曲中的第一部，影片获得第56届戛纳电影节主竞赛单元金棕榈奖提名。同年，执导短片《欧洲十六部短片之一》（*Cinema 16*）和《塔斯·鲁波的手提箱：安特卫普的第三段插曲》（*The Tulse Luper Suitcases Eisode 3: Antwerp*）。

2004年，执导《塔斯·鲁波的手提箱2：从沃克斯到大海》（*The Tulse Luper Suitcases 2: From Vaux to the Sea*）、《塔斯·鲁波的手提箱3：从萨克到终点》（*The Tulse Luper Suitcases 3: From Sark to the Finish*）和《欧洲二十五面体》（*Visions of Europe*）。

2005年，执导《塔斯·鲁波：提箱里的生活》（*Tulse Luper: A Life in Suitcases*）。同年，他获得了第10届釜山国际电影节荣誉奖。

2007年，执导《夜巡》（*Nightwatching*），影片是彼得·格林纳威"荷兰大师"系列的第一部影片，该片获得第64届威尼斯电影节金狮奖提名。同年，执导《居于维纳里亚宫殿》（*Peopling the Palaces at Venaria Reale*）。

2008年，执导纪录片《伦勃朗之我控诉》（*Rembrandt's J'Accuse...!*）。

2009年，执导纪录短片《婚礼》（*The Marriage*）。

2011年，执导短片《阿姆荣根城堡》（*Castle Amerongen*）和纪录短片《地球上的原子弹》（*Atomic Bombs on the Planet Earth*）。

2012年，执导《高俅斯和鹈鹕公社》（*Goltzius and the Pelican Company*），影片是彼得·格林纳威"荷兰大师"系列的第2部影片。同年，执导浪漫喜剧《四次风暴和两个婴儿》（*4 Storms and 2 Babies*）。

2013年，与让–吕克·戈达尔、埃德加·佩拉共同执导影片《3D铁三角》（*3X3D*），为2012年被评选为欧洲文化之都的葡萄牙古城基马拉斯（*Guimarães*）制作的3D电影，影片在戛纳电影节放映。

2015年，执导《爱森斯坦在瓜纳华托》（*Eisenstein in Guanajuato*），影片入围2015年柏林电影节金熊奖。

2016年，执导历史短片《休金、马蒂斯、舞蹈与音乐》（*Shchukin, Matisse, Dance and Music*）。同年，他获得了阿根廷圣马丁大学（San Martín）博士学位。

　　2017年，执导传记片《走向巴黎》（*Walking to Paris*），影片讲述的是20世纪世界最具影响力的罗马尼亚雕塑家布朗库西（Constantin Brancusi）从罗马尼亚来到巴黎的经历。

电影在创造另一种生活

——亚历山大·索科洛夫访谈[①]

肖熹 译

杰瑞米·桑尼奥夫斯基（以下简称"桑尼奥夫斯基"）：《太阳》（*The Sun*, 2005），您最新的一部电影对投降后几个小时内日本裕仁天皇进行了精彩研究。影片在柏林电影节的接受情况比较复杂，没有获得影片应该有的预期的好评。对您来说，这很罕见，尽管如此，您还是一直坐到了颁奖典礼结束才离开，您怎么看待这种不公平？

亚历山大·索科洛夫（以下简称"索科洛

① 本篇访谈由杰瑞米·桑尼奥夫斯基（Jeremi Szaniawski）于2005年7月在圣彼得堡完成，以"亚历山大·索科洛夫访谈"（*Interview with Aleksandr Sokurov*）为题发表于《批评探索》（*Critical Inquiry*）2006年秋季号第33卷的第13页至第27页。

本文根据英文原文翻译而成，其中包含对历史人物的表述，来自于导演特殊的个人经历与艺术趣味，仅代表他个人的理解。本书在选编和翻译过程中，出于学术研究的严谨性，认为文献翻译不能因噎废食，故而保留了这些观点，请读者以批判和客观的态度去理解。——编者夫"）：这对我来说是一段非常难过的经历，我不想再去谈论它。

桑尼奥夫斯基：有人说，您很喜欢伯格曼、爱森斯坦、格里菲斯、费里尼、弗拉哈迪，那对德莱叶呢？

索科洛夫：是米哈伊尔·杨普斯基（Mikhail Yampolsky）让我认识了德莱叶的电影，这个人你可能知道，他是俄罗斯电影界非常伟大的批评家和知识分子，曾对我产生很大的影响，遗憾的是，他已离开俄罗斯，我很想念他。当然，德莱叶是一个伟大的艺术家，可以视为对创新性电影产生过巨大影响的人，几乎所有的创新都已在德莱叶的电影当中呈现出来，就像其他那些电影作者一样，比如与他同时代的让·维果（Jean Vigo）的《亚特兰大号》（*L'Atlantique*, 1934）和亚历山大·杜甫仁科。这些导演发明了属于他们自己的表达电影的方式，同时，他们也发展了这些手法。我们可以用这种方式评价塔可夫斯基。所以，德莱叶毫无疑问是电影世界中伟大而毫无争议的人物。

桑尼奥夫斯基：您电影具有的一个显著特征是对现实主义维度的拆解，展现了一个强烈的梦幻维度，正是在这个角度上，我想到了德莱叶。我所考虑的是，您电影中描绘的世界与德莱叶《吸血鬼》（*Vampyr*, 1932）中梦幻的世界有着某种相似性，尤其是您的《石头》（*The Stone*, 1992），或者《遗忘列宁》（*Taurus*, 2000）中的迷雾和幽灵般的人物，或者《莫洛赫》（*Molokh*, 1999）中的迷幻时刻（hallucinated moments）。

索科洛夫：是的，我当然看过《吸血鬼》，但在这里我一定要澄清：一个重要的事实是，我看过的这些电影并没有格外强烈地影响我。它们对我的作品没有产生巨大的影响。我从来没有特别地喜欢电影，我现在也不是特别喜欢电影，甚至现在可能我不太喜欢电影了。对我来说，艺术世界中给我带来最强烈情感的总是来自绘画和交响乐。我电影的视觉或其他层面都没有来自电影的影响，而总是来自于这两种艺术形式。我认为电影在当代的意义上来说是非常退步的，它只在非常微小的方面获得了发展，即只是在技术和戏剧的层面上发展了，而且是在美国剧本写作的影响下发展的。

桑尼奥夫斯基：是吗？您怎样评价美国电影？
索科洛夫：对我来说，美国电影有最优秀的编剧、中等的导演和总体上来说非常平庸的演员，但是美国编剧确实有非常好的点子。

桑尼奥夫斯基：您似乎是在指他们的写作技巧？那种非常编码化和体制化的写作吗？或者用"剧作诀窍"（screenwriting recipes）、剧本导师工作室写出来的那些书吗？

索科洛夫：是的，这令人印象深刻。如果美国剧本落在俄罗斯人手里，或者说欧洲导演手里，必定会拍出一部标杆式的作品，包括像《星球大战》（*Star War*, 1977）这样的作品。你可以想一下塔可夫斯基的《飞向太空》（*Solaris*, 1972）和这部电影的美国翻拍版（2002）①。这种区别其实与机遇（chance）没关系，这是一种基因上的差别。"电影作为艺术"，这不是美国人的想法，也不是美国电影的命运。只有"旧世界"（old world）才坚持艺术的理念，而"新世界"对于这种古老的观念来说是非常困难的，结果只是生产出一种不那么有说服力的艺术。电影的艺术观念，无论从基因上和历史上对美国来说都不是基本性的，因为美国在基因上就没有一种历史可以对应艺术的理念。

桑尼奥夫斯基：我们换个话题，我知道您即

---

① 索科洛夫此处指美国导演史蒂芬·索德伯格（Steven Soderbergh）对塔可夫斯基《走向太空》的翻拍版《索拉里斯》（2002）。

将要指导两个歌剧，穆索尔斯基（Mussorgsky）①
《鲍里斯·戈都诺夫》（*Boris Godunov*）和《霍万
兴那》（*Khovanshchina*），这是您第一次进入到这
个领域，可您已经五十多岁了，为什么呢？

索科洛夫：的确如此。过去我没做过任何戏剧
或者歌剧。我在拍关于莫扎特《安魂曲》的纪录片
时，曾经靠近过这种形式，但仅此而已，是拍摄《太
阳》的经历让我真的产生一种欲望去与舞台演员进行
合作。

桑尼奥夫斯基：是的，我知道您与尾形一成
（Issei Ogata）的合作非常愉快，而这位扮演裕仁
天皇的演员确实来自戏剧领域，他们的工作方式与
您很适合吗？

索科洛夫：是的，他们是非常优秀的演员，非
常感性，非常尖锐。他们处理与导演的关系跟我们在
西方遇到的有很大不同，他们有一种很特殊的倾听方
式，他们并不把自己看得太高，他们中的绝大多数人
都不自私或者自我膨胀，或者期待着病态的赞美。对
他们来说，所有的事情中最重要的就是表演这一个理
念。他们走得很远以至于完全忘了他们自己。这在

---

① 穆捷斯特·彼得洛维奇·穆索尔斯基（Mussorgsky Modest
Petrovich, 1839—1881），俄国著名作曲家，访谈中提到的两个
歌剧是他的作品。

西方和俄罗斯的电影界是难以想象的，因为对我们来说，景观（spectacle）比理念（idea）更加重要，演员们似乎在一个距离中去寻找他们自己，由于采用了斯坦尼斯拉夫斯基的方法，让他们具有一种自我中心主义的方式。给我留下深刻印象并感到惊讶的是，这些日本演员对表演的精通，他们是无与伦比的艺术家，伟大的专业人士。扮演裕仁天皇的这个演员有着强烈的内心能量，跟他一起合作给我带来一种前所未有的满足，每一次我想要求什么东西，我都不会给出太多的解释，他会问一个又一个的问题，尽管这很少见，这些问题总是非常简单明了，然后他们再表演，而他们的表演方式正是我所期待的。这已经超出了一种倾听的关系，这是一种相互领会的关系。

桑尼奥夫斯基： 回到刚才您说的当代美国电影编剧的问题，我必须承认，我感觉这些故事中所有的东西都是可以预见的。一旦影片的前十分钟结束，在"电影厨艺指南"（cinematique cook books）提供的规则指导下，你完全可以预见到即将发生的所有事。我这里谈论的只是最好的电影，那些遵循一定结构、可以总体上被定义为票房大片的片子。您的电影绕开了这种可预见性，在我看来，西方电影和美国电影相对来说尤其缺少一种灵魂（soul），一种自发性（spontaneity），简单来说就是一个艺术视野（artistic vision）。

　　索科洛夫：是的，我基本上同意你的观点。但严格地说，我们谈论的是编剧技巧。美国电影作为一种艺术，的确存在的时间非常短。在20世纪30年代，通常是欧洲电影导演这样做，之后才有了奥逊·威尔斯（Orson Welles），然后到了20世纪60年代，电影开始产生了巨大的影响，并且与戏剧发生了强烈的关系。在美国戏剧的强有力的在场下，我可以看到美国导演不会承担起过去由美国戏剧家所承担的重要责任。电影完全从属于经济和商业的信念。

　　桑尼奥夫斯基：在20世纪20年代早期，让·爱浦斯坦（Jean Epstein）把电影比作两颗心的创造物，然后一个朝向艺术，一个朝向商业。

　　索科洛夫：当然，是这个民族创造了电影。美国电影的本性，所有的电影文化都浸透在金钱崇拜中。

　　桑尼奥夫斯基：就像他们的纸币上印着"我们信仰上帝"（In God We Trust）一样。

　　索科洛夫：那是当然。

　　桑尼奥夫斯基：在晚期资本主义背景下，对艺术作品的物化，没有给缺乏商业野心的艺术电影留下太多空间。所以我说，您的电影奠定或者加入了现代主义重构的潮流中，我称之为"跨现代主义"（transmodernism）。

索科洛夫：什么跨现代主义？

桑尼奥夫斯基：我所指的是你与伟大的现代主义之间的某种继承关系，包括伯格曼、费里尼，但是还有《悲伤与麻木》（*Mournful Insensitivity*, 1983），一部形式上是后现代主义、内容上是现代主义的电影，让我想到一些戈达尔的作品。您的电影激发了一种原创性的感觉，新奇的感觉，不平凡的感觉，直接让我想到了马克斯·恩斯特，他曾说艺术，尤其是现代艺术，最独特的角色就在于重新塑造一种我们在儿童时代所经历的新奇感（feelings of novelty）。在您的电影里，不仅仅是开始，甚至每一格画面都是难以预期的，您的作品可以是任何事物，可唯独不可能平庸。此外，人们还能够从您的电影中看到，类似于良知、绝对等概念的重要性，以及您对哲学的深深的、内在的爱。甚至这种因间离的现实主义而强化的神秘的电影，让我感到了一种"悚然"（unheimlichkeit），来自于您那令人惊讶的拍摄视角，以及对于变异事物的使用。这是一种很难直接被推进的电影，这需要持续不断的工作，在其哲学的和超验的内容中不断

354 嘲讽在静默中冷却——欧洲电影大师访谈与研究续编

探索。我还看到了您的电影中有自然和崇高的元素，以及据说被现代性的到来所淘汰的浪漫主义的遗产。自然的美超越了意识的界限，激起了冥想（contemplation）和恍惚（stupor）的情感，有时濒临疯狂。在您的电影中，我们看到的是这种不可预期的特点，我们看到的是不属于任何戏剧性规则的动作。在主题上，有人在您的电影中感受到了某些属于典型的现代主义特征：异化、孤独、不可沟通性、对于超验的寻找和启示。当然，这些只是我个人的观感，您怎么看待这些看法？您怎样看待您自己与这种回到"另一种现代主义"（another modernism）运动的关系？

索科洛夫：这是个非常难以回答的问题。首先，我试着去做那些我必须去做的电影。一旦我要去推动这个作品，我选择的方式是这样的：我会把我曾考虑过的事、长时间思考的事做出来，或者我会把触发我感觉的事情做出来，一种非常深刻而具体的沉思（preoccupation）。在这个意义上，《莫洛赫》《遗忘列宁》《太阳》这个四部曲是我思考很长时间的结果，而相反，像《石头》、《母与子》（1996）、《父与子》（2003）则完全来自于我感受到的一种情绪，这种情绪非常简单。但很重要，而且是个人性的（情绪）。这是我的情感。所以，宣称通过拍摄一部电影来质疑一个体系或者当下现实，并通过影片来描绘我自己，不！这不是最重要的沉思。当我听到拉斯·冯·提尔（Lars von Trier）宣布《道格玛95宣言》（Manifesto Dogma 95），我非常不高兴。这个理论，这个关于贞洁的誓言，以及其他所有东西都太是无稽之谈了。这无非是在说：这个小组由一群严肃而合格的导演组成。但是那些在20世纪20年代工作的导演们，他们的宣言在苏联的社会主义现实主义时期成为人们告发、诽谤和谴责他们的证据，这条路是走不通的。

桑尼奥夫斯基：难道您不觉得《道格玛95宣言》有着社会主义现实主义明显缺少的反讽吗？这里面是不是有一种巧妙的广告效应（coup de pub），在此之上想聚焦于一种新的拍摄不同电影的方式，去找到这种方式呢？

索科洛夫：如果作者有强烈的人格，他就会找到他自己的真相，发出他自己内心的声音。如果他无法完整总结自己的话，他就会在宣言和体制中寻求避难。我可以告诉你，像《母与子》《父与子》《石头》这样的电影讲的都是"过度"（excess）。比如说关于爱，非常充实以至于让你进入过剩状态，这是一种观点。但从另外一个角度看，有人会宣称这些影片是关于死，关于其他很多东西。很多难以言说的情感，但是人类的情感让人惊恐。所以，如果说我考虑自己，或感觉上想参与到当前的美学运动当中去，那当然不是！当我去解决我电影的戏剧结构如何建立的问题时，我只服从于一种声音，一种内在原则。这既不是戏剧的原则，也不是体制的原则，它甚至不是美学的原则。我意识到每一部电影都是完全与众不同的。我内在的使命、我的任务就是让我的每一部电影都与其他电影完全不同，我不想总是做相同的一件事。这是个重要问题，基本原则的问题。一切都必须变化，一切都必须变得不同。但最终对我来说最重要的是，以及我拍摄每一部电影的原因是"结尾"（denouement）。我像颠倒金字塔那样建构我的电影作品，因此（我要求）结尾必须是开放的，开阔的，充满了意义。开始时是狭窄的，但结束时则是开放的，充满了意义。

桑尼奥夫斯基： 我们能在艺术当中找到某种真相吗？

索科洛夫： 你可以找到所有的东西，无论如何，你都能够在电影中找到所有的东西。一般来说，当我接到一个剧本，我不去寻找那个开放的结局，那个结论。它们不在纸上，不能够用语言来表达。作为一个导演，我的目的是去捕捉这个结尾，这种开放，这种"敞开"（ouverture）①。但我坚持去寻找和了解这个开端，确切地说，这种在绘画中才能被发现的伟大。比如说埃尔·格里柯（El Greco）、伦勃朗，你可以想象一下他们的终结（finality），他们的主题。我们就说伦勃朗的《浪子回头》（*The Retuern of the Prodigal Son*, 1662），它讲了什么？这是一个关于圣经故事的插画吗？当然不是，它不仅如此。正是这样，对我来说，非常重要的是结尾放大了影片所没有提供的其他东西。电影的世界与剧本世界之间的区别，是我建构影片的基础，它们是两个完全不同的世界。它们因主题的不同而有所区别，我加了一场戏，我调整了很多东西，甚至改变了布景，因为电影中的生活是"另一种生活"（another life）。如果电影建构在故事的原则、叙事的原则上的话，那它就不是艺术。艺术正是那"另一种生活"。（电影）有一些观点与这种生活是共同的，但是它们没有直接和真实的关系。可以说有人能够察觉这种关系的蛛丝马迹，但是这些关系从来都不是真实的（real）。

桑尼奥夫斯基：面对艺术，人能自己找到一个不同的世界吗？

索科洛夫：在艺术场景的背后，找不到什么可

---

① 索科洛夫此处用的是法语"开始"这个词ouverture，它也有"开放""开启"的含义。

以超越艺术的东西。艺术创造了一个不同的世界。你必须找到一种方法去克服自身的条件去拍摄一部电影。让镜头变成另外一部电影——另一种生活。还记得《俄罗斯方舟》的结尾吗，他们所有人从巨大的楼梯上走下来，这超越了艺术，我们带着所有的类同（analogies）和再现（representations）离开了这个生活，我们看着所有人迈向了死亡，走向了虚无。这个巨大楼梯上的所有人，没有人能保持永生，没有任何一个人能够做到。那是艺术，那是另一种生活。但这种艺术并不会总是存在，我们能够在奥逊·威尔斯的电影中看到，在弗拉哈迪的《阿兰人》（*Man of Aran*, 1934）、爱森斯坦的《罢工》（*Strike*, 1925）中可以看到（这可能是唯一一部真正出现另一种生活的爱森斯坦电影）。塔可夫斯基在《安德烈·卢布廖夫》（*Andrey Rublyov*, 1969）中几乎成功做到了，我不确定，大概他算是成功的吧。还有杜甫仁科的《大地》（*Earth*, 1930），还有伯格曼。

桑尼奥夫斯基：是《假面》（*Persona*, 1966）吗？

索科洛夫：《假面》和《芬妮与亚历山大》（*Fanny och Alexander*, 1982）。伯格曼是伟大的、出类拔萃的，他一个人培育和规划了一种电影艺术，仿佛在种植和抚养一棵小树。他早期的电影不会让人想到他未来会有这么伟大，这棵树的种植要感谢他在戏剧和绘画中的丰富经历。对我来说，他就是电影的祖先，他差不多是唯一一个发明了电影字母表的导演，命名了电影的字母并排出了最初的三到四个字母。这依然是一个浩大的工程，需要其他人来继承。

桑尼奥夫斯基： 这就像拉斯·冯·提尔与比约克（Björk）的访谈中提到，对他来说，电影还处在洞穴绘画的阶段，我们现在是正在走出洞穴的人。

索科洛夫： 是的，乐观地说正是如此，但这不意味着我们必须去这么做。你可以去大海中游泳，在海滩上晒太阳，在触到地面之前突然间转身，充满乐观精神并且坚信你一定会实现。这是一个关于自由的问题，归根结底是关于意志的问题。如果我们知道没有字母表，没有电影语法，我们就可以创造一个。这与孩子成长的道理是相同的。孩子被生下来还不够，他需要被教育，需要向他讲一些规则。否则他就会变成野人，一个怪物。事实是，他生而为人不意味着他一定会变成人。同样的道理可以应用在艺术框架下的视觉表现上，它不是一种自动的艺术。在西方市场的影响下，电影变成了商品，除了很小的比例是令人敬仰的作品。这一边我们有一些伟大的独一无二的杰作，在另一边，绝大多数电影都是完全无趣的商品。

让我回到你刚才提的问题上，有时候对我来说最重要的是：我可以在什么地方、在什么风景中、在哪个职业的世界里、在哪个理论框架下、在什么技术和职业框架中才能够找到我自己。对我来说，去了解类似"现代主义""跨现代主义"这样的概念似乎就非常重要。作为一个船长，你必须要懂得术语，必须要知道去哪儿，了解风暴、阳光和潮汐。他不是必须往北走，但是他无法忽视这样的事实，无论去哪儿，都要有基本方位、坐标。否则的话，他想要往北走，却向南行驶，最终迷失了目标。

桑尼奥夫斯基：有的时候他们寻找印度，却找到了美洲。

索科洛夫：是的，这当然是你必须做好的，这些直接相关的标记，特征性的和象征性的，这是艺术最典型的特性。因为对于艺术家、对于作者来说，他不总是知道自己要去哪儿。其实，他也不可能知道。想想普希金，他总说他自己就生活在人物当中。对于威廉·福克纳（William Faulkner）的小说来说也是如此，那些文字看上去就像河水的流动一样。如果那张纸足够宽的话，他可以写上成百上千行，去捕捉那种流动（flow）。可能有什么会打断他，但他还会用相同的方式再写一行。艺术就是如此，艺术的本性与直觉的关系太密切了。如果艺术作品控制住了艺术家的本性，那么，他们的行动和作品形式的演进就必然会建立在直觉之上。

桑尼奥夫斯基：或者说偶然（chance）？

索科洛夫：当然，是直觉。举例子说，比如我的电影《石头》，我从没有见过契诃夫（Chekhov），影片的主人公在灵光一闪的促动之下，在作家的房间中找到了他自己，目睹了他的幻影在电影放映中回到我们中间。你可以想象一下这样个场景的道德含义。当我指导我的演员的时候，我不想给偶然（chance）留下任何空间。演员必须按照某种特殊的方式精确地移动，让他的手必须这样或那样，在某个确切的高度上，以此类推。这种感觉是至关重要的，我要让这个角色在忠实于他存在之真相的表达中结晶下来。人类的经验是非常具体的，我希望能完整地呈现：手势、服装、他衬衫上的味道、他的笑容、他的趣味、他的直觉、他的激情、他内在的动机、他的表情，所有这一切我都要求按照这种方式去表达。而且，当这一切以这种方式实现时，你会感觉到，这是一种正确的感觉，与真理同在的感觉。当我在直觉上去认识到这件事情的时候，我自己也会感觉到很惊讶。有一次，我去跟一个博物馆的策展人聊契诃夫鞋子的收藏展，我尝试用在我的想象中看到这些鞋子的方式去描绘（这些鞋子）。当我睁开眼睛时，我在策展人的脸上看到了一种神奇的表情。这些鞋子与我所描述的完全一样，这就是直觉，这来自于我之前研究摄影所获得的知识，还有契科夫的信件和传记，我是指他的秘密传记，不是官方传记，以及用我自己的年龄去感受他，我能够把自己想象成他。

桑尼奥夫斯基：因此这是个推断（deduction）的问题，推断会直接把我带到蒙太奇的问题上，而后者对电影来说是最重要的特性。我想再谈一谈《太阳》这部电影，这部影片的蒙太奇非常独特，我想说它与传统保持着距离，可既是非正统的，最终却非常严谨。让我们举例裕仁天皇进餐这场戏来说，您使用了一系列快速而短小的镜头，用了叠化方式，我们可以在您的其他电影里面遇到这个手法，它总是能产生令人惊讶的效果。

索科洛夫：是的，这是一种非常软的蒙太奇。

桑尼奥夫斯基：那您是想表达什么呢？为什么如此明确却又反常地使用叠化，而且为什么在影片看上去平淡无奇的时候使用这种形式？

索科洛夫：这个问题恐怕要谈很长时间，但我试着用简短的方式回答你。我对蒙太奇是很失望的。蒙太奇所激发的生理意义似乎变得非常重要，非常首要，或者直白地说，这惹恼了我。我不喜欢蒙太奇，但这跟我拍摄《俄罗斯方舟》也没什么关系，你要知道，这之后我还是回到了蒙太奇电影上。一个镜头拍完的电影不可能成为一种绝对的模式。这种模式也未必是正确的，因为电影的智识本性（intellectual nature）是建立在文学基础上的，而文学就是蒙太奇，一种词语的蒙太奇。人们是在词语自身中找到了蒙太奇。两个词语的并列会强化它们的意义，两个词语的不恰当联想会让它们变得难以理解，让它们变成大家都熟悉却又难以懂得的东西。在电影蒙太奇中也是如此，因此，我不会说蒙太奇是一种绝对的形式，但是蒙太奇就是我们每天都会遇到的，所以它即便让我感兴趣，却非常微弱。而且我也不怎么去谈蒙太奇的理性本质，这其实很简单，我在蒙太奇的再现、影像的联想中所感受到的生理本性，我甚至想说这是一种蒙太奇的电本性（elctrical nature）。那么，为什么在两个影像的联想中总是有电的感受呢？有没有可能在科学层面上去观察两个镜头的迅速连接，以分析它们并说明到底发生了什么？这是一个非常有意思的事儿。在我们的眼前两个影像的连接到底发生了什么？这种爆炸（explosion）和速燃（conflagration）到底是什么？因此，一旦有机会的话，我准备好去尝试在我自己的艺术轨迹中做一些实验，在技术层面上尤其是蒙太奇。那么，至于你谈到的这场戏，我不想要那种锐利的剪辑，我想要柔软的叠化，我不想要这种爆炸、这种反差。

桑尼奥夫斯基：您声称不喜欢蒙太奇，然而大家还知道你喜欢格里菲斯和爱森斯坦，那您与吸引力蒙太奇（montage of attraction）的关系是什么？

索科洛夫：吸引力蒙太奇是非常具有表演性的概念。正如你说的，它被一些伟大的导演提出来，我们还应该加上普多夫金和杜甫仁科。但它却让电影变成了商品。电影变成商品，是因为吸引力蒙太奇是人们能够发现的最简单、最重要的驱动力（drive）。最简单的东西会最大程度地取悦于人。甜是最容易取悦味觉的方式，所有人都知道什么是甜，我们也可以这么说电影。我对这个问题想得越多，我就越想展现其他的方式。言而总之，这样做会在我身上唤起一种强烈的专注，甚至对电影的未来，尤其是我自己的电影充满了恐惧，因为我还没有找到答案。这是一个非常难回答的问题。不知道我的其他电影同行，他们是否自己也回答了这个问题呢？我没有答案，就目前来讲，除了安杰依·瓦依达（Andrzej Wajda），我和其他严肃导演之间没有任何专业的交流。所以我并不是真的懂了，也许有一天这些问题会豁然开朗，但暂时这些问题的确存在，而且维持不变。

桑尼奥夫斯基：是不是您对蒙太奇的深度本质

发出的质疑，会让您在创造力层面上产生麻痹？

索科洛夫：是的，因为像《俄罗斯方舟》这样一镜到底的电影，以及影片所提供的专业发现在其自身当中不算是一种真正的发现。我们的世界建构在这种理性之上，我们依然不知道世界上更多的其他事物是如何运行的，但是据说，可能没有什么新的东西可以被发现了。

桑尼奥夫斯基：所以从本质上看，这就是刺激您在艺术中不断前进、探索，在一部又一部电影当中驱动您去创新的东西。

索科洛夫：但是最基本的问题是"怎样"。我想说，对我而言，我探索的对象与这个问题紧密相连。当我开始《俄罗斯方舟》这个项目的时候，所有人都对我说在冬宫里用一个镜头拍完整部电影是无法实现的，没有可能性。我所有的同事都说这是疯了。大家说的第一件事都是，所有人都习惯了看蒙太奇，在只有一个连续镜头的电影中，观众会出戏，想一想整个小说没有一个逗号或者句号那会是什么样？

桑尼奥夫斯基：有人这么做过，比如乔伊斯

（Joyce）和居约塔（Guyotat）①。在《俄罗斯方舟》这个漫长的镜头中，还是有蒙太奇的，我甚至想说表现得非常清晰，比如房间的转换、时代的更迭、章节的交替。这些到结尾的时候，在叙述人、导游屈斯蒂纳伯爵（Marquis de Custine）的话语声中交织在一起形成螺旋。

索科洛夫： 当然，尽管你说的很对，但这并不是我想表达的东西。我想要谈论的问题是"怎样"，这是最基本的问题，第一位的问题。我不相信艺术中的革命，我只相信进化。对于一部伟大的电影来说，即使在最初的阶段，人们也需要伟大的摄影和伟大的文学。我甚至不想说交响乐。因此人们必须懂得特定的艺术是如何运作的。

桑尼奥夫斯基： 是为了掌握住如此"共生混合"（symbiotic and hybrid）的博物馆的所有侧面吗？掌控影像——画幅比例、节奏、运动、交响乐的维度。

索科洛夫： 当然，你面对影像，然后它开始运动，这很神奇。我甚至不想说声音，归根结底，电影只能是这些艺术形式的生产。它从文学那里获取了叙

---

① 皮埃尔·居约塔（Pierre Guyotat, 1940—），法国作家、剧作家，他的作品因用创新的语言形式表达了性爱和战争而引起很多争议。

事线（narrative thread）的模式，但是把其自身与它的连续时间性的本质区别开。当然，后者源自音乐，音乐的流动就像银幕上的影像一样展开。这些影像，当然是通过绘画和摄影被带到我们面前。告诉自己，这种艺术是如此的杂合和难以控制，是既令人害怕也令人沮丧的。这需要一定的时间。

桑尼奥夫斯基：我发现在爱森斯坦的《伊凡雷帝》的妄想空间（paranoid spaces）与《莫洛赫》和《再见列宁》中我称之为"溶解疲惫的空间"（deliquescent debilated space）有某种相似之处。这些电影中许多剪切都能天真地让人想起一种强烈而笨拙的电影语法。对于一个没有经历过的观众来说，这或许会让他感到奇怪。但对于那些熟悉经典蒙太奇的规则的人来说，这种违背规则的镜头规模、这些越轴剪辑只会引起不适应。

索科洛夫：的确如此！

桑尼奥夫斯基：当然，这种创新和大胆的镜头设定，往往会唤起影片主角在道德和智力上的衰老感，在他们的内心和场面调度之间创造一种同源性。从这个意义上说，表现伊娃·布劳恩（Eva Braun）和娜德斯达·克鲁普斯卡娅（Nadezhda Krupskaya）的镜头，似乎更"传统"。相反，希特勒、列宁、斯大林的出现则显得很不安。比如列宁在浴缸里的那个镜头，如果存在视觉参照或主观视点的话，我们不知道是谁看，是谁把焦点推向极限。然后，一个士兵从摄像机的方向走进画面，而这个镜头紧接着列宁看到他死去的母亲鬼魂的画面。这种视点的混合相当令人困惑。我想问您，尤其是在这两部电影中，尤其在剪辑之前和之后，最为显著的处理内核是什么？您作为导演，采用的视点和集中的焦点是什么？

索科洛夫：你提到的问题恰恰是电影世界，尤其是电影摄影师面临的最困难的问题之一。我总在问自己，这是谁在看，视点在哪里？在一帧一帧观看的时候，我问我的同事和助理，这些都是谁的眼睛；我会自问是谁的眼睛。然后我意识到，我建构与我有关的一切。有时候，我会倾向于妥协，防止创造一个完全荒诞或任由我玩弄机巧的封闭世界，我会假定一个角色的视点。而每一次我这样做，我都意识到这只是一个迂回，兜着圈子与我作为作者的视点、与我个人的视点相连通。起初我对待这个关于视点的问题，无法提供一个确切的答案。然后我告诉自己，我与角色的接近可以使得我得到他们的观点。我坐在他们旁边，他们消失了，我们的目光一致，注视同一个视野。我内心里的观点不能不是真实的，所以我是这样工作的。

除此之外，作为一个导演，我允许我自己建造我的景别，画面的功能不仅是确定角色之间的关系，首先且更重要的是，这是艺术之必要。如果我建构的景别仅仅承担某种行动的现实主义，某种逼真相似设定，那么我会说我的艺术受到了伤害。看看这幅列宁和他的妻子在草地上野餐时注视着彼此的场景。我当然可以用经典的正反打镜头（shot-counter）拍摄，但这无法激起我的兴趣，这不可能，这不是列宁的目光，在那个瞬间他并不在场。当我根据我的视野建构画面，我试图用一个非常精确的目标去观察我的艺术必要性。画面应该成为一件艺术品。美学和艺术张力必须传递给观众。而最重要的是，向观众表达出我的艺术需要和要求。这一切都应服从于我内心张力和艺术体验。

这里有一个例子。我为演员们围坐在一张桌子的戏确定画面。我心里感觉到，化妆和光线是不准确的，尽管他们符合整个场景的逻辑。然而，我决定为了这个镜头去修改它们。做出这个决定不是因为传统惯例或者场景的要求，仅仅出于我受到绘画影响的艺术直觉。而这样的决定只有在采纳作者视点时才能可行。

桑尼奥夫斯基： 所有的一切都提前被剧情细节所决定的吗？

索科洛夫：实际上是的，我们正在使用的《遗忘列宁》镜头，在过去是不存在的。那种布光，每样东西都被小心翼翼地摆布（planned）。但是我们不能只用这种方式去拍电影，每部电影都有它自己的规则，它的特点和它的主题。每一部电影都是独一无二的。

桑尼奥夫斯基：你所有的电影里我最喜欢《父与子》（*Father and Son*，2003），尽管整体上评论界对它的评价没有那么高。这部电影，我恰好是与我父亲共同看的。他不喜欢，但我却深深着迷于其中的美、如梦一般的甜蜜诗意、感官的愉悦，还有四溢的少年人的热情。而且，这是一部充盈着爱的影片。当然，《太阳》也与爱关系密切，但和它还不一样。电影不是单纯的智识上的并且可被预设的艺术手段，它还是情感，是本能，而这一属性又远没有降低它的知性水平。

索科洛夫：我告诉你，你们的反馈对我很重要，因为很多人都拒绝去理解《父与子》，而他们的不理解让我恐慌。人们在其中看到了我并没想表达的东西，而影片中又另有些东西是集体意识尚未抵达的。这部电影拍早了、放早了。在音乐或绘画这些艺术形式中，事情没那么确切。音乐当然也能引起共鸣，所以这个差别不是那么显而易见。差别在于音乐的内容触及观众的方式和电影的是不同的，因而电影与观众的关系是更为活跃而具体的。

对我来说最根本的东西是各人命运间的关系。影片中关于父亲命运的对白尤其不可或缺。大体上讲，艺术和文化中男人与女人间的关系的传统是十分奇怪的。很明显，关于女性的叙述中我们会有爱与美，而艺术家们很热衷于使用这类主题。但关于女性命运的主题到哪儿去了呢？她的命运如何？人们利用的主题是关于一个刻板印象中的女性的，女性被物化地表述，而不是作为人被讲述。然而男人又未尝不是如此。我们多少能理解母亲是什么，而父亲的情况更为复杂些。在某种程度上，我们更知道母亲的命运，关于父亲命运的主题却几乎无人问津，基本上显现在背光处，隐没于背景中。我觉得你父亲对这部影片的负面反馈是本能的，潜意识中认识到他在生命中的地位没那么重要，甚至可能完全无足轻重。而这一反应与你们父子之间的关系密切相关。

无论是在私人生活还是艺术传统中，父亲对于命运来说都不那么重要。而母亲则多一点。举个例子，我的父亲去年因一种漫长而痛苦的疾病去世了，我的母亲还活着，很老，但我意识到相比我父亲来说，她更具有伟大的重要性。为什么？当然，是母亲带我们来到这个世界，但是作为一个孩子、一个年轻成年人，我仍旧可以更接近我的父亲。最后，他没有留下任何东西,并且我们也没有从他那里得到任何东西。我可以随处看到这样的主题,在俄罗斯、欧洲、日本,这是我很久以来一直在追问的问题。我得出结论:如果有人想想这个问题,这样的人对他儿子的个人生活不会有实质的影响。这就是为什么对于电影《父与子》、《母与子》(*Mother and Son*),我采取童话故事的叙述方式。这是既普遍又极端罕见的故事。它开始像神话文本,而几乎是独一无二的。从另外一个角度看,我刻意将父亲和儿子的年龄紧密地联系在一起,为了显示出他们依旧可以彼此理解。这在日常生活中是完全可能的:一个35岁的父亲与一个8岁的儿子。父亲对灵魂生活、儿子的情感似乎并不感兴趣。同样可应用到母亲和女儿身上。如果你注意到区别的话,我正在讨论的是感觉、情绪、灵魂生活,而非精神的生活。你的父亲可以在精神上接近你,但不能在严格的灵魂层面上。你父亲觉得他无法靠近你,他本来可以给你很多东西,但他没有——他本能地感受到这些。尽管以一个完美的方式,在我的电影里这个礼物被传递了,被带走了。

桑尼奥夫斯基:很少有人能理性地分析这部电影。许多人对你刚刚的启发容易不安,但也有两人的实际存在,尽管具体来说这部电影并没有处理父子之间的性关系。在记者招待会上,你对这些同性恋指控反应很严厉。我发现评论家如此重视弗洛伊德、对同性恋电影的解读，而忽视了这部电影还有非常多其他的东西。你提到了在另一个现实中锚定你的电影，但也提到了这里的现实。你考虑过现在的代际关系吗？无论是象征性的或没有，历史的潜台词一直是你的电影里一个重要的组成部分，当然不仅仅在你的纪录片中，在你的故事片中也是这样。

索科洛夫：《父与子》涉及了俄罗斯目前正在发生的总体情况——政治和社会变迁，男人的角色发生很大变化。因为男人几乎不可能既获得体面的生活水平，还能维持一个家庭的正常而诚实地工作，因此大多数俄罗斯男人成了强盗。我说的是犯罪活动，而且规模相当大。年龄在20到40之间的俄罗斯男性，多数从事半非法的或完全非法的活动。这带来数以百万计的罪犯，这是因为男性形式（masculine type）发生了变化。这种侵略，这种暴力……

桑尼奥夫斯基：很显然，这些与野蛮资本主义以及腐败在俄罗斯的出现都是有关的。你在电影中还是展现了一个尽管苦乐参半、但疏离的社会需求，展现了年轻主人公和他爱上的年轻母亲的肖像。这两个人相遇，尽管美丽动人，以不直接描述身体接触的方式去处理，他们被一个窗口或一个阳台分隔开。

　　索科洛夫：这种不可交流性问题，就与我们一分钟以前刚谈到的总体问题直接相关。

　　桑尼奥夫斯基：那么这些父亲的命运如何？以及会给这些儿子提供什么样板？

　　索科洛夫：他们当然会彼此不同。

　　桑尼奥夫斯基：让我们回到更诗意和乐观的一面，有句谚语是这样说的：如果你想成长，把你的儿子放在你的肩膀上！碰巧这就是你电影海报上的形象！①

　　索科洛夫：当然。但我不知道这个谚语，但是很美丽，这是这部电影最感人的场面之一，父亲与儿子在一起在最高处，他们随时都可能掉下来。

　　桑尼洛夫斯基：说到屋顶，我也喜欢您混合了里斯本街道和圣彼得堡的屋顶的这个想法，这可能不是新的，但结果上，对于创造电影梦一般的氛围方面却特别有效。

　　索科洛夫：是的，这是一种反映我们所生活的世界越来越国际化这个事实的方式。你在圣彼得堡可

――――――――

① 此处指索科洛夫《父与子》的官方海报，一个父亲肩膀上背着儿子。

以看到各个国家的人。

桑尼洛夫斯基：最后，在《莫洛赫》《遗忘列宁》《太阳》之后，哪部电影会成为您"领袖四部曲"的最后一部作品？

索科洛夫：如果可能的话，我想改编托马斯·曼（Thomas Mann）的《浮士德的悲剧》（*Doctor Faustus*）。

桑尼洛夫斯基：所以您不会直接处理20世纪的一个真实历史人物？

索科洛夫：权力及其影响的主题，在这四部曲当然是非常重要的。但是考虑到这是最后的定位，你必须考虑我们在这里谈论的是别的东西，尽管它是相关的。最根本的问题，在我眼中，这个四部曲的最毋庸置疑的中心问题是：对一个男人而言出售或相反不出售他的灵魂，他的代价是什么。这才是这几部电影要谈论的最重要的东西。当然，还有随之而来的后果。

亚历山大·索科洛夫生平创作年表

王继阳 编译整理

　　1951年6月14日，亚历山大·索科洛夫出生于俄罗斯的波多维康村（伊尔库茨克地区）。在索科洛夫的童年时期，他的家人经常从一个地方搬到另一个地方，因此他第一次上学是在波兰，毕业在土库曼尼亚。

　　1968年高中毕业后，进入了高尔基大学学习历史。在学习期间，他开始为高尔基电视台工作，先是做制片人的技术助理，后来做制片人助理。在电视台工作期间，索科洛夫获得了电影和电视技术方面的经验。19岁时，他首次成为电视节目制作人。在高尔基电视台的6年时间中，他制作了几部电影和电视直播节目。

　　1974年，从高尔基大学获得了历史学学士学位。1975年，进入苏联国立电影学院制作系学习。因学习成绩优秀，获得爱森斯坦奖学金。

　　1978年，根据俄罗斯作家安德烈·普拉托诺夫的原创故事，创作第一部故事片《孤独人类之声》（*The*

Lonely Voice of Man，87分钟，彩色），影片获得许多奖项，包括第四十届洛迦诺国际电影节评委会奖铜豹奖、列宁格勒青年电影节获得列宁格勒电影俱乐部奖。在那个时候，他得到了安德烈·塔可夫斯基的支持，他非常欣赏索科洛夫的处女作。即使塔可夫斯基离开了俄罗斯，索科洛夫与他始终保持着友谊。同年，拍摄纪录片《玛利亚》（*Maria*，41分钟，彩色）。

1979年，索科洛夫与国立电影学院的管理机构国家电影艺术委员会（Goskino）的领导有冲突，不得不通过外部考试提前一年毕业，他的电影作品被认为是"不可接受的"，被指责为"形式主义和反苏联的"。

1979年，拍摄纪录片《希特勒奏鸣曲》（*Sonata for Hitler*，11分钟，彩色）。

1980年，在塔可夫斯基的推荐下，进入列宁格勒电影制片厂工作，并制作了他最早的故事片，同时为他拍摄纪录片提供了条件。索科洛夫在列宁格勒电影制片厂的前几部电影引起了苏共列宁市委和国家电影艺术委员会（Goskino）的负面反馈。在很长一段时间里（直到20世纪80年代中期的民主改革时期），他的电影都没有被苏联审查机构批准公开放映。

1980年，拍摄电影《降职者》（*Degraded*，30分钟，彩色），莫斯科电影制片厂与列宁格勒电影制片厂联合出品。

1981年，拍摄纪录片《维奥拉奏鸣曲》（*Sonata for*

Viola，80分钟，黑白）。

1982年，拍摄纪录片《只是一个梦》（*And Nothing More*，70分钟，彩色）。

1983年，拍摄电影《悲伤与麻木》（*Mournful Insensitivity*，110分钟，彩色），被苏联当局禁止，直到1987年才公开上映，获得1988年莫斯科电影节国际影评人奖。

1984年，拍摄纪录片《晚祭》（*Evening Sacrifice*，20分钟，彩色）。

1985年，拍摄纪录片《劳动的忍耐》（*Patience of Labour*，10分钟，彩色）。

1986年，拍摄纪录片《挽歌》（*Elegy*，30分钟，黑白）；拍摄纪录片《莫斯科挽歌》（*Moscow Elegy*，88分钟，黑白）；拍摄电影《帝国》（*Empire*，36分钟，彩色）。

1988年，创作电影《日蚀的日子》（*Days of Eclipse*，137分钟，彩色）。影片对人类苦痛进行了尖锐而凄凉的刻画，被评为苏联1988年最佳影片，获得1988年欧洲电影学会"欧洲电影奖"最佳音乐特别奖和1989年苏联电影艺术联合会尼卡奖。

1989年，将《包法利夫人》创造性地改编成电影《拯救与保护》（*Save and Protect*，168分钟，彩色）。其作品的典型主题和特征都出现在这部影片中：宗教思想，灵与肉的剧烈斗争，对死亡的迷恋，以及细致的心理物理学。影片具有极端诗意的影像和对人类境遇苦难一面的执着探索。获得1989年第十三届蒙特利尔国际电影节主要奖、国际影评人奖，1993年法国敦刻尔克国际电影节大奖、最佳女演员奖。

20世纪80年代末，他早期的故事片和纪录片面对公众放映，代表苏联电影工业的作品参加许多国际电影节。同时，他参与广播电台针对年轻人的非商业性节目，在列宁格勒电影制片厂为青年人开设电影导演专业课程班。

1990年，拍摄电影《第二层地狱》（*The Second Circle*，92分钟，彩色），荣获1990年鹿特丹国际电影节国际影评人奖，因"在电影领域发展先锋方向"获荷兰影评人奖；同年拍摄纪录片《彼得堡挽歌》（*Petersburg Elegy*，38分钟，彩色）；拍摄纪录片《苏联挽歌》（*Soviet Elegy*，37分钟，彩色）；拍摄纪录片《致外高加索事件》（*To The Events In Transcaucasia*，10分钟，黑白）；拍摄纪录片《简单挽歌》（*A Simple Elegy*，20分钟，黑白）；拍摄长篇纪录片《列宁格勒追忆》（*A Retrospection of Leningrad*，13小时8分钟，黑白）。

1991年，拍摄纪录片《语调的例子》（*An Example of Intonation*，48分钟，黑白）。

1992年，拍摄电影《石头》（*Stone*，84分钟，黑白）；拍摄纪录片《俄罗斯挽歌》（*Elegy from Russia*，68分钟，彩色）。

1993年，拍摄电影《沉寂的往事》（*Wispering*

Pages, 77分钟，彩色）。

1995年，拍摄纪录片《士兵的梦》（*Soldier's Dream*,
12分钟，彩色）；拍摄纪录片《精神的声音》（*Spiritual
Voices*, 327分钟，彩色）。

1996年，拍摄电影《母与子》（*Mother and Son*），
成为他迄今最受好评的影片。影片通过滤光镜和广角镜
的使用，把索科洛夫在影像上的唯美追求发挥到极致。这
部几乎没有情节的电影以对一位行将就木的母亲和其子在
她的弥留日子里生活的描绘，成为导演对生死以及精神问
题的象征性冥思。影片获得莫斯科国际电影节圣·乔治
特别银奖、俄罗斯电影批评学会奖、塔可夫斯基奖、第
四十七届柏林国际电影节基督教评委会奖、柏林论坛栏目
奖、国际电影艺术联合会奖等多个奖项。同年，拍摄纪录
片《东方挽歌》（*Oriental Elegy*, 45分钟，彩色）；拍摄
纪录片《赫伯特·罗伯特的幸运人生》（*Hubert Robert, A
Fortunate Life*, 26分钟，缩减版12分钟，彩色）。

1997年，拍摄纪录片《卑微的生活》（*A Humble
Life*, 75分钟，彩色）；拍摄纪录片《圣彼得堡日记：陀
思妥耶夫斯基纪念碑落成典礼》（*The St. Petersburg Diary:
Inauguration of a monument to Dostoevsky*）。

1998年，拍摄纪录片《圣彼得堡日记：科新采夫
公寓》（*The St. Petersburg Diary: Kosintsev's Flat*, 45分
钟，彩色）；拍摄纪录片《忏悔》（*Confession*, 260分
钟，彩色）；拍摄纪录片《与索尔仁尼琴的对话》（*The*

Dialogues with Solzhenitsyn, 104分钟, 彩色)。

1999年, 拍摄电影《莫洛赫》(*Moloch*, 107分钟, 彩色)。电影以希特勒为主角, 用独特的艺术观念将其塑造为"莎士比亚式的现代历史人物", 视线直抵与政权机器相对立的人性, 影片于1999年第五十二届戛纳国际电影节荣获编剧奖和俄罗斯塔夫尔电影节评委会奖。1998年到1999年间, 他开设一个电视节目"索科洛夫之岛"(Ostrov Sokurova), 强调电影在现代文化中的地位。拍摄纪录片《悦耳的......》(*Dolce...*, 60分钟, 彩色)。

在20世纪90年代中期, 索科洛夫与同事们开始熟悉录像拍摄技术, 这个探索延续到今天, 并在日本朋友的帮助下, 为日本电视公司在日本制作部分影片。

2000年, 拍摄电影《遗忘列宁》(*Taurus*), 影片以诗意的方式重新刻画了列宁, 影片获2002年俄罗斯国家文艺奖金, 2001年俄罗斯评论学会"金羊奖"最佳影片等多个项奖, 以及2001年俄罗斯"尼卡"最佳影片、最佳导演等七个奖项。

2001年, 拍摄纪录片《航行挽歌》(*Elegy of a Voyage*, 47分钟, 彩色)。

2002年, 拍摄电影《俄罗斯方舟》(*Russian Ark*), 采用了96分钟的长镜头, 完全在冬宫拍摄, 电影入围2002年戛纳电影节官方竞赛单元, 获得影评人的好评。

2003年, 拍摄电影《父与子》(*Father and Son*), 入围2003年戛纳电影节官方竞赛电影。

2005年，拍摄纪录片《圣彼得堡日记：莫扎特，安魂曲》（*The St. Petersburg Diary: Mozart. Requiem*，70分钟，彩色）。拍摄传记电影《太阳》（*The Sun*），影片描述日本裕仁天皇在二战期间的最后日子，这部电影与《莫洛赫》《遗忘列宁》并称为"权力三部曲"。

2006年，拍摄纪录片《生命挽歌》（*Elegy of Life*，101分钟，彩色）。

2007年，电影《亚历山大》（*Alexandra*，90分钟，彩色），获2007年戛纳电影节金棕榈奖提名。

2009年，拍摄纪录片《围困之书》（*Blockade Book*，140分钟，彩色）。

2011年，电影《浮士德》（*Faust*，137分钟，彩色），获第六十八届威尼斯国际电影节金狮奖，2012年俄罗斯电影批评家协会奖最佳电影、最佳导演、最佳剧本和最佳男配角奖。

2015年，拍摄电影《德军占领的卢浮宫》（*Francofonia*，87分钟，彩色），影片入围了威尼斯国际电影节。

近年来，他多次受邀参加许多国际电影节，他的影片每年在不同国家放映，并多次获得国际电影展大奖：费比西影评人奖、塔可夫斯基奖、俄罗斯国家奖和梵蒂冈奖等，欧洲电影学院将索科洛夫列入世界电影最优秀一百名导演。同时，他正在创建一个电影制片厂Bereg，用于制作非商业的故事片和纪录片，这个项目的基础依赖于索科洛夫在"列宁格勒电影制片厂"时的摄像团队，而且制片厂完全没有政府或私人的资金投入。2019年，他作为制片人制作了《俄国青年》（*Malchik russkiy*），影片入围了柏林国际电影节。

文章信息

罗伊·安德森（Roy Andersson）

　　——《我憎恶一切可预见的事物——罗伊·安德森访谈》由三篇法语访谈组成：《二楼传来的歌声》访谈选自《电影小星球》（*Petite planète cinématopraphique*），巴黎：斯托克出版社（Éditions Stock），2003年版，第249页至256页，访谈人为雅安·托宾（Yann Tobin）。雅安·托宾为法国《正片》（*Positif*）杂志批评家，巴黎第一大学教授、导演和制片人。《寒枝雀静》访谈选自《正片》杂志2015年5月号，总第651期，第17页至第21页，访谈人为米歇尔·西蒙（Michel Ciment）。米歇尔·西蒙是法国著名影评人、《正片》杂志编辑。《比眼睛更远的空间》选自《正片》杂志2014年，第9期，第38页至第39页，访谈人为史蒂芬·古德（Stéphane Goudet）。史蒂芬·古德为法国《正片》杂志影评人。中译本由缴蕊译，曾发表于《电影艺术》杂志2016年04期。

—— 《复合影像》（*The Complex Image*），选自《瑞典电影——导读和读本》（*Swedish Film: An Introduction and a Reader*），隆德：北欧学术出版社（Nordic Academic Press），2010年版，第274页至第278页。该英译有删节，译者为安德斯·马克隆德（Anders Marklund）。原文见罗伊·安德森所著《我们这个时代对严肃的恐惧》（*Vår tids rädsla för allvar*），哥德堡：电影艺术出版社（Filmkonst），1995年版。马故渊译。

—— 《嘲讽在静默中冷却——罗伊·安德森的荒诞美学》，肖熹，发表于《电影艺术》杂志2016年04期。

卡洛斯·绍拉（Carlos Saura）

—— 《修复记忆的象征——卡洛斯·绍拉访谈》，选自《卡洛斯·绍拉访谈录》（*Carlos Saura: Interviews*），杰克逊：密西西比大学出版社（University Press of Mississippi），2003年版，访谈人为安东尼奥·卡斯特罗（Antonio Castro），西班牙电影记者。中译本由王佳怡译，删节版曾发表于《电影艺术》杂志2015年06期。

佩德罗·科斯塔（Pedro Costa）

——《创造一种反抗电影的方法——佩德罗·科斯塔访谈》，选自《电影工作》（*Le travail du cinéma I*），多米尼克·维兰（Dominique Villain）主编，巴黎：万桑大学出版社（Éditions Presse Université Vincennes），2012年，第15页至第26页。多米尼克·维兰为法国电影学者、巴黎第八大学电影学教授。中译本由李洋译，曾发表于《电影艺术》杂志2016年06期。

让–达尼埃尔·波莱（Jean–Daniel Pollet）

——《卡得耐的四天——让–达尼埃尔·波莱访谈》（*Quatre jours à Cadenet*），访谈完成于2002年6月，收入《让–达尼埃尔·波莱：旋转的地平线》（*Tours d'horizons, Jean-Daniel Pollet*），巴黎：眼睛出版社（Editions de l'Oeil），2005年，第147页至第195页。采访人为让–路易·勒特阿（Jean-Louis Leutrat），法国著名电影学者，曾任巴黎新索邦大学校长，以及苏珊娜·利昂德拉–吉格（Suzanne

Liandrat-Guigues），法国巴黎第八大学荣休教授。中译本由俞盛宙译，删节版曾发表于《电影艺术》杂志2017年02期。

——《〈地中海〉与蒙太奇的复兴》，徐枫，发表于《电影艺术》杂志2017年02期。

谢尔盖·帕拉杰诺夫（Serguei Parajanov）

——《电影是转换成影像的真理——谢尔盖·帕拉杰诺夫访谈》，本文原标题为"谢尔盖·帕拉杰诺夫：与霍洛威的访谈"（*Serguei Parajanov: An Interview with Ron Holloway*），发表于*Kinema*电子期刊。本文根据电影《安魂曲》以及帕拉杰诺夫1988年1月在埃里温民间艺术博物馆举办个人艺术展时的访谈有所增补。访谈人罗恩·霍洛威（Ron Holloway）是美国电影史学家、电影评论家，《综艺》（*Variety*）杂志驻德国和东欧记者，曾创办《德国电影》（*KINO - German Film*）杂志并担任主编。中译本由吴萌译，删节版曾发表于《电影艺术》杂志2017年03期。

——《审查美学与博物馆陈列式调度——帕拉杰诺夫与他的〈石榴的颜色〉》，肖熹，发表于《电影艺术》杂志2017年03期。

杨·史云梅耶（Jan Svankmajer）

——《在物中收集失落的情感——杨·史云梅耶访谈》，选自《杨·史云梅耶的电影》（*The Cinema of Jan Svankmejer*），彼特·哈姆斯（Peter Hames）主编，壁花出版社（Wallflower Press），2008年，第104页至第127页。彼特·哈姆斯为英国斯塔福德郡大学（Staffordshire University）电影和媒体研究方向的助理研究员，代表作有《捷克电影新浪潮》（2005）、《杨·史云梅耶的电影》（2008）等。中译本由王继阳译，删节版曾发表于《电影艺术》杂志2017年04期。

——《十诫》（*Decalogue*），英文版最早发表于《眩晕》（*Vertigo*）杂志2006年夏季号，英译者Tereza Stehliková，后收入《杨·史云梅耶的电影》（*The Cinema of Jan Svankmejer*），彼特·哈姆斯（Peter Hames）主编，壁花出版社（Wallflower Press），2008年，第140页至第142页。李洋译。

彼得·格林纳威（Peter Greenaway）

——《媒介即讯息——彼得·格林纳威访谈》（*Interview with Peter Greenaway: The Medium is the Message*），1997年2月13日发表于Telepolis网站，访

谈人为马努·卢克施（Manu Luksch），生于澳洲，现居伦敦，电影制作人、艺术家。中译本由蒋含韵译，曾发表于《电影艺术》杂志2017年05期。

亚历山大·索科洛夫

——《电影在创造另一种生活——亚历山大·索科洛夫访谈》，访谈由杰瑞米·桑尼奥夫斯基（Jeremi Szaniawski）于2005年7月在圣彼得堡完成，以"亚历山大·索科洛夫访谈"（Interview with Aleksandr Sokurov）为题发表于《批评探索》（*Critical Inquiry*）2006年秋季号第33卷的第13页至第27页。杰瑞米·桑尼奥夫斯基是美国耶鲁大学电影学博士，现任教于巴黎高等视听学校（ESRA），主要研究斯拉夫语当代电影，著有《亚历山大·索科洛夫的电影》（*The Cinema of Alexander Sokurov: Figures of Paradox*, 2014）。中译本由肖熹译，删节版曾发表于《电影艺术》杂志2017年06期。

大都会电影文献翻译小组

许多青年学者和研究生先后参与了"新迷影丛书"的文献翻译工作，他们是（按姓名拼音字母排序）：

程思，北京舞蹈学院芭蕾舞系副教授。

丛峰，诗人、独立电影导演，《电影作者》杂志编委。

崔艺璇，北京大学艺术学院硕士。

窦平平，剑桥大学建筑系博士。

丁昕，实验艺术家、中央美术学院教师。

杜可柯，北京外国语大学同声传译专业硕士，日本武藏野美术大学美术史博士。

冯豫韬，北京大学工学院博士，北京联合大学讲师。

符晓，东北师范大学文学博士，长春理工大学文学院讲师，著有《巴黎往事》《流动的影像》。

　　甘文雯，北京大学外国语学院法语系硕士。

　　高兴，北京大学社会学系博士。

　　谷壮，北京大学艺术学院硕士、导演。

　　贺玉高，郑州大学文学院副教授，主要研究方向为西方批评理论与文化研究。

　　洪知永，北京大学艺术学院博士。

　　黄海涛，中山大学中文系毕业，广州独立撰稿人，专栏作家。

　　黄燕，北京大学心理与认知科学学院硕士。

　　黄兆杰，北京大学艺术学院博士。

　　贾云，北京大学法语系硕士、里昂第二大学电影硕士，主要从事影视翻译工作。

　　蒋含韵，北京大学艺术学理论博士，研究方向为艺术批评。

　　缴蕊，北京大学博雅博士后、巴黎高等师范学校-巴黎第三大学电影学博士。

　　金桔芳，华东师范大学法语系教师，法国巴黎第三大学比较文学系博士。

　　柯云风，北京大学建筑学研究中心硕士。

　　孔令旗，英国拉夫堡大学博士，北京大学艺术学院博士后。

　　蓝江，南京大学哲学系教授、博士生导师。

　　李竞言，巴黎索邦大学比较文学博士。

李念语，北京大学信息科学技术学院博士。

李诗语，北京大学艺术学院博士。

李思雪，英国伦敦大学伯贝克学院电影策展硕士，北京电影学院电影学硕士，目前在伦敦从事影像策展实践。

李忆衾，北京大学艺术学院硕士。

李洋，北京大学艺术学院教授、博士生导师。

梁栋，芝加哥大学电影学博士，现任斯坦福大学在线教学设计师。

廖鸿飞，荷兰阿姆斯特丹大学人文部阿姆斯特丹文化分析研究院博士。

林宓，纽约大学社会学学士，哈佛大学公卫学院硕士。

刘小奇，北京大学艺术学院硕士。

刘宜冰，东北师范大学文艺学博士，主要研究方向为电影音乐史。

娄逸，北京大学艺术学院硕士。

罗朗，南京师范大学电影学博士生。

马故渊，北京大学艺术学院硕士，英国伦敦电影学院MFA。

闵思嘉，中国电影资料馆硕士、影评人。

钱正毅，英国东英吉利大学电影学硕士。

邵一平，东北师范大学文艺学博士。

沈安妮，厦门大学外文学院助理教授。

宋嘉伟，南京理工大学讲师，中山大学-伦敦国王学院联合培养博士。

宋伊人，北京大学艺术学院硕士。

孙啟栋，法国斯特拉斯堡大学美学硕士，上海民生现代美术馆展览部总监。

孙一洲，复旦大学哲学硕士。

孙茜蕊，北京大学艺术学院硕士。

谭笑晗，东北师范大学文学院副教授，主要研究方向为华语电影海外传播与法国电影。

唐卓，哈尔滨师范大学文艺学硕士。

唐柔桑，北京大学艺术学院硕士。

天格斯，北京大学艺术学院硕士。

田亦洲，中国传媒大学博士、北京大学博士后，南开大学文学院讲师。

佟珊，香港城市大学创意媒体学院博士。

涂俊仪，北京大学新闻与传播学院博士。

王继阳，东北师范大学文艺学博士，长春大学美术学院副教授。

王佳怡，文学博士，吉林大学文学院师资博士后，主要研究方向为英国电影批评和中英电影交流。

王琦，西南大学文艺学博士生。

王伟，北京大学艺术学院博士后，深圳大学传播学院助理教授。

王垚，北京电影学院电影学系教师，影评人、策展人。

王立秋，北京大学国际关系学院比较政治学系博士。

王巍，北京大学城市与环境学院博士。

汪瑞，中国艺术研究院副研究员，主要研究西方艺术史与艺术理论。

尉光吉，中国人民大学哲学院博士，南京大学助理研究员。

吴萌，北京大学艺术学院戏剧与影视学硕士。

魏楚迪，北京大学法学院硕士。

吴键，北京大学艺术学院博士，北京师范大学艺术与传媒学院博士后。

吴啸雷，自由学者、艺术史与艺术理论的研究者与翻译者。

吴倩如，北京大学艺术学院硕士。

吴啸雷，自由学者、艺术史与艺术理论的研究者与翻译者。

许珍，吉林建筑大学艺术设计学院讲师，东北师范大学文艺学博士。

肖林琳，北京大学艺术学院硕士。

肖熹，法国戴高乐大学硕士，东北师范大学博士，北京电影学院中国电影文化研究院讲师。

薛熠，北京大学艺术学院硕士。

杨晶，英国伯明翰大学文学与电影研究硕士，北京大学新闻与传播学院博士。

杨柳，北京师范大学艺术与传媒学院艺术学系硕士，现供职于小桌电影文化传播有限公司。

杨佳凝，南京大学电影学硕士生。

杨守志，北京师范大学艺术与传媒学院影视系硕士，现为自由编剧。

杨若昕，北京大学艺术学院硕士。

姚远，北京大学艺术学院硕士。

叶馨，北京大学艺术学院硕士。

尹星，中国人民大学外国语学院讲师。

于昌民，美国爱荷华大学电影艺术博士生。

于蕾，北京大学艺术学院硕士。

于小喆，北京大学艺术学院博士。

俞盛宙，巴黎高等师范学校哲学博士。

张大可，北京大学艺术学院硕士，编剧，即兴剧指导。

张蔻，北京大学历史学院硕士。

张立娜，北京大学艺术学院博士，主要研究电影理论。

张泠，芝加哥大学电影与媒介研究系博士，纽约大学Purchase分校助理教授。

张仪姝，北京大学艺术学院硕士。

周朋林，北京师范大学文学院硕士生。

庄沐杨，北京大学艺术学院硕士。

庄宁珺，巴黎索邦大学硕士，自由译者，主要翻译法国现当代文学艺术作品。

祖恺，北京大学艺术学院硕士。

"新迷影丛书"编委会

主　编：李　洋

编委会：杨远婴、吴冠平、吴　琼、王　纯、
　　　　谭　政、黎　萌、唐宏峰、肖　熹、
　　　　谭笑晗、王　伟、杨北辰、田亦洲、
　　　　蓝　江、刘悦笛、姜宇辉、吴冠军、
　　　　王嘉军、尉光吉、骆　晋、黄兆杰